当代视听传媒系列　丛书主编　谭天

TV Programming Practices

电视节目策划实务

谭天　编著

暨南大學出版社
JINAN UNIVERSITY PRESS

中国·广州

图书在版编目（CIP）数据

电视节目策划实务／谭天编著．—2版．—广州：暨南大学出版社，2015.11（2025.7重印）
（当代视听传媒系列）
ISBN 978-7-5668-1646-7

Ⅰ.①电…　Ⅱ.①谭…　Ⅲ.①电视节目制作　Ⅳ.①G222.3

中国版本图书馆CIP数据核字（2015）第242975号

电视节目策划实务（第二版）
DIANSHI JIEMU CEHUA SHIWU（DI-ER BAN）
编著者：谭　天

出 版 人：阳　翼
策划编辑：杜小陆　史学英
责任编辑：史学英　戴程志
责任校对：陈丽娟
责任印制：周一丹　郑玉婷

出版发行：暨南大学出版社（511434）
电　　话：总编室（8620）31105261
营销部（8620）37331682　37331689
传　　真：（8620）31105289（办公室）　37331684（营销部）
网　　址：http：//www.jnupress.com
排　　版：广州良弓广告有限公司
印　　刷：广州小明数码印刷有限公司
开　　本：787mm×960mm　1/16
印　　张：15
字　　数：258千
版　　次：2011年6月第1版　2015年11月第2版
印　　次：2025年7月第10次
定　　价：45.00元

总 序

暨南大学是我国最早开办新闻专业的院校之一，迄今已历六十多个春秋。暨南大学的广播电视新闻教育也紧随中国广播电视发展的步伐而行。1978 年，暨南大学新闻学系复办后，即开办广播电视课程，随之积极开展相关科研教学活动，相继出版了一系列广播电视专著和教材，如《电视摄制学》（李子先，1989）、《电视新闻学》（黄匡宇，1990）、《理论电视新闻学》（黄匡宇，1996）、《现代广播学》（梁巾声，2001）等，这些著述成为我国最早的一批广播电视专著和教材。其中，黄匡宇的《电视新闻学》还被《中国新闻年鉴》评定为“我国第一本系统研究中国电视新闻节目的学术专著”。

2001 年，暨南大学新闻与传播学院成立，下设新闻学、广播电视新闻学和广告学三个系。同年，广播电视新闻学专业招生。2009 年，播音与主持艺术专业招生。与此同时，暨南大学新闻与传播学院积极进行教材建设，组织出版高等院校新闻传播学系列教材。广播电视新闻系教师也相继出版广播电视类教材：《电视节目制作》（张印平、谢毅，2001）、《广播电视学概论》（黄匡宇，2005）、《当代电视摄影制作教程》（黄匡宇，2005）、《电视广告创作基础》（张印平，2005）、《新编基础摄影教程》（陈喆，2005）、《纪录片制作教程》（谭天、陈强，2011）、《电视节目策划实务》（谭天，2011）等。被誉为“华侨最高学府”的暨南大学招收大量的境外学生，这就使该校的教学更具国际化，这批教材也更具国际视野，由此受到国内许多新闻传播院系和广播电视专业的欢迎，一版再版，广泛采用。

广东省是中国内地唯一允许境外电视落地的省份，珠三角地区由此成为境内外电视媒体直接交锋的区域，这就给了我们的广播电视研究丰厚的学术土壤。近年来，暨南大学广播电视新闻系随着师资力量不断增强，教研水平迅速提升，科研成果日渐丰硕，不仅发表了大量的学术论文，还相继出版了一批在国内有一定影响力的学术专著和教材：《批评与建构——聚焦中国电视》（谭天，2009）、《广播生态与节目创新研究》（申启武，2008）、《境外电视频道落地广东研究》（谢毅，2009）、《港澳台广播电视》（谭天等，2010）、《中国广播研究90年》（申启武等，2010）、《中国类型电影的知识结构及其跨文化比较》（陈林侠，2010）、《电视剧城市意象研究》（王玉玮，2010）、《广播电视新闻研究》（谭天，2012）等。这些专著和教材成为不少高校研究生和本科生的教学参考书。此外，暨南大学广播电视新闻系还翻译出版了一些广播电视译著。

进入新世纪，在全球化、数字化、产业化的背景下，进入转型期的中国广播电视面临更多的挑战，对科研教学也提出更高的要求，传统的广播电视教材渐已跟不上传媒发展和专业教学的需要。为了适应传媒发展和媒介融合的变化，需要建构广播电视学科体系，需要出版学科专业系列教材。对此，暨南大学出版社决定出版由谭天教授主编的“当代视听传媒系列”丛书，该系列之所以称“当代视听传媒”，意在不局限于传统广播电视，而是把它延伸到新媒体视音频实务；该系列不只是专业教材，还是学术专著；该系列不仅适用于高等院校相关专业教学，还适用于广播电视及新媒体从业人员学习。这套丛书将整合暨南大学及全国广播电视研究专家、资深学者和骨干教师的力量，撰写和出版一批高水平、高质量、全方位、新视角的广播电视学术专著和专业教材。我相信，这一系列丛书的陆续出版必将促进暨南大学教学工作和广播电视学科建设，对我国广播电视学教学工作和教材建设也会做出积极的贡献。我希望，国内从事广播电视科研教学的专家学者积极参与到该系列的著述工作中来，共同构建具有中国特色的广播电视学科理论体系。

林如鹏

暨南大学副校长、教授、博士生导师

2011年4月于暨南园

目　录

第一章　电视节目策划概要

在新媒体快速发展的挑战下，电视行业的竞争日趋激烈，电视节目策划已经成为电视节目制作、播出和营销的利器，也成为电视媒体运营、竞争与融合的重要程序。“赤橙黄绿青蓝紫，谁持彩练当空舞?”日新月异的七彩荧屏期待智力的碰撞、思想的火花，电视节目策划正不断地考验着电视人的眼光、学识和实操，它不仅需要技巧与想象，还需要理论与学养。

第一节　电视策划的基本概念

一、策划的认识

中国古代便有策划的实例。春秋战国时期各诸侯国混战中，各国谋士门人出谋划策，将战争中的策略发挥到极致。

“必也临事而惧，好谋而成者也。”（《论语·述而》）

“多算胜，少算不胜。”（《孙子兵法·计篇》）

“运筹策帷帐之中，决胜于千里之外。”（《史记·高祖本纪》）

“六六三十六，数中有术，术中有数。阴阳燮理，机在其中。机不可设，设则不中。”（《三十六计·总说》）

下面以司马迁《史记·孙子吴起列传》中“田忌赛马”的策划为例，说明策划的重要性：

忌数与齐诸公子驰逐重射。孙子见其马足不甚相远，马有上、中、下辈。于是孙子谓田忌曰：“君弟重射，臣能令君胜。”田忌信然之，与王及诸公子逐射千金。及临质，孙子曰：“今以君之下驷与彼上驷，取君上驷与彼中驷，取君中驷与彼下驷。”既驰三辈毕，而田忌一不胜而再胜，卒得王千金。于是忌进孙子于威王。威王问兵法，遂以为师。

这是战国时代的军事家孙膑教田忌在赛马时如何取胜的故事。田忌在赛马中获胜，就是孙膑成功策划的结果。除此之外，先秦的“连横”“合纵”开外交策划之先河；三国时期的“赤壁之战”是军事策划的成功典范；诸葛亮的“空城计”则是大胆的心理战策划；明代的“靖难之役”是一场统治集团内部策划的争夺皇位的战争……我国古代军事家孙膑、诸葛亮等皆为一代策划宗师。

2008 年 8 月 8 日，第 29 届夏季奥林匹克运动会在北京开幕。这是我国第一次举办夏季奥运会，如此大型的赛事，从申办、宣传、融资、选址、建设到最终的开幕、闭幕，无不需要策划。在开幕式的呈现上，总导演张艺谋运用了日晷、夏商乐器演奏、《论语》吟诵等极富中国韵味的元素。从中国浩瀚的传统文化元素中提取这些部分，正是因为它们能够更好地展现中国文化。这一选择很好地说明了当代大型体育赛事中策划的重要性。

现代策划源自国外。日本人把它叫做“企划”，美国人把它叫做“咨询”。电视策划源于广告策划，但又异于广告策划。在市场营销中，好的策划能推进产品的销售。在日本，几乎每家初具规模的公司、企业都有自己专门的企划部。日本公司总是以成功的策划来开拓海内外市场，其中以日本丰田汽车公司的一则广告策划最为出色。20 世纪 70 年代末，日本汽车大举进军中国市场，当时丰田汽车公司策划了一句朗朗上口的广告词：“车到山前必有路，有路必有丰田车。”日本人借助“车到山前必有路”这一中国人十分熟悉的谚语，使其企业和产品的形象在中国老百姓心目中变得亲切起来，此举使得丰田汽车在中国家喻户晓。

目前家喻户晓的肯德基快餐进入中国已近三十年之久，它以中式快餐开店 10 倍的速度占据了中国快餐业首位。然而，在其发源地美国，肯德基的分店数量从 2004 年的 5 525 个减少到 2008 年的 5 253 个，在 4 年里减少了 272 个。相反，在此时间段内，肯德基在中国几乎每天开一家分店。除中国政府的扶持外，肯德基成功进入中国市场也少不了策划的功劳。为适应中国市场，肯德基将产品改变为适应中国人饮食习惯的口味，并推出具有中国特色的产品。进入中国市场后，肯德基的企业文化也渐渐地开始与中国本土文化相融合，如强调温馨的家庭元素、配合中国人的节日推出特别产品等。

二、策划的定义

策划是一种程序，计划是策划的产物，策略是策划的核心。这三者构成策划的基本含义：

策划是一种从无到有的精神活动。

策划是提高成功可能性的思考活动。

策划是为实现某一目标或解决某一问题而产生的奇特想法和良好构思。

策划是一出有趣的戏剧，策划人是编剧和导演，策划方案是剧本。

策划是在考虑现有资源的情况下，激发创意，制订出有目标的、可能实现的、能解决问题的一套策略规划。

策划为人们提供了新的观念、新的思路、新的方法。社会的进步需要策划，而策划是驱动社会前进的推进器。

“策划”一词最早出现在《后汉书·隗嚣传》中“是以功名终申，策画复得”之句。其中“画”与“划”相通互代，“策画”即“策划”，意思是计划、打算。“策”最主要的意思是计谋，如决策、献策、下策、束手无策。“划”指设计，如工作计划、筹划、谋划，意思为处置、安排。在古代，“策划”的名词性较强，与现在的计划、计策、计谋、谋略、对策的意思较接近。而在现代，“策划”的动词性含义增强了，信息、创意、点子、谋略、目标等要素均为其内核。

人们对现代策划有以下解释：

广义的解释是把策划理解为一种管理活动。美国管理学家、卡内基梅隆大学（CMLI）H. A. 西蒙教授认为，管理就是决策。而决策是通过策划之后做出的，因此，人们既把策划看成一种管理手段，又把策划理解为决策的过程。

狭义的解释只把策划看成管理活动中的一个链条或一个环节，而且处于一个关键的地位。现代策划学认为，没有科学的策划，就没有正确的决策。还有一种更狭义的解释是把策划看成在确定条件下对行动方案的一种排列组合。

对于现代策划，许多人引述美国哈佛企业管理丛书中的论述：“策划是一种程序，在本质上是一种运用脑力的理性行为。基本上所有的策划都是关于未来的事物，也就是说，策划是针对未来要发生的事情做当前的决策。换言之，策划是找出事物因果关系，衡量未来可采取之途径，作为目前决策之依据，即策划是预先决定做什么，何时做，如何做，谁来做。策划如同一座桥，它连接着我们目前之地与未来我们要经过之处。”

策划，也可以看成“策略”和“计划”两个词的组合。“策略”中的

“策”最早见于《吕氏春秋》中“此胜之一策也”之句，意为取胜的一种谋略。“计划”有广义和狭义之分。广义的计划有想方设法安排做好某件事情的意思，因此也可理解为策划。狭义的计划是指为达到某个特定的目标，在对各种相关因素进行研究分析之后，根据所作决定而采取的步骤。从狭义的意义来看，它是策划的延伸和产物。由此，笔者可以作一个更全面、更准确的表述：策划是一种程序，计划是策划的产物，策略是策划的核心，三者的统一构成了策划的完整含义。

三、策划的要素

策划由五个基本要素组成，即策划者（如电视策划人）、策划依据（信息和知识）、策划方法（手段）、策划对象（目标市场和消费群体）、策划效果（事前推测和事后评价）。

策划体系所包含的五个要素是一个相互依存、互为相关的有机体系，如下图所示：

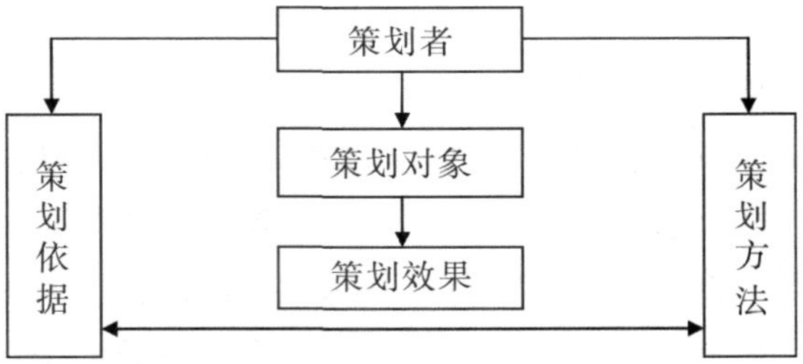

策划五要素

由上图可以看出：

（1）人是策划活动的主体，没有人，也就没有策划。

（2）策划者必须拥有准确、最新的信息和丰富的知识。策划水平的高低，能否较好地实现策划的目标，均与策划者拥有的信息量的多少和知识水平的高低有关。掌握现代策划的科学知识乃是策划的基础。

（3）相对策划者来说，策划的目标和对象就是策划活动的客体。如在电视策划中，电视节目的制作、观众群体的定位、电视传播过程中存在的各种状况和问题，均属策划对象的要素。

（4）现代策划不是求神问卜，更不是简单的排列组合，而是运用科学的手段和方法，进行创造性的思维活动，从而选择明智的策略和正确的战略。

（5）对事物的判断和对未来效果的预测是策划的必然结果。同时，不管策划的结果是成功还是失败，都要有一个明确的答案。

美国节目策划与运营的五要素为：

（1）兼容性。节目策划与运营人员应竭力使节目编排与人们每天的生活流程相融合。当然，有线电视与无线电视实现兼容性的办法有所不同。

（2）受众视听习惯的形成。通过对受众行为的准确预测来编排节目，这无疑可以培养受众收听或收看的习惯。

（3）受众流的控制。根据受众流概念，在节目编排的间隙，策划必须确保受众沿着以下三个方向进行流动：①为了实现受众规模的最大化，要力争实现受众从本频道的一个节目流向下一个节目；②力争实现受众从其他竞争频道或家庭影院流向目标频道的节目；③确保最少数量的受众流向竞争对手频道。

（4）节目资源的节约。电视行业是一个高消耗、高投入的行业，资源的节约必须落实到节目策划与运营的每个环节及各个方面。

（5）节目吸引力的拓展。从经营节目到经营受众，均致力于实现观众数量的逐步增多，而不是追求每个节目的高收视率。

四、策划的特点

我国电视节目的理念由最初作为党和国家政策的宣传品，逐渐变为做老百姓喜欢的节目，后蜕变为市场经济下商业化了的产品。电视节目策划融合了政治（政策）、经济、社会（文化）、技术及法律（版权）的视角。策划理论在电视节目中的应用，与它在其他领域的应用有着许多共同特点，这些共性形成了电视节目策划的一般特征：

1. 目的性

无论何种策划，都具有某种目的性。策划的目的性特征就是要求我们通过策划，围绕某一活动的特定目标，努力把各个要素、各项工作从无序转化为有序，从模糊变成清晰，从而使该活动顺利地完成，并且更具有针对性。

2. 创新性

策划贵在创新，没有创新，就没有策划的存在价值。对于创新，国内外都有精辟的论述。日本学者认为，一个国家，如果独创性研究能力和生命力旺盛，国家就兴旺；如果思想腐朽、墨守成规，国家就衰退。美国管理咨询专家认为，不发达国家之所以不发达，与其说是由于缺乏资金，不如说是由于创新不足。

3. 预见性

策划是一项立足现实、面向未来的活动。为将来的活动做准备，把握未来是策划的重要特点之一。因此，策划需要进行预测分析、前瞻研究，同时要有一定的超前性，只有这样才能有效地指导未来工作的开展。从这个特性来看，策划学也是未来学和预测学的具体应用。

4. 竞争性

竞争就是促进我们采取对策的原动力。所谓“不打无准备之仗”，对于现代商战来说，战略策划在激烈的竞争中掌握着一个企业的命脉。在新闻中同样如此，新闻的策划决定了其内容、目标和形态的定位，决定了新闻报道的角度与深度。在报道前若不进行定位，最终可能会生产出无价值的新闻。

5. 政策性

在我国，一方面，电视与报纸、广播一样担负着宣传党和政府的各项方针政策的重任。因此，电视策划者作为新闻宣传工作者，在电视节目策划中，要自觉遵守由这些方针政策形成的宣传纪律。另一方面，基于这一强烈的意识形态色彩，电视成为一个特殊的产业。为了牢牢地控制这一舆论工具，国家对它实行垄断性经营，并由此制定了一系列的政策法规，规范着策划的全过程。

6. 综合性

在策划中，既要做到准确定位，把握既定受众，进行精准投放，又要在现有条件下使节目的内容最优化。从其所在的环境出发，节目策划受到受众、创作人员、投资者等各方面因素的制约。例如，一台大型文艺晚会的现场直播包括电视台内的综合、电视台外的综合、演出部分的综合、节目内容的综合、录制部分的综合、播出部分的综合以及联络部分的综合等方面，要求策划者考虑到每一个环节，任何疏漏都会影响整体效果。

7. 动态性

电视策划的任务是促进节目创优，提高业务水平，协调各项工作，优化媒体运营。电视节目是不断变化着的，大量的重复性节目会造成资源的浪费。因此，在策划的过程中要尽可能做到“人无我有，人有我优”，发现不同时间段、不同节目形态的价值，提高节目质量，以适应瞬息万变的社会环境。电视节目的动态性主要包括两方面：一是策划外部的变化，例如每一时期党政工作的调整需要电视节目进行配合宣传；二是策划运作过程的变化，例如 2010 年 9 月，广东卫视在第 16 届亚运会期间专门开设了一系列特别节目，如《全民亚运会》《亚运全攻略》《激情时刻》《非常亚运会》等，这些节目的总体策划是预先设计好的，但具体到每一次的播出，就要根据亚运会的进展情况进行调整，这就体现了电视节目策划在具体操作中灵活的动态性。

五、策划的学习

要学好电视节目策划，需要广博的知识和一定的理论与实践。电视节目策划的主要理论支持是新闻学、传播学和电视学，同时还涉及社会学、经济学、管理学等。在学习电视节目策划课程之前，最好学习如下基础课程：新闻学概论、传播学概论、广播电视概论、电视节目制作等。还要涉足相关课程：电视新闻采写、电视娱乐节目、媒介经营管理、公共关系、影视作品赏析等。这门课的后续课程有：电视节目编导、电视剧创作、纪录片创作、电视广告策划、网络与新媒体等。

电视节目策划包括基础理论、应用理论和策划实务。基础理论包括基本概念和基本理论，主要是思维科学和电视节目理论；应用理论包括各类电视节目的策划特点，电视节目策划的主要技法；策划实务包括电视节目策划操作方法和流程，介绍中外节目策划案例。

电视节目策划能力成为当前传媒类、影视类专业学生能力培养的一个重要内容。学生在这一课程的学习中，重要的是不要光听不练，要经过实战训练和实践操作才能真正掌握、逐步提高策划能力。因此，正确的学习方法不可或缺。这门功课最佳的教学方式是理论讲授、案例分析、实操训练，考试方式宜采用“模拟电视节目策划”测评。

电视节目策划是一种创造性思维活动。它主要有两种思维形式：首先是发散思维，包括逆向思维、侧向思维、想象、联想、灵感、直觉、系统思维；其次是收敛思维，包括抽象与概括、分析与综合、比较与类比、归纳与演绎。

电视节目策划的思维过程是一个“发散—收敛—再发散—再收敛”多次循环的过程。在电视节目策划中，如何突破传统的或者陈旧的思维定式呢？突破思维定式的途径主要有两条：一是要有意识地通过发散思维的方式打破思维定式，促使知识结构跃迁到更高层次；二是通过无意识触发的灵感突破思维定式，促使知识结构跃迁到更高层次。

策划能力实际上是一种创造能力。创造能力包括吸引能力、记忆能力、想象能力、观察能力和操作能力。吸收能力又包括学习能力和信息收集能力。在策划能力中，想象能力最为重要。那么，如何培养并具备想象能力呢？这取决于四个方面的素质：一要有丰富的积累，二要有好奇心，三要有创造的激情，四要有思想的碰撞。

策划学是一门综合性的学科，要在平时注意各方面知识的积累，只有在知识储备完善的情况下，才能融会贯通地进行创造性思维。电视节目的策划需要综合性的知识结构，如对社会学、美学、文学、经济学、管理学、媒介技术、传播学、政治学等学科的综合了解，它几乎涉及所有的社会科学和人文科学以及部分自然科学，是许多交叉学科、边缘学科、方法论整合而成的综合性学科。因此，想要做好电视节目策划，仅有技巧和课本上的知识是不行的。

第二节　电视节目的基本构成

电视节目是电视传播内容的基本单位和信息载体。这一定义包含三层意思：第一，电视节目是由视觉和听觉相结合构成的一种内容传播、一种现代视听传播；第二，电视节目又是一种具有文化属性的精神产品，因此，这种视听传播含有文化的符号意义；第三，电视节目还是一种内容产品和信息产品，因此具有产业属性，它的生产和传播需要技术和资金的支持。

这些似乎还不是电视节目制作人（记者、编辑、导演、节目主持人等）、制片人和频道总监要考虑的实际问题，他们更多地考虑电视节目在制作和播出实务中所要处理的各种操作问题。例如，他们在确定做某个节目时，首先要弄清楚做一个什么样的节目，是纪实类的还是虚构类的，要不要使用节目主持人或演员，在什么地方拍摄，是在现场实景还是在演播室里录制，什么时候播出，在哪个频道和栏目播出，目标受众是什么人群等等。所以，电视节目构成主要从节目制作和播出两个方面来考虑。

一、电视节目的制作

从技术层面来看，电视节目主要有四种制作方式：

电子新闻采集（Electronic News Gathering，ENG）是一种经前期采集，后期编辑后播出的制播方式。它使用便携式摄像、录像设备来采集新闻，适合现场拍摄。

演播室制作（Electronic Studio Production，ESP）是在演播室里即摄即编的制作方式，可直播也可录播。ESP 手段灵活，可用于各类节目的制作。

电视现场制作（Electronic Field Production，EFP）是电视转播车开赴现场采编节目的一种方式。以一整套设备联结为一个拍摄和编辑系统，进行现场拍摄和现场编辑。EFP 也是电视技术迅速发展的产物，它是一种适用于台外作业的电视节目生产方式。

卫星新闻采集（Satellite News Gathering，SNG）往往采用 DSNG（移动式数字卫星传送系统）来进行现场直播信号的传送。作为一个移动式发射站，电视台的工作人员可随时将所在现场的信号通过卫星传送到电视台，电视台再从卫星接收信号播出，因此，SNG 成为电视新闻现场直播的重要技术支持手段。

然而，电视节目不是技术产品，而是内容产品。约翰·菲斯克认为电视节目“是电视所输出的有明确界定与标识的部分，它是由电视业生产、发行和界定的。我们有必要把电视及其节目看成是意义的潜在体”①。这里电视节目有两层意思：第一，它是由电视业产出、界定的物质产品；第二，它是“意义的潜在体”，即一种承载文化意义的内容产品。

电视节目的制作包括三个最基本的要素：人物（“人”包括媒介人物与非媒介人物，“物”包括电视节目中所展现的各种物件，如道具、服装、头饰等视觉元素）、事实（事件、剧情、故事、游戏）、场景（拍摄的地点、展示的空

① ［美］约翰·菲斯克. 电视文化. 祁阿红等译. 北京：商务印书馆，2005. 21～22.

间)。电视节目的制作主要有两种表现方式：纪实与虚构。对于节目创作和制作来说，这是两种完全不同的思维和理念。然而在今天，这两者的界限也在逐渐模糊。在纪实性节目里，“人物”是指被报道或记录的人（非媒介人物）以及媒介人物（演员、出镜记者、节目主持人、播音员、评论员等）；在非戏剧类节目里，“事实”是指新闻事件和真实故事，“场景”则是发生真人真事的地方和环境；在戏剧类节目里，“人物”主要是演员，“事实”就是虚构出来的剧情或故事，“场景”就是指演员与剧情所在的表现的空间。

对于影像来说，不同的表现方式对应不同的编码方式，电视节目的制作实际上就是一个影像信息的编码过程，而电视节目观赏则是一个解码过程。目前电视节目编码方式主要有三种：

（1）纪录编码，指对被传播对象真实状态的建立在音像纪录基础上的编码再现。

（2）组合编码，指传播者为传播其观念与想象的需要而自由组合影像的编码方式。

（3）混合编码，指多个影像信息系统混合而成的编码方式，主要分真实影像和虚拟影像两大系统。

二、电视节目的构成

电视节目有信息传播、观念传播、情感传播三大传播功能。信息传播是对新近或正在发生的新闻事件予以快捷直观的报道，向受众进行传播，如《新闻联播》等消息类节目；观念传播是指通过节目的内容向受众传达一种理念或价值观，这种节目往往表达出自己的立场或节目中的人物具有意见对抗性；情感传播是指寓教于乐，使受众受到感染，从而影响其道德观念。

从影像传播的角度来看，电视节目的构成有三要素：画面、声音、时间。

1. 画面

画面，又叫影像。电视影像具有这样一些基本特性：再现性的本质特性、时空一体的动态存在、声像同步的信息形式、限定性的接收显示、感性的符号形式和孤立影像含义的不确定性。

盛希贵在其《影像传播论》中是这样定义影像的：“影像是对被摄对象之

突出视觉特征的选择记录和形象再现。”[1]

林少雄在研究视像人类学时主张把视像与影像区分开来，他指出：“坊间流行的相关书籍，大都冠以‘影视’二字，‘影视艺术学概论’‘影视美学’‘影视文化学’‘影视人类学’……在学校的课程设置、教科书或许多文章中，也常常是影视并称。这看起来是将两者并重的指称，注重了影视的同一性，却常常忽略了两者之间的差异性，且在实际操作中，往往会厚此薄彼，即重电影而轻电视。”[2] 他把视像分为广义和狭义两种，并将研究范畴作以下分类：

学科分类	学科命名	研究对象	门类研究范畴	总体研究范畴
视像学	摄影学	摄影	图像	视像
	动画学	动画	仿像	
	电影学	电影	影像	
	电视学	电视	视像（狭义）	
	网络学	网络	拟像	

2. *声音*

国外的电视受广播的影响较大，而中国的电视受电影的影响更大，重画面轻声音，重艺术轻传播，接受的更多是艺术的理念而非传播的理念。当代电视节目的声音观包括声音意识、创作意识和纪实意识。笔者经常在各种场合向电视人发出呼吁：在声音表现方面，电视要向广播学习。电视节目里的声音还可以分为客观性声音和主观性声音两大类。客观性声音主要是在录制现场采集的，它包括现场报道、现场实况的拾音，在电视新闻和纪实风格电视节目中被广泛采用；主观性声音主要是在后期制作中录制的，它包括播音员的出镜播报和配音、音乐以及各种模拟音响效果。

一直以来，人们对传播过程中视觉和听觉两种形态的研究都是在相互分离的状态下进行的，视觉方面有电影、电视、广告等方面的研究；而在听觉方面，广播、音乐等方面也有了大量的研究成果。可是，把视觉与听觉紧密结合起来

---

① 盛希贵．影像传播论．北京：中国人民大学出版社，2005．65．

② 林少雄．视像与人——视像人类学论纲．上海：学林出版社，2005．34．

进行视听传播学的研究还比较少。说到画面与声音的关系，中国电视界曾有过“主画说”和“主声说”的争论。暨南大学的黄匡宇在电视新闻研究中提出了“声画双主体”理论。笔者认为应该把电视节目中的画面和声音称为有机结合、同步传播的电视语言，它包括各种视觉和听觉的表现元素。从节目制作的角度来划分，可以分为前期制作和后期制作两大类：

	画面	声音
前期	实景拍摄、现场录像	同期声（现场报道和实况音响）
后期	图像资料、字幕、图表、三维动画	播音、配音、音乐、音响效果

前期和后期不是截然割裂的。电视现场直播就是把前后期合在一起，从而在电视节目制作与播出中实现制播合一、同步完成。

由此体现出视听传播的三大特点：同步、现场、过程。电视是在广播和电影的基础上发展过来的，受广播和电影影响，电视曾存在过“主声说”和“主画说”的争论。其实在传播过程中，电视里的声音和画面是不可分割的，声画同步是视听传播的一大特点，并由此产生更为直观的传播效果。电子科技的发展和现场直播的出现，使视听传播更为直接，受众可以第一时间获得真实效果。过去，我们对电视节目的认识只是停留在声音和画面上，其实它还有另一个很重要的要素——时间。这个“时间”包括时长和时序。电视节目要有一定的时长，这是对节目制作和播出的一种规范要求；电视节目又有一定的时序，播出有时段和时机的安排，收看时序又是连续的、线性的。这种电视节目播出的时序性形成视听传播的过程化，而过程正是收看电视节目的魅力所在。

3．时间

电视节目的播出构成还有一个长期被忽视的重要角色——时间。中国传媒大学胡智锋教授较为关注时间在电视传播中的作用。他指出：“电视传媒不仅仅是一个影像空间概念，也是一个时间的概念。”① 他认为在电视节目编排中可以体现这种特质，它体现为“时效性”或“及时性”，具体表现为时代性、时尚

① 胡智锋，周建新．电视节目编排三论．现代传播，2006（5）：82.

性、时下性、时机性、时段性。笔者认为，“时间”不仅仅体现在节目编排和制作上，而且体现在节目生产与传播的整个过程中和各个方面，是与画面和声音具有同等重要地位的三大构成之一。时间在节目构成中至少包含五个要素：时长、时序、时速、时机、时段。制作一个节目或播出一个节目，首先要限定一个节目的长度，以便于栏目化播出，时长是电视节目标准化生产的要求。时序包括两个层面：微观和宏观。微观层面是指一个节目中电视语言的编码，镜头剪辑的不同顺序赋予画面句子不同的意义（蒙太奇），它主要体现在电视画面中；宏观层面就是指电视节目的叙事方式，是根据叙事学原理安排内容叙述的顺序。时速是指时间的快慢和节奏，我们运用各种表现手段来延缓时间（慢镜头）、加快时间（快镜头）和凝固时间（定格），从而丰富电视节目的艺术表现效果。时速还包括节目的节奏，老年人节目的节奏要慢一些，青年人节目的节奏要快一些，不同内容的节目、不同文化的受众对节奏的要求也不一样。仅从电视节目制作角度来看，时间（一度空间）与画面（三度空间）、声音（一度空间）共同构成一个大众传播的五度影像空间。时间（t）是画面和声音的函数，节目（G）与画面（P）和声音（S）的关系如下：

$$G = P(t) + S(t)$$

时机是指电视节目的传播策略，电视台的编播部门通常把电视节目播出置于“政府—媒体—观众”这个社会大系统中来全盘考虑，根据此时此地的政治、经济、文化等社会环境来选择最佳播出时机。时段，主要指节目播出编排，根据频道定位和收视市场来确定节目播出和内容生产。经营时段既是经营时间，也是经营观众。

综上所述，我们把电视节目的基本构成归纳如下：

节目构成	构成要件	构成方式
物理构成	视频、音频	数字化、网络化
制作构成	人物、事件（剧情）、场景	纪实、虚构
播出构成	画面、声音、时间	录播、直播

三、时间产品与空间产品

过去，我们推出一个新节目，往往审看样片就可以了，现在我们还要看看它的节目方案，不仅要了解它是如何制作的，而且要了解它是如何播出的和如何运营的。从电视节目的传播和运营的角度来看，时间是构成电视节目形态的一个重要变量。林少雄在论述电影与电视在时空营构上的差异时指出："电影由于致力于对假定性的艺术空间的营构，且其跳跃式的网状形态，决定了其主要以空间性的特质来满足人们的审美需求；而电视由于致力于还原化的生活状态的表现，且其叙事性的线性结构模式，决定了其主要以时间性的特质来满足人们的认知需要。"① 当今电视节目形态既是形式产品，又是播出产品。作为播出产品的电视节目还具有两种形态：其一，它是单一传播渠道的时间产品，如电视栏目化，栏目就是典型的时间产品；其二，它是跨越多个传播媒介的空间产品，如大型活动的多媒体运营，多媒体播出的视频节目。

1. 作为时间产品的节目形态

节目形态不仅是节目的制作形式，还是节目的播出形式，一个完整的节目模式应该包括节目的内容、版式和播出形态。作为频道的播出产品，它要根据观众的收视习惯、收视行为及受众构成来确定节目设置和时段编排，如美国NBC的早间新闻谈话类节目《今天》（*The Today Show*），每天从上午7点到11点播放，时长4小时。在节目的前半段，内容通常以各种信息为主，如国内外新闻、气象预报与交通、财经信息等，因为这个时段大部分上班族还在家中。后半段以软性题材为主，因为这个时段上班族已经离开了家，主要收视群为家庭主妇，内容也主打生活休闲类。

除了日播、周播及插播的电视节目外，近年来我们还引进了美国的一种电视节目编排方式——"播出季"。这里的"季"并非自然界的季节，"电视里'季'有两层含义：一是指电视行业中统一的节目编排周期，比如说'NBC上一季的收视'；二是指电视剧或者电视栏目的制作、销售和播出单位，比如说

---

① 林少雄．视像与人——视像人类学论纲．上海：学林出版社，2005．45．

‘疯狂主妇第2季’”①。这里的电视节目显示出两大形态特点：第一，电视节目形态是一个立体的动态的时间产品；第二，电视节目形态与电视节目运营相关，它不仅要经营时间，还要经营观众。

2．作为空间产品的节目形态

当今电视节目还是多个传播渠道、多种传播媒介互动的空间产品，如跨媒体传播的各类电视选秀活动。自湖南卫视《超级女声》起，林林总总的选秀活动得到电视媒体的青睐，充分说明这类节目所具有的巨大的传播潜能。一方面，手机短信、网络新闻都是选秀节目的延伸产品，它可以增加节目的附加值。另一方面，电视节目也可以提供给网络视频和移动电视。当传统的电视节目放到网络上和手机上播出时，还会沿用原来的电视节目形态吗？答案是否定的。无论是传播特性还是受众行为，新媒体都与传统电视大相径庭。对此，笔者认为新媒体需要内容定制和形式创新，需要新的内容产品和形式产品。这种形式产品既是一种节目形态，也是一种媒介形态。

总而言之，在数字时代，电视节目形态不仅是形式产品，还是一种在时间上延伸和空间上跨越的媒介产品。

第三节　节目形态、模式与元素

随着电视媒体和内容生产的发展，各种类型的电视节目相继形成，而且有各种不同的划分标准和方法。笔者比较赞成“四分法”，即新闻节目、娱乐节目（文艺节目）、教育节目（社教节目）、服务性节目，其具体内容比较如下表所示：

① 徐立军，袁方．电视播出季：频道编播创新前沿．北京：中国传媒大学出版社，2007．3．

节目类型	节目内容
新闻节目	消息、连续（系列）报道、专题、评论性节目、现场直播等
娱乐节目（文艺节目）	电视剧、文艺节目、综艺节目、游戏节目、益智博彩节目、真人秀、动画片、体育节目等
教育节目（社教节目）	纪录片、专题片、科教节目、少儿节目、农村节目、对外节目、电视论坛、对象性节目等
服务性节目	电视广告、美食节目、气象节目、医疗保健节目、旅游节目、证券节目、导视节目、购物节目等

电影是一种类型化生产，而电视应该是一种模式化生产，且电视节目模式是建立在电视节目形态之上的。“研究节目实际上主要就是研究节目形态。我们现在回忆以往的节目，在脑子里留下的更多的是形态，而不是内容。对形态有感觉是一种职业素质，因为这种感觉对怎么做电视节目特别灵。”① 那么，什么叫电视节目形态呢？笔者给电视节目形态下的定义是：电视节目形态是电视节目内容的形式载体和结构方式。它既是具体的节目形式，又是节目模式的基本构成。

一、节目形态

根据以上节目构成认识和影像编码理论，在考察了各种节目类型和大量节目样式后，笔者把所有的电视节目形态归纳为六种基本节目形态：纪录片、谈话节目、现场直播、电视剧、真人秀、动画。我们把这六种基本形态抽象为六种以单一节目形态存在的理论模型。

1. 纪录片

纪录片是指采用纪录编码制作的各种纪实性节目样式，它包括纪录片、专题片、电视消息、连续（系列）报道等。纪录编码是对被传播对象真实状态的建立在音像纪录基础上的编码再现。实际上，“现在，典型的纪录片已经失去统治地位，让位给了比它新的节目形态，但是记录的表现方式却如同电视的基因

① 李幸．电视节目形态之我见．电影艺术，2004（1）：38.

一样，在所有电视节目中携带着”[1]。实际上，现在的纪录片节目形态往往不是单一存在的。如 VCR（视频片断）已被广泛植入谈话节目、现场直播等各种节目形态之中。

2. 谈话节目

谈话节目是由节目主持人和嘉宾围绕特定话题在特定时空中制作而成的一种节目样式。它显著的特点就是把人际传播引入大众传播中。英国学者尼古拉斯·阿伯克龙比认为：“电视的一个重要特征似乎是它引起交谈、鼓励谈话的功能。实际上，电视似乎常常是关于谈话的。作为一种媒体，它确实是由可视的谈话构成的。”[2]

3. 现场直播

现场直播是与被传播对象现场实况信息的出现同步并传播该信息的电视节目制播方式，也是最能发挥电视特有的传播特性和优势的一种节目形态。现场直播与其他节目形态的区别就在于它可以不受各种编码规则的制约。由于现场发生事件的不确定性加之不受编码规则的制约，不可预知的直播过程和多机拍摄的现场感给观众带来更多的期待和体验。

4. 电视剧

电视剧采用的是组合编码。这是一种传播者为传播其观念与想象的需要而自由组合影像的编码方式。“虚构类作品最花心思的事情就是创造出令人信服的符合生活逻辑的类生活，千方百计使剧中的生活具有真实感，令人信服。”[3] 需要指出的是，虚构性不同于戏剧性，虚构是一种影像表意、一种编码方式，而戏剧则是一种叙事方式、一种结构方式。因此，我们要把故事情节虚构的剧情节目与含有戏剧元素的纪实节目区分开来。

5. 真人秀

真人秀是一种新的电视节目形态。“电视真人秀作为一种节目，是对自愿参

---

① 张小琴，王彩平．电视节目新形态．北京：中国广播电视出版社，2007．92.

② ［英］尼古拉斯·阿伯克龙比．电视与社会．张永喜等译．南京：南京大学出版社，2001．174.

③ 张小琴，王彩平．电视节目新形态．北京：中国广播电视出版社，2007．30.

与者在规定情境中，为了预先给定的目的，按照特定的规则所进行的竞争行为的真实记录和艺术加工。”① 从制播方式来看，真人秀更接近纪录编码。然而，在游戏规则的作用下，真人秀产生了组合编码的戏剧效果。这种介于虚构与纪实之间的电视节目形态是由一套独特的游戏规则构成的。

6. *动画*

动画是一种由计算机图像技术构成的数字电视节目形态，人们把这一数字影像通俗地叫做动画。它有两种编码方式，一种是模拟影像编码，即以假乱真，仍然是按真实影像规则进行编码；另一种是虚拟影像编码，即全部是动画制作，完全采用一种与真实影像不同的“语法”。作为单一形态存在的电视节目基本形态，我们这里主要是指后一种编码方式。

当然，在现实运作中，单一形态存在的节目并不多。实际上，各种具体的电视节目形态往往由两种或两种以上的基本节目形态构成。换句话说，就是所有的电视节目样式都可以由六种基本节目形态组合、融合、变异而成。如获2002年度中国电视新闻奖现场直播一等奖的《三峡工程导流明渠截流特别报道》，就根据内容表达的需要整合多种基本节目形态：大江截流实况（现场直播）、专家访谈（谈话节目）、介绍导流明渠作用（三维动画）。在这个节目形态里至少包括三个节目模块：现场直播模块、谈话节目模块、动画模块。由此可见，基本节目形态的融合和变异还取决于节目模块（环节）及其结构方式。

二、节目模式

我们通常把一个具体的固化的节目形态叫做节目模式，模式的外部形态又叫版式。“在结构主义看来，事物的本质不在于事物本身，而在于事物之间的关系，这些关系构成了一个有机的系统，这就是结构。”② 节目模式是由节目模块（板块）或节目环节构成的。不同的节目模块适合承载不同的传播功能。电视节目的模块可以分为制作和播出两大类来考察：按制作方式来看，有纪实模块、虚构模块（电视剧）和虚拟模块（动画）；按播出方式来看，有录播模块、直

---

① 尹鸿，冉儒学，陆虹. 娱乐旋风——认识电视真人秀. 北京：中国广播电视出版社，2006. 6.

② 李彬. 符号透视：传播内容的本体诠释. 上海：复旦大学出版社，2003. 101.

播模块、互动模块、包装模块等。

模块（Module，Block），又称构件，是指能够单独命名并独立地实现一定功能的程序语句的集合（即程序代码和数据结构的集合体）。它具有两个基本的特征：外部特征和内部特征。外部特征是指模块跟外部环境联系的接口和模块的功能，如一个纪录片模块接一个谈话节目模块，中间就要用转场或片花来串联；内部特征是指模块的内部环境具有的特点（即该模块的局部数据和程序代码），如电视节目的创意、规则和规范以及制作的技巧、方法等就是节目模块的内部特征。

模块的组合总是以某种方式结构而成。模块的结构方式有链接式、嵌入式、混合式。有些模块的外部特征并不明显，把它叫做环节更为恰当。环节（Link，Sector）是指相互关联的许多事物中的一个。与模块不同的是，节目环节之间并无表现时空上的明显跳跃，彼此之间只存在着内在的逻辑递进关系，设计者按游戏规则把整个节目设计为几个环节。在每一个大的环节里又套着若干小的环节，每个小环节都会根据游戏规则变换场景和内容，而每一期节目也通过这些变化进行微调。

归纳起来，电视节目模式和环节的结构方式主要有三种类型：拼盘式的模块组合、层递式的环节链接、前两种结构方式的混合型。

模块的组合和环节的链接须遵循电视节目形态的限定性。“限定性是电视节目形态的基本要义，没有限定性就谈不到节目形态，有什么样的限定，才会形成什么样的形态，所谓形态创新，其实也就是对限定方式的创新。”① 电视节目形态的限定性作用有两个：一是节目工业化生产的需要，有利于节目的标准化和大规模生产。因此，为了满足栏目的常态播出和流水线生产方式，节目模块都有某种规范性要求，如叙事方式、主持风格、播报语态，甚至包装标识等。二是在电视栏目化的今天，节目模块都是在特定的电视栏目内构成的，因此都有时长的限定和制播的限定。这样有利于观众的辨识和记忆，也有利于节目品牌的塑造和积累。如哥伦比亚广播公司（CBS）的《60分钟》由四大板块（模块）构成，各个模块都有其独特的传播功能和节目风格。

---

① 张小琴，王彩平．论电视节目形态的限定性．现代传播，2006（6）：78.

三、元素与符号

电视节目模式的研发很大程度上是节目模块的设计，但电视节目形态的差异性更多的还是体现在微观层面的元素符号上。元素，或称要素，是构成物质的最小单位。“从理论上说，只要能够析出的元素，都可以成为变量，带来簇群与簇群的不同，带来个体与个体的差异。”① 电视节目元素是构成电视节目形态的最小单位。构成节目的元素分为内容和形式两大类元素，内容元素主要有经济、政治、文化、社会、情感、故事等元素，形式元素主要有视觉、听觉、时间、空间、刺激、技术等元素。构成电视节目形态的主要是形式元素。

如果说基本形态是电视节目形态的宏观构成，节目模块是电视节目形态的中观构成，那么节目元素就是电视节目形态的微观构成。基本形态的不同组合会创造出新的节目形态，节目模块（环节）的不同排列也会创造出新的节目形态，节目元素之间的差异和组合，那就更让节目形态千变万化了。当今，电视节目的竞争就是一种差异化的竞争。“差异化的关键在于节目元素的运用。”② 如何更好地认识和运用节目元素，对于电视节目形态创新至关重要。然而，并非所有的节目元素都可以推动节目形态的演化和变异，只有那些有符号意义的元素才能起到这一作用。“这个信息传播过程是一个把信息符号象征化的过程，正是通过这个象征化过程才完成了传播行为。”③ 如果说电视节目构成是一个系统，那么电视节目的形态构成就是一个符号系统。作为符号意义的元素内涵可大可小，可根据它在电视节目形态中的传播功能和造型作用来选定其为构成要素。

语言学之父索绪尔将符号的基本构成分为“能指”和“所指”，他把符号比作一张白纸，“能指和所指就是纸张的两面”。“能指”一般可以理解为符号形式。“所指”表示语言符号和非语言符号所表述的概念，即符号的意义，一般可以理解为符号的内容。电视节目形态构成，就是借助视听元素特有的能指，利用其所指的符号意义，发挥元素符号在节目形态构成中的作用。形式元素与

---

① 张小琴，王彩平．电视节目新形态．北京：中国广播电视出版社，2007．67．

② 张小琴，王彩平．电视节目新形态．北京：中国广播电视出版社，2007．66．

③ 陈卫星．传播的观念．北京：人民出版社，2008．19．

内容元素的结合，就形成其符号意义。例如听觉元素符号，电视节目里的主题词、片头音乐、特效音响等声音元素同样可以具有符号意义。如电视栏目《生活空间》的主题词“讲述老百姓自己的故事”，已成为凸显其节目宗旨的听觉符号。

无论是视觉元素还是听觉元素，单一运用效果不一定好，只有结合起来才能产生更大的传播力和影响力。如中央电视台《感动中国》中的颁奖词诵读，主持人庄重地手捧一本打开的奖状证书（起表意作用的视觉符号），抑扬顿挫地宣读对“感动中国”年度人物的颁奖词（起叙事作用的听觉符号），由此体现了一种道德精神的弘扬，传递了《感动中国》的视听冲击力。

视听元素符号不仅可以表征内容，而且对形式有很强的结构能力。如纪录片《幼儿园》中反复出现的插曲《茉莉花》，它有两层符号意义：一是表现风格和调动情绪，二是衔接节目段落（环节）。电视栏目中的片花和电视剧里的插曲都具有这种结构形式和强化记忆的功能。

如果电视节目的策划者懂得视听符号的结构作用，创造或置换一些能够成为符号的节目元素，就可以创造出任何一种新的电视节目形态。

以上都是谈论内容与形式剥离后的电视节目形态构成，但在实际的节目模式设计和电视节目研发中，一定是形式为内容服务，一定是节目内容与节目形式紧密结合。同样是聊天式谈话节目（Chat Show），节目模式也十分相似，《鲁豫有约》与《奥普拉·温弗瑞秀》（*The Oprah Winfrey Show*）还是有较大差异的。节目内容与节目形态有三对互动关系：基本形态与基本定位、模块环节与传播功能、内容元素与形式元素。如果我们了解各个基本节目形态的编码规则和传播特点，那么我们就能更好地承载相关的节目内容。如谈话节目比较适合观念传播，而现场直播则能更好地进行信息传播。如果我们了解各类模块的传播功能，那么我们就能在节目模式构成中运用自如。内容与形式如何更好地耦合，将在后面章节中详加论述。

第四节　策划主体、机制与发展

一、策划主体

对于电视节目策划来说，策划主体包括策划人、策划团队和策划机构。策划人是一个节目的总设计师、灵魂和核心，他描绘节目发展蓝图，制定节目发展方向，设计节目操作流程。电视节目策划离不开策划人的超前创新思维、敏锐的市场意识、成熟的经营理念和广博的学科知识。

电视节目策划人的知识不仅仅限于电视领域，他还要了解与电视相关的自然科学、社会科学和人文科学的各个领域。他不仅仅是一个“通才”，更是“全才”，或者“杂家”。

现代社会瞬息万变，新事物、新现象层出不穷。每种现象背后都有一定的社会动因，而每种现象的出现也会预示或引导新的趋势，只有那些反应敏锐、善于捕捉瞬息万变的信息、体察社会民情的人，才能透过现象抓住本质，把握市场动态。

策划需要创意，需要丰富的想象，但这不等于没有章法，做无意义的天马行空式的空想。电视策划的目的是要赢得关注、产生效益，所以策划的思维是缜密的，需要从目的出发，有针对性地思考，并在形成各种方案后反复论证其可行性以及效果。

电视媒体的不断发展使得节目的制作方式有了变化，从以往常用的导演制到现在常用的制片人制，从计划经济下的电视到“事业单位、企业化经营”下的电视，电视节目策划的工作内容和性质也发生了变化。经过几十年曲折的发展，我国电视市场日趋成熟，收视率成为衡量电视节目成功与否的重要标准，从这个角度来看，制作节目也可以说是生产产品。

市场意识在电视节目策划上的价值体现在思维方式上，一个优秀的策划人，应当时刻以市场的角度来看待节目策划。首先要认识电视节目经营的双重性，既要注重经济效益，又要注重社会效益，应当追求社会效益和经济效益的平衡。对于电视媒体而言，任何节目的经营策略都会或多或少地受到社会效益的影响与制约，同时又要追求经济效益，处理好这两者的关系，才能策划出优秀的节目。这要求策划者一方面注意受众市场的需求，根据市场的变化改进节目内容和质量，确保节目的市场竞争力；另一方面，重视节目的社会效益，认识到社会效益对经济效益的积极影响，树立良好的媒体形象，保障经营的良好运行，使两者相辅相成。

电视品牌具有受众公信力和市场号召力，它不仅是一种优质节目产品，更创造了一种节目品牌文化。电视节目的品牌是伴随着电视的发展而不断成熟的，电视节目品牌意识在新闻类和娱乐类节目中体现得最充分，像中央电视台的《新闻联播》《焦点访谈》和湖南卫视的《快乐大本营》等节目。在策划之初，优秀的节目策划团队就会以良好的品牌意识去进行前瞻性思考。2014 年浙江卫视《奔跑吧兄弟》是年度最受欢迎的综艺节目，该节目策划团队在韩国的节目基础上进行了本土化改造，策划了全新的游戏环节，使之成为继《中国好声音》后浙江卫视的第二张王牌。电视节目的品牌效应以其强大的心理冲击力和视觉冲击力开始被策划界重视，并且逐步由节目包装、栏目包装向整体的电视频道包装发展。目前，我国有数千个电视频道，电视媒介迅速发展，竞争日益激烈。品牌包装，作为一种能有效地强化频道定位、树立频道整体形象、彰显频道风格特色、争取和吸引观众的重要手段应运而生。

电视节目品牌还具有磁场效应。当电视观众通过观赏接受了某个节目品牌之后，就会对其产生一种信任心理，这种心理反映出一种忠诚与信赖，受众已经不仅仅将内容接收看成一种信息获知，更多的是从这种收视行为中获得一种情感满足。这种效应使节目传播形成一种良性循环，在相当长的一段时间内都能取得一种极好的传播效果。一个优秀的电视节目策划者，要善于抓住受众心理，善于利用节目品牌，深化传播效果，提高市场效应。同时还应当利用电视节目品牌的连带效应，积极开发品牌节目的相关文化产品，寻找有效的促销手段，开发潜在的受众和消费者，增强市场竞争力。

电视节目策划是一项创造性活动，策划者除了要具备一定的专业知识和技能外，还应当注重专业以外的知识和能力的培养。优秀的电视节目策划者应当是一位“博学多才”的人。专业知识和技能是指和创作内容相关的知识和技能，包括主专业类知识、相关专业类知识、研究能力、实施能力和整合能力。

除了多学科知识的储备以外，策划者还应当具备各种实际技能。例如管理能力，策划者要根据每期节目内容的不同需要，合理安排相应的人员、设备。策划者还要具备出色的管理能力和良好的成本意识，并且有计划地进行经济支出，防止资源的浪费。

随着科学技术的发展，社会化因素越来越多，社会问题越来越复杂，知识信息越来越膨胀，在这种环境中，策划作为个人的智慧活动，已经满足不了社会的需要，而逐步表现为一种群体的行为。尤其是一些重大的整体策划，仅靠个人是不可能完成的，只能依靠群体的参与。策划团队多种多样，有为国家战略服务的，如美国的兰德公司；有以高等院校为阵地的，如各高校的研究所；也有完全面向市场，以营利为目的的各类策划公司（咨询公司），或称文化公司。在国内数量众多的电视媒体中，有的成立了专门的策划部门（或称节目研发中心），如中央电视台、湖南卫视；大部分则根据各个时期的经营目标，抽调各部门精英，临时组建专门的策划团队，待任务完成后，再各归其位，即所谓的“虚拟策划平台”。单兵作战难以应付复杂多变的市场环境，也不利于统筹全局；只有依靠集体的智慧，各自发挥特长、优势互补，才能激发创意、做好管理。

有时为了弥补媒体策划人才的匮乏，还须借助业内外各专业人才的智慧，俗称“外脑”。因是“外人”，尤应尊重。“外脑”是“客人”，不管节目策划是否具有可行性和操作性，都应给予重视。对于长期合作的策划班子，制片人更要尊重“外脑”，用好“外脑”。

二、策划机制

当今电视正处于“传播全球化、经营产业化、技术数字化、服务专业化”的转型期。由此，我国电视研发得到了相应的重视和发展。近年来，各大电视媒体纷纷建立健全电视研发机构，并取得了不少优秀的研发成果。那么，节目研发与节目策划是不是一回事呢？两者有相似的地方，都是为电视节目生产所做的前期工作。但两者还是有所不同，节目研发主要是指把电视研究成果转化为生产力，是对新的节目资源的一种开发，通常指节目模式、生产流程和节目运营；而节目策划主要是对原有节目资源的优化配置，侧重于具体技术或战术的操作层面。但节目策划与导演、制片等工种不同，它不是独立的一个工种或一份职业，而是一项根据需求而进行的工作或任务。作为工作，它往往蕴藏于电视节目生产的整个流程中；作为任务，它往往以项目管理的形式存在。在电视机构的编制中，电视节目策划工作可以由栏目、频道或电视台有关部门（小组）承担。以江苏广播电视总台（集团）为例简要说明之：

江苏广播电视总台（集团）现拥有14个电视频道。其中，江苏电视台拥有强大的内容生产能力，台内九大频道绝大部分节目为自办节目，因此对节目研发与创新有很大的需求。江苏广播电视总台（集团）电视传媒中心节目研发部于2007年1月成立，部门职责为协助总台领导做好电视传媒中心节目研发工作的统筹与管理，更好地推进总台各频道的节目研发创新。节目研发部下设三个部门：

（1）项目评估部：负责对新形态的节目、项目进行评估、研讨；协助频道完成节目改版和创新研发工作；定期组织方案征集活动。

（2）资讯整合部：负责海内外信息、资料的分析与整合，制作有关国内外前沿节目资讯和业界动态的内部刊物；负责国内外最新动态节目的搜集与翻译，并提供和翻译观摩片。

（3）创研执行部：负责制定制度与管理资金；制作反映节目资讯和业界动态的内部刊物；定期组织国内外优秀节目观摩；负责内部网址的更新与维护。

节目研发部目前的工作侧重于策划方案、研究模式、提供海外模式以及协助频道开办创新研发活动，主要工作有：①每周制作两份报告《每周新节目质量报告》《最新海外电视剧收视排行》；②每月制作杂志《TV生态圈》；③每季度举办海外优秀节目观摩会；④每年组织面向台内外的栏目节目方案征集活动；⑤开办内部网站；⑥自主研发，协助频道开办新节目和改版老节目；⑦参加业内交流，跟踪业内动向。

节目研发部第一时间提供的优秀节目资讯和分析，不仅多次受到台里的好评，而且使江苏电视台各频道在收视市场上增强了竞争力。2010年，“海外优秀节目观摩分析活动”被评为江苏广播电视总台（集团）优秀项目。

由此可见，节目研发部一般不直接做节目策划，只是协助频道或节目部门，为节目策划提供服务。有些电视机构的节目策划服务由电视台总编室提供，如广东南方电视台就提供很好的收视分析；有些电视台还定期召开收视和节目分析会，为电视节目策划提供数据支持和宏观指导。

三、策划发展

当今，全国各大电视媒体大多设立了电视研发或策划部门，但电视节目策划的实力和水平差异甚大。不少电视媒体对电视节目策划重视不够，投入不足。制约我国电视节目策划的瓶颈主要是缺乏观念意识、理论支撑和体制机制。第一，落后的观念意识制约。某些电视媒体领导缺少科学观念和竞争意识，致使不少电视台的电视节目策划并未能发挥其功能和作用。第二，理论研究相对滞后，缺乏前瞻性、系统性。尽管目前的策划形式正从过去以务虚为主的“神仙会”转向现在“解渴管用”的项目研发，但是过于功利的做法也存在弊端。第三，电视节目策划制度化问题。电视节目策划真正地从电视产业链的后端、边缘成为前沿、核心，这是电视产业成熟的标志。

如何才能突破电视节目策划的“瓶颈”呢？笔者认为，突破口在于关注电视节目策划的四个节点，在于把握好电视节目策划水平的向度。

关注电视节目策划的四个节点就是要做好四个对接、即学界与业界的对接，研发与生产的对接、国内与国外的对接、传统电视与新兴媒体的对接。对于电视节目策划，学界与业界都对彼此有一些片面的看法：媒体觉得高校是纸上谈兵，高校则认为节目策划只是操作。笔者认为，双方都需要改变：业界要懂得借助“外脑”，学界则要关注传媒前沿。电视节目策划是电视产业链中重要的一环，电视媒体的研发部门要与生产部门耦合好了才能产生效益和能量。节目定位赢在执行，成果转换赢在对接。成果转换过程中必然要与电视台其他部门发生关系，而如何进行系统内外的协调，也是目前电视节目策划工作中面临的一个重要问题。国内的电视节目策划要与国外的节目模式发展实行对接。我们要努力学习国外先进的东西，但不能照搬照抄。近年来，我国积极引进和模仿国外电视节目形态，但由于吸收、消化、改造跟不上，本土化移植做得不好而出现“水土不服”的也不在少数。电视进军新媒体，电视节目策划也要有新思维，新媒体节目策划要找到新的核心价值和传播模式，才能找到电视内容产业发展的“蓝海”。要衔接好以上节点，需要媒体领导层的高度重视，需要电视节目策划部门的不懈努力，更需要电视媒体健全的制度建设。

我国电视节目策划要有大发展，就必须把握好其向度，向度是指创新的取向和策划的维度。创新的取向主要有四个，即内容创新、传播创新、融合创新、制度创新。“内容为王”就是内容创新，过去我们把节目看作宣传品和作品，现在更多的是要把它看作内容产品，电视节目策划也可以说是电视内容产品的研发。在当今这个注意力高度分散的时代，相对内容创新，传播创新往往更重要。《超级女声》《雾都夜话》等节目并非精品，但传播理念的创新却让它们取得了不俗的收视率。面对新媒体的咄咄逼人，对新媒介、新技术、新模式的研发显得迫在眉睫。当前，电视媒体的“老大”意识还很严重，对媒介融合不够主动，创新不足。当然，最根本的也是最难的创新是制度创新，制度创新必然触及体制和机制。电视节目策划就是要在体制内外的变革和对接中找到平衡点。

胡锦涛同志曾在党的十七大上指出：“科学发展观，第一要义是发展，核心是以人为本，基本要求是全面协调可持续，根本方法是统筹兼顾。”① 这就是电视研发应有的基本认识和指导原则。具体来说，电视研发工作必须遵循三个维度，即科学发展观、公共利益至上、颠覆性创新。

在电视节目策划中，需要正确处理长期战略与短期策略的关系、全局利益与局部利益的关系，要以科学发展观来指导电视节目策划工作，促进电视内容生产全面、协调、健康和可持续发展。目前有些电视媒体为了抢占市场份额，不惜以牺牲媒体品质为代价。比如，某电视台策划出一个收视率不错的民生新闻栏目，却在栏目中插播了大量的医疗广告，大大影响了媒体公信力和节目的品质，这无疑是对媒体资源的破坏性开采。制度创新就会触动各方利益，而科学发展观的核心是以人为本，这个“人”就是电视媒体赖以生存的公众。李良荣教授认为：“传媒业的制度创新必须确立一个原则：公共利益至上。”② 当今世界正掀起创意产业的热潮，电视产业属于创意产业，而电视节目策划则是这一产业链中的核心环节。如何发挥这一核心的强大功能？著名科学家周光召指出：“创新分为两种，一种是渐进性创新，一种是颠覆性创新。中国目前最需要的是颠覆性创新。”③ 颠覆传统的自主创新应该成为我国电视节目策划的不懈追求。

总的来看，尽管目前我国还是国外电视节目模式进口国，但是，笔者对中国电视产业发展前景还是充满乐观的。我们的目标是：建构完善的电视研发和策划体系，打造中国电视创意产业，为中国电视节目走向世界而努力。因此，除了勇于实践、敢于创新外，电视节目策划理论的学习也是非常有必要的。

---

① 胡锦涛. 高举中国特色社会主义伟大旗帜 为夺取全面建设小康社会新胜利而奋斗——在中国共产党第十七次全国代表大会上的报告. 2007－10－15.

② 李良荣. 论中国新闻改革的优先目标——写在新闻改革30周年前夕. 现代传播, 2007（4）.

③ 陈宗周，周光召. 今天的科技界民主氛围太少. 南方周末，2007－12－06.

第二章　电视新闻节目策划

伴随着社会的发展、科技的进步和传播理念的变化，电视新闻在内容、形式、传播等方面都发生了很大的变化，电视新闻改革的步伐不断加快。电视新闻节目已成为大众获取资讯、关注国计民生的重要平台，产生了巨大的社会影响。同时，电视新闻如何在竞争中取得优势，如何应对新媒体的挑战，如何在各种权力的博弈中取得平衡，都需要更多更好的策划。

第一节　电视新闻策划要义

一、电视新闻的定义

我们先来考察新闻的定义。新闻的定义有很多，普遍认可的是前中共中央宣传部部长陆定一1943年在延安提出的“新闻是新近发生的事实的报道”。随着社会和媒体的发展，新闻的内涵也在不断丰富。新闻的定义演变为“新近或正在发生、发现的事实的报道”。我们进而推演出“电视新闻是以现代电子技术为传播手段，以声音、画面为传播符号，对新近或正在发生、发现的事实的报道”。请注意，这里增加了两个关键词：“正在”和“发现”。

（1）正在。当今新闻报道已进入“现在进行时”，在电子媒体中，这个“正在发生”还表现为“同步进行”。由于使用电子新闻采集（ENG）和卫星传送技术，电视新闻已经可以做到三个同步：记者的报道与事件的进展同步，增强电视新闻的时效性；节目制作与播出同步，增加电视新闻的现场感；声音与画面同步，增加电视新闻的纪实性。

（2）发现。一是指过去发生的事在今天有新的发现，如考古发现；二是指新的观点、新的见解的发现。“新闻发现就是以实现新闻实践的合理发展为根本指向，依据新闻传播规律对事实信息的新闻价值和新闻作品表达方式的率先认知。”基于发生与发现的区分，我们还可以把新闻分为两大类：事件性新闻与主题性新闻。前者在国外叫做“硬新闻”，后者含有更多宣传的成分。

进入新世纪以来，随着新媒体的崛起，我们进入了一个注意力高度分散的时代。从增强传播效果的角度来看，我们还可以在新闻定义前面加上一个限定——引起关注的，即“新闻是对引起关注的新近或正在发生、发现的事实的报道”。

二、电视新闻节目类型

根据电视本身特点和形象化传播优势，按照不同的标准划分，目前我国电视新闻节目的类型总体上比较丰富。

电视新闻节目按照形态划分，从狭义层面来讲，专指消息类新闻节目，各电视台的新闻联播都是此类代表；从广义层面来说，则指电视屏幕上所有传递新闻信息的新闻节目的总称。

电视新闻节目按照报道形式划分，主要有消息、专题、系列（连续、组合）报道、评论和现场直播等。

电视新闻节目按照播出栏目划分，主要有消息、专题、言论、杂志四大栏目类型：

（1）消息类新闻栏目：动态消息的组合，能够迅速、广泛、简要地报道国内外新近发生、发现的事件的节目形式，如《新闻联播》《新闻30分》《中国新闻》《经济新闻联播》。篇幅简短，时效性强，动态性强，题材广泛。

（2）专题类新闻栏目：综合运用各种电视表现手段与播出方式，深入、详尽地报道某一重大新闻事件、典型人物、经验、观众关注的问题或现象等。要求记者能在事实的基础上，对事实、问题做出分析，以独特的见解引起观众深层次的思考。包括深度报道、专题报道、新闻纪录片。节目时间长，内容丰富，思想深刻，信息量大。

（3）言论类新闻栏目：对新闻事件、思想倾向、社会现象和具有普遍意义的问题发表议论的新闻体裁。思辨性强，社会影响大。

（4）杂志类新闻栏目：信息含量大，节目形式灵活多样。一个杂志类新闻栏目往往由若干板块组成，把消息类节目、专题类节目或者言论类节目等整合到一个大的新闻板块中，打包播出，如中央电视台《东方时空》。

三、新闻策划理念辨析

随着媒体间的竞争逐渐加剧，获取独家新闻越来越难，为了有效地利用新闻资源，挖掘出潜在价值，越来越多的新闻媒体开始重视新闻策划，新闻策划已成为不可缺少的一种竞争手段。但是，新闻能不能策划？新闻界对此长期存在争议。新闻策划源于公共关系，其过程是挖掘组织自身的新闻点，目的是营造组织的软环境，提升品牌影响力，追求更广阔的发展空间。新闻策划有狭义和广义之分。狭义的新闻策划是指新闻报道的策划与组织，即业务中的战略策划，是新闻传播者在一定时期内，为达到某种传播效果，对具体的新闻事实的报道所做的设计与规划，以提高报道的质量。广义的新闻策划是指新闻媒体的整体策划，包括发展战略策划、营销策划、广告策划、风格策划等。

值得注意的是，新闻策划不等于策划新闻。新闻报道不可避免地存在着新闻工作者的主观介入，媒体对事实的选择和报道有着主观能动性，经过精心策划后，报道效果更加突出。新闻需要策划，但它是报道的策划，而不是事实的策划。媒体最重要的功能还是报道新闻，传播信息，帮助人们正确地认识世界，满足受众的需要。可以说，新闻策划与策划新闻是“有中生好”与“无中生有”的区别。

1. 新闻策划

新闻报道是一种能动性的活动。新闻策划是指在遵循新闻报道客观规律的前提下，利用已经掌握的信息，围绕一定的主题或目标，对新闻报道的整体构思和传播过程的运筹规划，指导传播活动有效地开展，其目的在于有效地配置新闻资源，最大限度地发挥新闻报道的社会功能。新闻策划包括确定报道议题、制订报道计划、做好采访准备等。这里的“新闻策划”建立在新闻事实的基础上，事实是第一性的，策划是第二性的。新闻策划遵循了新闻报道规律，是对新闻报道活动进行的具有前瞻性的巧妙创意和构思。

新闻策划大致可以分为两大类：一是媒体主动参与制造新闻事件，组织和举办各种庆典、活动和论坛等。这类新闻策划能够发挥其影响力，有利于媒体树立良好的社会形象，也是媒体社会责任感的体现。如由北京新闻界发起的“中国质量万里行”活动，针对产品质量组织记者赴全国各地进行采访调查，取得了良好的社会效果。对一些大型活动或者重大突发事件等进行精心策划，尤其能获得理想效果。2008 年“5·12”抗震报道，中央电视台《万众一心 众志成城》栏目成功策划，及时报道救灾情况，一个个动人的救灾故事，引起强烈的社会反响，为中央电视台树立了良好的媒体品牌。凤凰卫视在很多重大事件中抢得先机，如“9·11”事件报道、俄罗斯别斯兰人质事件报道。经过策划，节目的新闻性、价值性、可视性大大提高，进一步彰显了自身优势，扩大了媒体的影响力。二是在了解未来一定时期的报道中心的基础上，谋划系列报道。例如，为了纪念长征六十周年，记者重走长征路进行采访，形成了影响力很大的系列报道，不仅发挥了舆论导向功能，而且提高了新闻宣传的报道质量，增强了可视性。

一个成功的新闻工作者应有自己独特的眼光、出色的分析能力和策划能力，对纷繁复杂的社会现象具有深刻的洞察力，善于捕捉新闻线索，提炼新闻主题。在普通的现象中挖掘出新的视角，形成一次次成功的策划，催生精品新闻力作。

2. 策划新闻

策划新闻是指由媒体主动策划先前未曾发生的新闻事件，以引起社会公众注意。实际上是策划新闻事实，制造或导演新闻。这种违背事实、不顾社会责任的策划，只会带来负面的社会影响。2007 年轰动全国的“纸馅包子”事件，就是一个策划和制造出来的假新闻，不仅违背新闻职业道德，而且严重损害了新闻媒体的公信力。这里的“新闻事实”是人为制造的，事实作为新闻本源被歪曲或造假，丧失了其客观性、真实性，违背了新闻报道的客观规律。

还有一种策划新闻，即媒体按照自己的意愿，对事件人为地进行操控，使其按照自己的预想方向发展，达到相关目的。在杨丽娟事件中，媒体刻意炒作事件的发展，哗众取宠，制造“卖点”，片面追求收视率，追求最大的经济利益。还有一些企业为了经济利益，借助新闻报道进行宣传，这是有偿新闻的一种，本身的新闻价值并不高。

四、电视新闻策划的意义

电视新闻策划是一项复杂的工作，包括很多方面，如消息类节目的编排；专题类节目的选题、采访策划；访谈类节目的嘉宾和话题策划；连续、系列、现场、连线等报道形式的选用；重大事件报道的直播现场、多机位、多角度、立体化等。

1. 应对新媒体挑战

21 世纪是一个信息爆炸的世纪，随着信息技术的快速发展，新媒体异军突起，猛烈地冲击着传统媒体，电视媒体“你传我受”的单向传播模式受到很大挑战。与网络媒体相比，传统媒体无法在时间上抢先，只能通过在新闻报道中的精心策划，选择新闻报道的独特角度，在新闻大战中抢占先机。

2. 摆脱同质化竞争

近年来，电视新闻栏目不计其数，但是风格却大多雷同。在资源同质化的情况下，原创性的新闻节目越来越稀缺。面对日益激烈的媒体竞争，为了吸引受众、提高收视率，越来越多的电视新闻节目不再满足于“守株待兔”，而是主动出击。面对共有的新闻资源，电视新闻节目必须做到出新、出奇，借助新闻策划脱颖而出。

3. 树立品牌，争夺受众

在媒体、频道、栏目空前增多，竞争日益激烈的新形势下，培养观众对栏目的忠诚度，对保持节目的竞争力尤为必要。如今是一个受众为王的年代，受众参与意识增强，媒体经常会针对一些社会焦点事件，经过精心策划，打造电视品牌，满足受众的需求，扩大媒体的影响。

可以说，对新闻节目报道的策划和组织，本质上是根据媒介的传播宗旨和原则，对报道的内容和形式加以选择，通过对新闻资源的最佳配置和对报道过程的组织控制，获得报道者期望的效果。

五、电视新闻策划的原则

1. 客观性

新闻的客观性是指新闻事实不能随策划人的意志而改变。策划人可以最大限度地发挥主观创造性，以合理又富有表现力的方法传播信息。但是无论何时何地，都应严格遵循新闻传播规律，恪守媒介社会责任，实事求是地进行运作。

个别新闻节目为了提高收视率，肆意宣传，甚至无中生有，制造噱头，哗众取宠，严重违背新闻报道的基本规律。北京电视台播出的假新闻“纸馅包子”，使电视新闻从新闻策划走向了策划新闻，走到了娱乐至死的悬崖边上，正如尼尔·波兹曼所说："其结果是我们成了一个娱乐至死的物种。"

2. 创新性

新闻策划的核心是"创意"，电视新闻节目要吸引更多的观众，就要突破传统的思维方式，在报道选题、报道内容、报道形式、报道时机的设计与谋划上不断出奇制胜。如果固守不变，不能根据观众市场的变化而做出相应的调整，势必会逐渐被观众遗弃。这就要求策划者了解现实，把握趋势，根据实际情况不断创新。

3. 灵活性

策划是对正在发生的新闻事件进行主动、积极的反映，要注意策划中可能遇到的种种障碍，防患于未然，研究出多种解决问题的方法。同时要考虑节目运作过程中的各种条件的变化，对各种变数随时进行调控，使节目安全有效。在策划方案的实施过程中，策划者应根据受众调查等反馈信息，及时加以分析改进，以完善策划方案。

4. 时宜性

时宜性是指新闻策划的最佳时机，播出的新闻过时或超前，效果都不好。因此，策划者必须注意把握当时的社会背景和舆论导向，不能一味追求新闻轰动效应，而置大局和社会公众利益于不顾。要增强政治敏感和全局意识，依据当前社会现状，对事实有意识、有目的地进行策划，抓好策划时机，才能取得最佳的宣传效果。

第二节　电视新闻流程策划

从电视新闻业务层面，即整个采、编、播的制作流程来看，电视新闻策划包括选题策划、采访策划、编排（编辑）策划和报道策划四个环节。

一、选题策划

好的选题是成功的一半。在电视新闻节目中，策划当然首先考虑新闻价值，根据新闻价值的大小决定选题。选题往往反映社会上人们关注的热点、难点、焦点问题，要求新闻媒介能深刻反映和揭示，对事物做出分析、解释和预测。策划要善于抓住新的问题，着重于对过程和原因的分析，根据事物错综复杂的联系，从不同侧面、多层次地纵深开掘，从而吸引人们的关注。

1. 选题来源

罗丹说过，生活中并不缺少美，缺少的只是发现美的眼睛。新闻线索同样如此。日常生活中新闻线索来源有很多，包括记者的采集和捕捉、其他媒体的报道、上级部门的宣传精神等信源，以及媒体征集的新闻，如热线电话、信件等。如今不少电视台的新闻部门还建立了强大的报料系统，有些记者还利用微博、微信收集新闻线索。但要注意的是，通过微博、微信等新媒体渠道获取信息和线索虽然十分快捷，但这些信息和线索鱼目混珠、真假难辨，需要认真细致地甄别和筛选。

2. 报题机制

很多电视媒体的新闻部门都会在每天上午举行编前会，由电视台的执行总编、各部门负责人参加，讨论节目选题和安排，研究部署当天和近期的宣传报道重点，围绕上联播、发头条、进专栏、做专题，确定报道内容、宣传形式、重点报道或主打新闻选题及当天的播出计划。编前会制度的建立，有利于选题的集约化和运作的制度化。

3. 选题标准

在进行选题策划时，应注意以下五个方面：

（1）时效性。新闻策划的前提是具有较强的时效性，因此，应选择时效性较强的新闻来进行策划，展示事件的最新发展，满足受众的期待。如果慢三拍，时效差，被报纸媒体、网络媒体、手机媒体抢了先机，电视新闻就会失去受众。

（2）新鲜性。社会发展日新月异，电视新闻节目要关注社会上的新事物、新现象、新问题。新闻工作者必须纵观全局，开拓视野，有高度的新闻敏感，能从纷繁复杂的事物中判断出传播价值的变化。

（3）重大性。社会是一个纷繁变幻的万花筒，策划者应善于从现实生活和文化背景中汲取创意的营养。如香港回归、国庆六十周年、改革开放三十周年等，都给策划提供了很好的契机。

（4）贴近性。全国性媒体通常按先国内后国际、先中央后地方的次序编排新闻；而地方台除对重要的全国性新闻做出安排以外，一般按当地新闻、邻近地区新闻、其他国内新闻、国际新闻顺序安排播出内容。电视新闻工作者应加强与观众之间的沟通、交流，了解民众关注的热点，选择群众最为关心的、最感兴趣的题材。

（5）典型性。社会每天都有各种各样的矛盾和问题，新闻节目不会也不可能全部涉及。新闻节目可以选取那些具有代表性的信息进行介绍，以个别来反映一般，通过举一反三，以舆论监督的方式扬善抑恶，倡导正确的行为方式和价值观。

在我国的时政新闻报道中，有不少属于主题性报道。它围绕某一时期党和政府的中心工作，以新政策的出台和落实、新成就的展现和总结等为主要内容，以宣传报道为己任。此类新闻由于与普通老百姓的日常生活有一段距离，如何让他们感兴趣或看得懂，需要精心策划，进行通俗化解读和可视化处理。

4. 新闻发现的标准

（1）政策为本。及时解读政府重大权威政策对百姓的影响。

（2）以民为本。选择群众感兴趣的内容，强调内容与受众的贴近性。

（3）政府重视，群众关心。对新的策划选题，既要有全局的整体把握，又要从微观事实切入，选择“政府重视、群众关心、普遍存在”的内容，实现政府重视和群众关心的统一。

5. 新闻发现的途径（主题性新闻创新的途径）

（1）以典型人物为载体，以深求新。以普通的人物为报道对象，用其曲折的经历吸引人，用充满人文特色的细节感动人，以事件的结果教育人、启发人，最终达到新闻报道的目的。

（2）树立新闻策划意识，以谋出新。例如，黑龙江电视台的《关注农民工讨回打工钱》是一篇系列报道，如果做成连续报道则更能紧扣观众心弦。农民工王玉兴的命运就是千千万万农民工的遭遇，他到底能否讨回打工钱？政府职能部门的帮助是否有效？这些悬念就是一个“新闻引力场”，把观众紧紧吸引在电视机前，体现出电视媒体一种深深的人文关怀。记者既站在群众的立场上来报道农民工的现状，同时也站在政府的立场上来报道政府职能部门的努力。

这样的报道老百姓更愿意看。

(3) 配合党的中心工作，以质求新。紧紧围绕党和政府在一个时期、一个阶段的重点工作进行报道。

(4) 关注国计民生问题，以变求新。深入社会生活中去，聚焦在广大人民群众关心的热点问题上，代表他们的利益，对时刻发展变化的事物进行报道。

二、采访策划

采访是新闻节目制作的关键。“巧妇难为无米之炊”，采访不仅要了解“是什么”“怎么样”，还要挖掘“为什么会这样”“是什么原因造成这样的”，走进当事人的内心世界，透过事件现象去深挖背后的东西。从策划的角度来说，采访时应注意以下两点：

1. 采访预案

采访的成功与否，跟采访的准备工作是密切相关的。不论是已知事实还是突发事件都要做到有备而来，要根据采访的难易程度和不可预知性准备多套采访方案，制定周密的采访提纲，设计细致的采访问题，以免“捡了芝麻，丢了西瓜”。当然，临场的应变和调整也是十分有必要的。对于电视新闻来说，现场采访最为重要，但也可辅以现代科技手段，如电话采访、网络采访等。

2. 隐性采访

隐性采访俗称“偷拍”，是电视记者在调查采访中运用的一种采访手段。隐性采访常常是一种不得不采取的采访方式，随着批评性报道的日益增多，想获得事情真相，介入的身份必须恰当、合适，否则很容易破坏新闻本来的面貌。《焦点访谈》1997 年 11 月 25 日播出的《“罚”要依法》，反映山西省 309 国道交警乱罚款的节目，就使用了偷拍的方法。南京冠生园月饼生产的惊人黑幕被记者耗时一年揭露出来，堪称暗访中的经典力作，其中，掩住记者的真实身份，隐性采访发挥了关键作用。

“用事实说话”是新闻报道的基本原则，绝不能造假。在我国，隐性采访处在一个比较尴尬的境地。法律上没有实际操作层面上的保护条文。对于媒体来说，在行使舆论监督权利的同时也要承担一定的风险，尤其是对于电视记者来说，他们的人身安全常常会受到威胁，名誉常常会遭到侵犯。因而，在舆论监督中要注重核实和证伪，采访者要注意收集、保留证据和原始采访资料。

三、编排（编辑）策划

电视新闻的播出策划主要体现在编排（编辑）和包装宣传上。微观层面的电视新闻图文编辑有专门的课程，就不在这里介绍了。在当今电视新闻激烈竞争的态势下，新闻编排和栏目包装日显重要。在电视新闻编播环节中，时机的把握是最重要的一环，对“度”的把握贯穿在整个编播策划中。时序的编排也十分重要，需要从新闻价值、收视心理、传播效果等几个维度来考虑。编排策划需要明确如下原则：

（1）重要性原则。根据新闻事件的重要性或者新闻本身的价值，安排新闻的播出时间和播出次序。

（2）贴近性原则。在民生新闻和地方台节目中，贴近实际、贴近生活、贴近群众的“三贴近”原则是一个十分重要的编排依据。香港无线（TVB）新闻编排的价值原则是：新闻价值 = 人数/距离，即关注的人越多，价值越大；新闻距离香港越近，越有可能被 TVB 选择。

（3）集中性原则。即集中同一类型的报道，通过传播全面的、多视角的新闻信息，满足观众对重大新闻的资讯需求，容易形成整体的播出效果。

（4）间隔性原则。这是对重要性原则的补充，顺应并保持观众流，重要的、有价值的新闻不能都集中在一起，而要合理分布在整个节目编排的各个节点上，避免出现头重脚轻、虎头蛇尾的弊端。

随着电视新闻竞争愈演愈烈，如今各台栏目都十分注重包装推广。例如，改版后，《朝闻天下》栏目不仅更改了栏目的片头，还增加了字幕的一些炫目特技，如 3D 动画等，屏幕下方的滚动字幕块明显加大，时间变为红底白字，新闻标题变为蓝底黄字，滚动条变为黑底白字，字号加大，让观众看得更加清晰。电话连线、主播点评等增加了新闻的角度，能够帮助观众从各方面了解新闻事件。节目在外包装上的“主播大头像”“醒目标题”“滚动新闻字幕”等手段的运用，在视觉效果上更让观众耳目一新。

在中央电视台 2003 年美伊战争的电视报道中，节目组借助电话连线、演播室谈话、电子地图、动画、屏幕文字重点注释与滚动报道等手段，对每天的战况做了准确、及时、生动的传播，大大增强了节目的可视性。

在信息时代，电视节目要保持生命力，就必须不断改变节目包装形式，充分运用电视语言，来满足观众日益变化的审美趣味。在电视新闻节目中要注重编排，如导语、编后的运用，新闻的播报方式，栏花、字幕的设计，图表的使用等，编排得好，给人赏心悦目之感，收到最佳的宣传效果。如广东电视台新闻频道的主题MV就散发着浓郁的都市生活气息，让市民感到十分亲切，由此收到很好的频道宣传效果。近年来，电视新闻传播也常常运用混合编码方式，如在新闻节目中采用动漫，充分发挥真实影像和虚拟影像两大系统的优势。

四、报道策划

1. 现场报道

电视现场报道是电视记者在现场采访并同步进行播报的报道形式，是最能体现电视新闻报道现场优势的报道形式之一。电视现场报道的特点是记者的采访和解说在现场一次性完成。电视现场报道可以作为片段穿插在电视消息中，也可以全部在现场完成。电视现场报道可以直接播出，也可以经后期编辑后播出。直接播出称直播，经后期编辑后播出称录播。作为电视消息，现场报道多是经后期编辑后播出的，亦称“现场报道录像”。

出镜记者是电视新闻报道现场的见证者（有时甚至是参与者）、转述者、体验者，他们引领观众视线、还原新闻现场、汇总观点、升华新闻的内在含义。出镜记者是当今电视新闻现场采访的一种重要方式和技能，集采访与播报为一体，他们除了需要具备娴熟的新闻采访能力之外，还需要具备良好的即兴口语表达能力。

当今不少现场报道的出镜记者呆板生硬，甚至显得多余。究其原因，除了记者的素质之外，首先要考虑的是有没有必要出镜。对此我们要了解出镜记者在现场报道中的任务，即引导观众关注新闻重要的信息、随时追踪事件过程、抓取现场鲜活的事件、提供合适的背景信息、协调演播室和编辑部的关系。其次是如何更好地出镜。因此，出镜记者采访报道策划要注意以下六点：

（1）清楚说出所在位置；

（2）出镜背景的选择；

（3）多样的出镜形式：静态、动态、多点、连线；

（4）出镜记者的现场情感要能收能放，“心要热，头要冷”；

（5）出镜记者的仪态、形象、语言要大方得体；

（6）与后方的交流（主要指现场直播报道）。

2. 报道形式

一则电视新闻的报道形式是多种多样的，报道策划的要点包括：报道方式、报道选点、节目形态、播出编排、互动连线等。重大新闻报道策划要善用发散思维，根据报道思想对每条新闻进行编辑，精心选择报道形式。

（1）注重传播内容。一个电视节目的成败，关键在于内容质量的高低，节目形式和传播手段都是为节目内容服务的。2009 年时逢改革开放三十周年和新中国成立六十周年，2010 年上海世博会，这些都是宣传报道的重点。如何在同源信息中整理出不同的采编思路，在严肃的宣传重点中做到亲民、可读，是策划者必须考虑的。

（2）选择报道角度。电视新闻要求对大量的传播信息进行分析、归纳和加工，发现新的角度，挖掘出深度，用新的视角去审视新的现象，用新的方式表达新的内容。选择最佳角度，可以变平庸为新鲜，变枯燥为生动，变肤浅为深刻。

在重大事件报道中，“避开焦点，另眼看新闻”是地方台的基本策略。在“神六飞天”的直播中，虽然地方台无论从技术还是资源角度来说，都无法同中央电视台相比，但可以转换视角，独辟蹊径。东方新闻娱乐频道的直播重点放在费俊龙的家乡，上海电视台新闻频道的重点放在上海航天局的集体大厅，大大拉近与观众的距离。

（3）选择报道形式。当今新闻界越来越多地运用组合式报道，通过策划、编排，使新闻从单一的动态消息变成了多样体裁，既有消息的短小快捷，又有专题的全面深刻，深度和广度并存，让观众快速全面地了解到事件的各方面内容，充分体现了集合优势。

（4）注意受众反馈。为了提高节目的收视率，新闻节目常常以电话采访、短信和问卷调查、大型参与性活动等形式，把观众引入电视新闻传播过程中，积极主动地开发新闻资源。策划者应及时收集反馈信息，加以分析和调整，不断改进和完善新闻节目。

第三节 消息类新闻节目策划

消息类新闻节目是指简明扼要、迅速及时地报道新闻事实的节目形式，以一种轻松简洁的方式满足人们的信息需求。消息类节目是电视新闻中最多的节目形态，是观众了解国内外大事的主要渠道。目前，我国各级电视台都开办有消息类新闻节目，包括中央、省、市电视台黄金时间播出的《新闻联播》、全省新闻、城市新闻，早、午、夜间的综合新闻消息节目以及逢整点播出的各档新闻节目。

一、类型与特点

1. 消息类新闻的主要类型

（1）口播新闻。播音员播讲新闻稿的形式。制作简单，时效性强。

（2）字幕新闻。用字幕报道新闻信息的电视新闻形式，一般与口播配合。

（3）图像新闻。图片、照片、影像加解说词配合报道新闻的形式。声画兼备，增强报道的吸引力。

此外，连续（系列）报道、连线报道、新闻评论也可以嵌入消息类新闻节目中。

2. 消息类新闻节目的特点

（1）快速。消息类新闻的优势在于消息具有很强的时新性，否则信息稍纵即逝。记者必须树立“抢新闻”的意识，第一时间赶赴现场，突出动态、突出现场、突出正在进行中的状态。

（2）简短。消息类新闻少则几十秒，多则几分钟。媒体必须立足新闻事件或新闻人物的当前状态进行集中报道，传递最重要的关键信息。

（3）灵活。除了形式的灵活多样，消息的“活”还体现为视听元素的活泼、生动，有较强的可视性。

（4）新意。新闻贵在于“新”，电视新闻工作者要敢于突破新闻报道中的套路思维，增强创新意识，在选题立意、角度表现的“新”上做文章。

二、消息类新闻节目编排

新闻编排对消息类新闻节目的传播发挥着重要作用，合理的编排思想是获得电视新闻传播效果的前提。一档消息类节目少则十多条，多则数十条新闻，必然包括精彩的、重要的、一般的。哪些新闻放头条，哪些突出处理，都体现着编辑的意图。

1. 精选头条，突出重点

头条新闻是当天最重要、最精彩的新闻。头条新闻的设置，要体现一定时期的报道重点，突出新闻的舆论引导功能，根据事件的重要性或新闻本身的价值，安排播出次序，改变先国内、后国外的固定模式。关注当前社会背景下观众的心理需求，选择与受众关系最为密切、最直接的新闻。

2. 利用峰谷效应

在新闻节目中，不可能每条新闻都会引起观众的兴趣，应把节目安排成高低不平的峰谷，不断调动观众的注意力和兴奋点。在头条新闻强刺激后，各新闻段的第一条新闻，可安排新闻价值较强的新闻，调动观众的注意力。节目结尾处，可安排一则人情味浓厚的社会、文体新闻，激发观众的兴趣。

3. 优化组合，层次分明

将主题一致或内容关联的新闻集纳编辑，产生类似积累蒙太奇的组接。在编排组合时，可以采用同类组合、对比组合和相关组合三种方式：同类组合就是把题材相近或内容相同的新闻排列在一起，如相同的主题、相同的报道对象、相同的特点等，形成整体的播出效果。例如，《新闻 30 分》的国际新闻报道将原国务院总理温家宝抵达泰国帕塔亚出席东亚领导人会议，泰国表示东盟与中国领导人会议推迟，泰国局势紧张但泰国总理重申将确保与会国领导人安全，东盟秘书长说各国期待地区组织在应对危机方面发挥重大作用等新闻编排在一起播出，造成一种声势，给观众留下深刻的印象。

对比组合通过对比，扬善抑恶，肯定一方，否定一方，把事物的矛盾性质揭示出来。相关组合新闻之间可能是因果关系，可能是呼应关系，也可能是一个事物的两个方面。编排显得有层次，节奏感强。就内容而言，可以先政治、经济，后文化、体育；先国内，后国际；也可以打破国际与国内的界限，按新闻重要性对新闻进行混编。如中央电视台国际频道的《中国新闻》时长60分钟，分为国际、国内、文化、体育等多个板块。

4. 创造节奏

在新闻节目编排中营造节奏，就是要加强变化。可采用长短新闻、软硬新闻的穿插以及男女声搭配播报的方式，使用不同报道方式交替转换，如现场报道、图像配解说、同期声采访等形式。另外，字幕和图表的运用也是加强节目节奏变化的重要手段，对于一些抽象、枯燥的经济类报道，可以制作生动、直观的图表，提高可视性，避免编排的单调。这样，题材、形态、风格多元，节奏安排合理，使节目富于变化，更便于观众接受。

案例：2011年1月11日山东电视台《山东新闻联播》编排表

1. 全省财税工作会议：坚定不移推进转方式调结构增财源
2. 省政府就“十二五”规划纲要和政府工作报告征求社会各界意见建议
3. 刘伟在聊城检查指导抗旱工作
4. 山东：电信行业着力推动全省信息化建设
5. 全省武警执勤目标安全暨反恐维稳工作电视会议召开
6. 山东春运：多项举措确保旅客安全出行
7. 铁路今起执行新运行图
8. 省十一届人大四次会议第一次筹备工作会议召开
9. 山东：贸促系统推动会展经济全面提升　推动山东适时举办“中国蓝色经济博览会”
10. 青岛：亚欧专家研讨职业技术教育
11. 山东：省政府与各市签订2011年消防责任书
12. 转方式调结构齐鲁行　德州：核心技术助推新能源跨越发展
13. 辉煌“十一五”：山东财政五年年均增长超20%
14. 辉煌“十一五”：山东国税五年兑现优惠3 700多亿元
15. 辉煌“十一五”：“黄”“蓝”两区地税收入占山东一半
16. 第六届中国（菏泽）农资交易会3月6日举行
17. 山东59条重污染河流全部稳定恢复鱼类生长
18. 新能源汽车高技术产业基地落户聊城

19. 腊八节：感受民俗　祈福安康

20. 济宁：1 000 万善款救助 33 000 困难群众

21. 山东第三次文物普查　“十二大新发现”揭晓

22. 广告/天气

这一天的《山东新闻联播》围绕山东经济社会发展进行较为全面的报道，历时性与共时性结合，主题性新闻与事件性新闻结合，使偏多的会议报道不至于太集中和过于沉闷。

三、突发事件的报道策划

突发事件往往会迅速产生巨大的冲击力和震撼力，引起受众的广泛关注，在极短的时间内成为社会舆论关注的焦点和热点。对于像洪水、地震、矿难等重大突发事件，电视编辑要善于利用现有的技术手段争取时效，敢于突破常规，尽快播发并打破原有编排形式，启动应急机制。例如，2010 年 7 月下旬，吉林省遭遇百年未遇洪水。吉林电视台新闻中心立即启动应急预案，进入紧急工作状态。各岗位都有专门人员值守，各档新闻全部采取直播的方式，打破新闻播报时限，多时段、多窗口互动，及时插播和滚动播出抗洪救灾信息，增加新闻报道的频次和密度。其他各档栏目也开通专门时段，全面、大篇幅地报道各地灾情和组织救援的最新情况，收到了良好的宣传引导效果。

这种打破新闻栏目固定播出时间的新闻叫做“即时插播”（国外叫“breakingnews”）。电视台对重大新闻即刻播报，已经是一种国际惯例，例如“9·11”事件和伦敦地铁爆炸案等重大事件发生后，当地主要电视台都抢在第一时间打断原有节目进行报道。而这种现场直播正是 SNG 卫星车的主要职能。2008 年，齐鲁电视台至少五次中断电视节目报道突发事件：10 月 29 日，位于潍坊滨海开发区的海化集团发生次氯酸钠罐体泄漏事故，几十名工人和附近村民出现中毒症状，齐鲁电视台中断了正在播出的电视剧，插播了这条突发性新闻；当日 18 点 17 分，在《每日新闻》时段，第二次插播最新消息，相比第一次，这次插播的社会反响极为正面，让当时已经开始流传的“几十名工人中毒死亡”的流言不攻自破；11 月 11 日上午 11 点 38 分左右，第十一届全运会场馆——济南奥体中心正在施工的一个体育馆顶部发生大火，齐鲁电视台“森骥小组”（SNG

汉译音）又在中午和下午，连续三次紧急插播了火灾救援情况和济南市的新闻发布会；11 月 29 日，8 个月大的女婴李开心急需血小板，齐鲁电视台再次打断正在播放的电视节目，对此做出报道，李开心被即时救治，脱离生命危险；12 月 4 日，齐鲁电视台打断正在播放的本地新闻栏目，报道了发生在青岛佳元迈克食品有限公司职工宿舍的火灾事件。

不可预知的新闻事件大多属于突发事件、危机事件，现场采访有相当的难度，组织报道要精心策划，报道时机要当机立断。1998 年 2 月，在伊拉克武器核查波谲云诡、一场新的海湾战争一触即发的紧急情势下，中央电视台果断地派出一个由八人组成的赴伊拉克特别报道小组。2 月 13 日，在中央电视台《新闻联播》节目中突然出现这样一个场景：水均益手持带有 CCTV 台标的话筒在巴格达进行现场直播。在随后的十几天里，到底是打，还是不打？人们守候在电视机前追看前方记者发回来的报道。

突发事件的报道前期，应以动态消息为主，记者从现场发回最新报道，一般时效性强，语言文字简洁。然后再做追踪报道、深度报道，让人们了解突发事件的来龙去脉，它的篇幅要长一些。后期事件结束后，可进行总结性报道，以深度报道为主。对此，电视台应建立快速反应机制，打造一支快速反应的编辑队伍，对所有栏目进行合理配置，并培养系统集成的能力。

四、连续（系列）报道策划

电视消息按报道形式和体裁还可分为连续报道与系列报道，连续报道、系列报道都是对同一新闻题材做多次连续的报道，是消息类新闻的深化、补充和延伸。在重大事件报道中，电视媒体越来越多地采取连续报道和系列报道的形式，对事件和主题进行持续关注和集中传播，从而产生规模效应。

（一）连续报道

我国电视新闻报道的改革，就是变“过去完成时”为“现在进行时”。而要做到这一点，最好的报道方式就是连续报道，即对正在发生并持续发展的新闻事件在一段时间内进行多次、连续的报道。通过追踪事件的发展进程，将变动的信息以最快的速度传播，能够让受众及时获悉新近发生的事，保障公众的知情权，有利于发挥新闻舆论监督的功能。

1. 连续报道的特点

（1）时效性。连续报道是在事态进展过程中的报道，时间跨度小，应在时效上力争做到第一时间报道。

（2）连续性。连续报道的每则新闻在内容上承上启下，在时间上相互相衔接。各次报道之间存在有机联系，各篇报道之间的顺序不能任意变动。从事态发生到发展一直到结束，应是完整无缺的事件。

（3）递进性。连续报道以事物发生、发展为依据，层层递进地报道事件的全过程。各篇报道都是由浅入深、环环相扣、逐步递进的，最终完成整个报道。

（4）影响力大。连续报道是媒体对重大事件或典型人物在一定时段里持续进行的报道。只有事件足够重要，媒体才会投入重兵进行连续报道。通过反复持续地对同一事件做多次报道，形成宣传舆论上的强势，吸引受众注意。

2. 连续报道的策划要点

（1）建立整体构想。因为事件的发展进程、结局无法掌握，媒体在采写连续报道之前，一般会对每篇报道的任务和风格进行整体的策划，从而使得整组报道富有条理。前一篇报道的结尾给后一篇报道留下一定的空间，而后一篇报道也要照应前一篇。

（2）设置悬念。连续报道通过铺设悬念、发展悬念和揭开悬念满足了人们的好奇心理，充分体现过程化这一电视传播规律。但切不可仅仅为了吸引眼球而故弄玄虚、喧宾夺主。

（3）配置资料。在连续报道中，经常配发新闻图片、示意图、相关背景材料、链接等，对正文进行有力的补充，增强节目活力和趣味性，使读者产生亲近感。而这些资料平时就要有所准备，临时才能够迅速汇集。

（4）注重反馈。连续报道充分利用观众来信（通过邮件、短信、微博、微信等）、采访实录（包括民间 DV、手机视频等）方法，让读者提供信息，使他们成为主体，参与到信息传播中来，传播效果更好。

（二）系列报道

系列报道是对重大新闻事件进行的立体化、全方位同时报道，它以集中宣传形成规模，扩大新闻的社会影响，能满足观众对某一新闻事件整体把握的要求，尤其在贯彻党的方针政策上能够更深入人心。

1. 系列报道的基本特点

（1）题材重大。系列报道能够紧紧围绕国内新近发生或出现的重大事件、重大主题、重要人物展开多角度、多侧面、多方式的系列或连续的报道，所报道的内容题材重大，新闻性强，社会关注度高，宣传声势大，引起社会舆论的关注。例如，中央电视台《新闻联播》推出“汶川大地震一周年”系列报道。该系列报道以展示成就、正视困难、鼓励创新、提振信心为总体思路，记者深入一线采集鲜活线索、捕捉最新动态，重点关注灾区重建中各种新理念、新办法、新机制，全面展示灾区恢复生机的光明前景，以及灾区群众顽强奋斗、自强不息的精神。

（2）横向相关。系列报道突出横向相关性，围绕同一主题从不同侧面、不同角度做多次、成组的报道。各条报道之间有着内在的必然联系，播出的次序安排不影响整体的效果。例如，2007 年 8 月 1 日起，中央电视台中文国际频道《中国新闻》栏目推出 3 集系列报道《中国维和报告》。该系列报道分为“中国参与联合国维和行动的历史及成就”“中国维和官兵的主要任务”“维和行动中的白衣天使”，向海内外系统展示了中国军队参与联合国维和行动 17 年来的成就，充分展示了中国军人为维护世界和平做出的突出贡献。

（3）主题集中。系列报道通过多次报道突出体现某种主题思想、挖掘某种共性、反映具有普遍意义的状况或趋势，以引起社会舆论的重视。12 月 1 日是“世界艾滋病日”，中央电视台《焦点访谈》栏目推出 3 集系列节目关注中国艾滋病防治工作。系列节目从细节入手，注重发掘人物故事，介绍了我国艾滋病防治工作取得的最新进展，包括“艾滋病防治评估”“艾滋病患者治疗与社会关爱”“重点区域艾滋病宣传预防”，引发了各界的广泛关注。

（4）内涵深刻。系列报道的题材都是重大的非事件新闻，把今天的新闻事实放在昨天的背景之下，做出思辨性的剖析，得出规律性的认识，主题思想比较深刻。在纪念长征胜利七十周年的报道中，浙江卫视新闻中心启动了长达六个月的大型新闻行动《新长征路上的浙江人》，重走长征路，寻访浙江人，全面反映浙江省在中西部地区的发展合作中的新战略、新举措，以及以浙商为代表的新时期浙江人在“走出浙江、发展浙江”的过程中的新做法、新动作、新思路。

2．系列报道的策划要点

系列报道的计划性较强，有一定的制作周期，策划是最重要的一环，从选题到报道思想、报道方式、组织形式、规模效应等，都需要周密的策划。但要注意去掉宣传味，遵循新闻规律。

（1）贴近性强。近年来，新闻媒体关于民生的报道呈逐年上升趋势。农民工问题、医疗问题、住房问题等受到媒体重视。系列报道要能吸引观众，必须贴近生活、贴近实际、贴近群众，使报道以情感人、以理动人。《河南新闻联播》节目推出系列片《我和我的祖国》，通过讲述主人公自己的故事，从个体的人来反映祖国的大变化、大胸怀、大温暖。“我”只是一个小个体，但是“我”的变化、“我”的60年折射出来的却是河南的伟大巨变、祖国的伟大巨变，可谓立意精妙。

（2）制作精细。系列报道题材重大，制作周期相对较长，因此要有精品意识，要以精良的制作力争做出有新意、有特色的报道，给人以较强的感染力。大型系列报道需要全面、周密的策划，不管是内容设计、题材选择、人力调配、进度安排等宏观工作，还是采访、写作、编辑等层面，每个环节环环相扣，犹如一项系统工程。广东电视台体育新闻栏目在以“广州申办2010年亚运会”为主题的宣传报道中，大胆融入新闻策划理念，本着“策划出精品、策划上质量”的原则，在报道时机、报道内容、报道力度、报道角度、报道人选乃至报道版面编排与制作等方面进行了有益的尝试，形成了颇具特色的“申亚”系列报道。

（3）深度挖掘。系列报道内涵深刻，不能就事论事，而应深入挖掘新闻事实中所蕴含的深刻思想内涵，力求揭示其内在的思想价值，从而赋予整组报道鲜明的时代感和深刻的现实意义。2008年9月26日起，《新闻联播》开始播出《经典中国辉煌30年》系列报道。该系列报道力图以宏大的新闻视野，全面反映改革开放30年来我国各领域发生的重大变化和取得的伟大成就。《经典中国辉煌30年》展现了众多的数据量表，包含了住房、人均收入、教育、金融、经济、国民生产、工业、农业等相关社会问题，“用事实说话”，直观、清晰，取得了良好的宣传效果。

（4）团队优势。重大题材的系列报道，需要各方通力合作。记者与编辑、前方与后方，各个部门、各个环节、各个成员都须有“一盘棋”的全局思想，相互配合，相互支持，充分发挥团队的智慧和才能，集思广益，才能收到预期的效果。

第四节 专题类新闻节目策划

专题类新闻节目是我国电视新闻题材划分的一个独特称谓，类似于西方新闻中的“深度报道”（in depth reports）。专题类新闻节目，是针对一个时期内社会、政治、经济生活中重要的新闻事件，在内容上能对某一主题作较全面、详尽、深入的反映，在形式上可以综合运用电视各种表现手法，按一定周期和专栏播出的节目类型。它是消息类新闻节目的延伸、扩充，是较为详尽、全面的报道。中央电视台的《焦点访谈》和《新闻调查》应该是其中的佼佼者。

一、基本形式与主要特点

1. 常见的专题类新闻节目形式

（1）调查性专题节目。

普利策奖获得者、美国记者鲍伯·格林认为，“调查报道是对某人或某集团力图保密的问题的报道”，而且“报道的事实必须是你自己发掘出来的”。通过对观众关注的新闻事件、社会现象进行深入调查，帮助受众了解事件的来龙去脉，着重挖掘“新闻背后的新闻”。这类节目注重展现记者调查的过程，强调分析、解释与思辨。

在我国，电视新闻调查的题材不单纯是揭露、揭丑，更多是结合党和政府的中心工作，针对群众所关心的社会热门话题作专题的调查。针对热点新闻事件加强评论力度，反映事物发展的基本态势，准确揭示其实质，担起释疑解惑、引导舆论的职能。中央电视台《新闻调查》是我国最具代表性的电视新闻调查性报道节目，通过叙事和调查，充分调动观众的关注热情，以事件过程的记录和画面语言的表达来体现记者的主观判断，让观众在潜移默化中了解事实真相，接受记者巧妙表达的价值标准。

（2）述评性专题节目。

述评性专题节目是对某一新闻事件或重大问题作比较全面、系统的反映，它往往是在了解全局的基础上，对某一典型事件在全局中的位置、作用及其可能的影响、走势进行分析、预测，如《焦点访谈》《社会纪录》。通过对事实真相的深入调查，作背景的分析、解释，用事实逻辑力量来说理。现场记者采访、调查、报道，记者、主持人分析与演播室口头评论有机结合。播出时，节目对记者的报道提供必要的背景，做出简要分析和画龙点睛的评议，突出思辨性，富有感染力，使观众容易产生共鸣。

2. 专题类新闻节目的主要特点

（1）特定内容主题。

新闻专题节目一般具有专门的内容取向和单一的主题，每期节目只对一项内容进行深度挖掘和分析。或专门反映某一领域的发展变化，如《经济半小时》《今日说法》《体育新闻》《娱乐现场》《每周质量报告》；或面向特定的受众群体，满足特定受众的特殊需要，如《中国农村报道》《金土地》《半边天》。专题节目可以围绕某一主题，配置和安排相关的新闻，灵活性和综合性较强。

（2）讲述新闻故事。

故事化叙事结构发端于 20 世纪 60 年代美国 CBS 的《60 分钟》节目。该节目制片人唐·休伊特说："在和遥控器竞争，你应该做的是，确保人们看节目的时候，没有到处找遥控器，准备换频道。一定要讲述最有趣的故事，持续地刺激观众的兴趣和注意力。这就是《60 分钟》成功的秘密。"

一个好的调查性新闻节目，必须有一个好的故事。作为电视技巧来说，悬念层层递进式的设置，采访的到位，编辑节奏的整体把握，都是不可或缺的元素。总之，一期好节目选题上要求有好的故事；采访上层层紧逼，逐步到位，凸显调查感；整体情节上，一层一层像剥笋一样往里走，这些都是构成优秀节目的要素。《新闻调查》通过多角度、多方位地挖掘故事性因素，运用各种叙事手法，吸引观众的注意，起到了良好的舆论导向和舆论监督作用，取得了良好的传播效果。

（3）采用调查方式。

《60 分钟》制片人唐·休伊特说："我们所擅长的，是向黑暗的角落里投下光亮。如果有人躲在黑暗的角落里从事不应该的勾当，我们所做的只是把灯光打开。"

调查性节目采用"限知视角"，选题具有调查的空间，在调查中发现问题，揭示问题，必须有等待揭示的内幕或被遮蔽的真相。记者进行新闻调查前，事实真相和新闻事件的发展走向都是不可预知的，随着记者采访的深入，事件的进展、新闻的真相层层揭开，观众的好奇心理得到极大的满足。这种“限知叙事”的方法增强了节目过程的悬念感，利用“不可预知性”来吸引受众的注意力，其深层表意是解密电视新闻。

中央电视台《新闻调查》以记者调查采访的形式，探寻事实真相，追求理性、平衡和深入，发挥了舆论监督的作用。《南丹矿难内幕》《毒枭谭晓林》《“黑哨”内幕》《与神话较量的人》《温岭黑帮真相》《追踪伪劣输液器》等都是记者通过辛苦调查追踪，揭开了事实的真相，维护了社会正义。

（4）强调深度报道。

专题类新闻节目是消息类新闻的延伸和拓展，内容更为详尽、全面，着重于事实深度的挖掘与分析，酌情引入有关背景资料。一般的新闻专题栏目时长为10至30分钟，因此，进行深度报道拥有足够的表现时空。在信息社会，观众不满足于知道世界发生了什么，还想了解背景及趋势。好的新闻策划绝不会只满足于对新闻事件本身的报道，而更多的是挖掘新闻背后的新闻，让观众了解更多新闻事件背后的真相、事件未来的发展趋势和对受众的影响，满足观众对信息的深度认识。

（5）表现形式多样。

由于制作时间较宽裕，新闻专题节目大都在制作上尽力做到充分完整，运用多种体裁和表现手段来表现，使故事性和可视性完美结合。专题节目以客观新闻报道为主，但也可采取其他表现形式。在节目形态上，专题类新闻包括专题新闻、专题报道、新闻访谈等。它是一种集新闻、评论、专题、纪录片等各种电视表现手段于一体的报道形式。

（6）注重舆论监督和引导。

一般而言，专题类新闻节目大都涉及重大题材或社会舆论关注的重点、热点、难点，在一定时间内对重大题材营造出强大的舆论氛围，以其力度和密度强烈地影响、引导受众，并进而“设置”出可操作的舆论“议程”，形成舆论强势，引导舆论导向。从1994年创办以来，《焦点访谈》就一直受到社会各界的广泛关注，每天全国有近3亿人收看这个节目。如此受欢迎的原因就在于它的舆论监督，它以鲜明的态度和犀利的批评，紧紧地吸引着观众。《焦点访谈》所披露的问题，如农民负担、形式主义、环境资源破坏、贪污腐败等，都是从新闻调查揭露问题开始，最后经行政和法律手段得以解决。《焦点访谈》的许多优秀舆论监督节目如《“罚”要依法》《河道里建起商品楼》《“神药”的神话》等播出后，在社会上产生了深远的影响。

2010年5月23日，《焦点访谈》播出《贫困县的大拆迁》，报道河北省邯郸市广平县城镇建设存在违法拆迁问题。节目引起中央领导及国土资源部等相关部委高度重视。河北省委、省政府郑重表态，要求拆迁量力而行，以人为本，落实政策，对个别地方的不当做法予以纠正。

二、专题类新闻节目的策划要点

专题类新闻节目内涵深刻、思想性强，新闻策划大多聚焦重大选题，以深度报道取胜，重视独家观点，整个策划是全方位、多功能的。

1. 精心选择新闻素材

专题节目在题材上强调选择关系国计民生的重点问题，人民群众普遍关注的热点问题，社会争议较大的焦点问题。《焦点访谈》选题坚持“政府重视、群众关心、普遍存在”的标准，要求记者有较高的新闻业务水平，善于发现问题，善于提炼思想，从看似平常的事物中挖掘出有价值的新闻。

（1）重要性。主题提炼要有思想性、有普遍的社会意义、有正确的导向作用，体现时代精神的主旋律和社会发展趋势。《焦点访谈》从党中央、国务院各项中心工作中寻找选题，持续地、准确地聚焦社会热点，尤其是重大政治事件、经济热点、社会腐败问题、商场内幕等，推出多期有影响力的舆论监督节目。《经济半小时》研究我国的政策走向和经济领域出现的新情况、新问题，对于中央的政策、法律、法规，运用鲜活的案例以电视的手段适时地表现出来。

（2）紧扣受众的关注热点。就社会当前受关注的新闻事件、新闻人物、社会问题、社会现象进行报道。电视深度报道更注重捕捉社情民意，报道百姓真正关心的话题，如房改政策出台、医疗制度改革、帮困扶贫工作等。以《深度105》2010年4月11日至6月13日10周内播出的10期节目为例，栏目分别就南平“杀童”事件、玉树地震、赵作海案、房地产新政、文强案、张悟本事件、“90后”农民工自杀等公众关注的全国性焦点事件进行了深度挖掘；对世博会、富士康跳楼事件等热点发出独家观点。在题材和内容的选择上，《深度105》竭力体现重要性和及时性，挖掘受众熟知的新闻事件或社会问题的疑点，揭示真相。[①]

① 汪成军. 从《深度105》看电视新闻专题节目的创新. 人民网·传媒频道，http://media.people.com.cn/GB/22114/44110/189065/13408517.html.

（3）独创性。策划强调原创性，在新闻同质化泛滥时，要用“人无我有，人有我新，人新我深，人深我奇”的方式去挖掘题材，优化题材选择点，多角度、多层次地提取、挖掘信息资源。在纪念改革开放三十年的节目中，第一财经《激荡 1978—2008》以编年体叙事，通过见证中国企业和企业家的成长，全面完整地反映中国经济改革三十年的发展历程，其选题的时代感、内容的纵深感获得了各界的良好评价。

（4）时效性。媒介技术的发展使新闻时效性迅速提高，而新闻专题节目传统的运行模式导致对新闻事件反应滞后。新媒体的崛起，尤其是微博的应用，使得新闻事件的发生与报道几乎同步。受众可以通过网络、手机等做出反应。这就要求电视新闻专题节目也相应提高时效性。

2. 叙事结构故事化

调查性新闻节目有一定的节目长度，而要在较长的时间里锁定观众，自身必须具有很强的故事性。这就要求题材必须是充满悬念和冲突的事件，以故事化的表现手法来展现调查的整个过程和挖掘到的真相，如跌宕起伏的悬念设置、感人的细节表现、层层推进的结构等。《新闻调查》的《“非典”突袭人民医院》一开始就设置了几个悬念——为什么在短短不到 20 天的时间，北京大学人民医院中就陆续倒下 200 多人，其中医护人员就多达 90 人？短暂的时间里人民医院内部究竟发生过什么？人民医院究竟还有多少未解之谜？这一连串的悬念贯穿于调查的全过程，使报道节奏紧凑、耐人寻味。《双城的创伤》通过记者的设疑将调查引向深入，使之发人深省——是什么导致数名十三四岁的少年选择服毒的极端方式？获救的孩子为什么一直没有向家长开口解释服毒原因？他们为什么始终解不开心结？悬念作为一种契合受众心理的叙述方式，在越来越多的调查性报道中被强调出来，以增强观众的收视兴趣。

3. 用事实说话，捕捉画面细节

专题节目应捕捉最能反映有关情况或观众最关心的典型事实，尽可能地获取富有代表性、关键性的新闻事实和资料，起到举一反三、事半功倍的说服效果。在新闻报道中，细节往往起着画龙点睛或深化主题的重要作用，策划者必须善于发现和寻找新闻事件的细节。“接近真相，从现场开始”——《新闻调查》的片头语，强调了记者在现场调查采访的重要性。1998 年《新闻调查》的

《透视运城渗灌工程》节目中，记者王利芬通过现场层层印证、步步追问的方式，用挖出的塞着木头的水管揭露出山西运城这个欺上瞒下、耗资两亿多元建成的劳民伤财的“形象工程”的真面目。使用同期声是增强现场感的关键。《焦点访谈》的《“罚”要依法》节目中，那位带墨色眼镜的山西交警的丑恶嘴脸通过现场采访同期声在观众面前暴露无遗。如果调查不深入，缺乏细节表现和矛盾冲突方面的碰撞与交锋，观众就会对节目失去观看耐心。

4. 调动各种表现手段

电视专题节目一般播出时间较长，内容又有一定深度，因此在节目策划时就应该注意尽量利用好视听符号，并合理控制、调整节目节奏。《新闻调查》注意运用多种表现手段来呈现事实真相，常用的元素包括画面、同期声、解说词、字幕、照片、图表、影像资料、配乐等，在保证新闻性的基础上，努力增强节目的艺术观赏性，满足受众的审美需求。

5. 加强言论力度，深化思辨色彩

专题节目要注意结尾的概述和点评。点评常常融合在对现象的报道和采集中，展示事物的内在联系，才能深入把握事实的真相，从认识个别到把握共性。结尾的点评主要是画龙点睛，提出关键性问题或结论，引发观众思考。

6. 善于运用背景资料和有关知识

新闻背景可以是一个小故事、解说、当事人的讲述、相关图片、数据图表、屏幕文字等，以增加新闻事件的故事性，帮助观众了解事件的来龙去脉，展示事物所处的社会历史环境，凸显、深化新闻价值，拓展新闻事件的深度和广度。

7. 加强与新媒体的结合，增强节目的互动性

加强节目与观众的互动交流，通过视频切换、热点电话、手机短信、滚动屏幕、电视直播等直接手段，以及电话采访、电话留言、网络留言等间接手段，让更多的受众参与，让更多的意见得到呈现和交流，传播效果和传播广度将更大，节目将更加富有生命力。

第五节 新闻评论性节目策划

新闻评论性节目通过对新闻事实进行认真分析论证，摆事实讲道理，阐明对事实的见解、态度，借以影响、引导舆论，是深度报道的重要形式。新闻评论性节目以思想见长，使观众从中收获深度的思考与独特的见解。它不仅是媒体的灵魂和旗帜，也是提高媒体自身竞争力的重要手段。《焦点访谈》不仅是电视新闻评论节目，从节目形态上看还是新闻专题。正如孙玉胜所说："评论应该是一种内容，而不应该是一种形态。"电视评论应该存在于所有的新闻节目之中，但是评论类电视新闻还有一些较为典型的节目形态。

一、评论类电视新闻节目形态

当前我国评论类电视新闻主要以两种节目形态出现：一种就是以谈话节目形态出现的评论类电视新闻节目，我们可称之为谈话类电视新闻评论；另一种是以新闻述评形式出现的评论类电视新闻节目，我们可称之为述评型电视新闻评论。

1. 谈话类电视新闻评论

主持人与特定对象在交谈中评论事件、问题、现象等。评论员对一个新闻事件发表自己的看法，分析新闻背景，展望事件的发展趋势，具有鲜明的个性化和人格化的特征。以《时事开讲》为代表，节目围绕着当前的社会热点和难点问题，由主持人充当"发球员"的角色，同时换位为观众的身份，在倾听中思考与发问；新闻评论员则扮演"有观点的传播者"，抓住问题，剖析问题，通过个性化的观点和表达，在节目中起核心作用。

2. 述评型电视新闻评论

主要样式是"主持人 + 采访播报 + 评论"，以广州电视台新闻频道节目《新闻日日睇》为代表。这类电视新闻评论形式灵活，短小精悍，适合事件挖掘，可以作为新闻报道后续或补充。新闻事实部分包括新闻事件的现场资料、当事人和目击者的讲述、记者的现场报道。前期采访应结合论点获取具有说服力的影像资料。在事实的基础上，意见性信息的传播对舆论导向的影响更有力。将采访到的影像资料与主持人的叙述和评论相结合，夹叙夹议，述评结合，既讲道理，又摆事实。

二、评论类电视新闻节目的策划要点

评论类电视新闻节目的最大特点就是寓思辨于形象之中。评论类电视新闻节目要在人际传播与大众传播相结合中传递意见性信息，在评论要素与视听元素相结合中发挥其政论性，并在这两个结合点上构建起一个电视新闻舆论场。评论类电视新闻节目的策划要点如下：

1. 精心选题

评论类节目表达偏于理性，因此要求选题必须有吸引力。它们是新近发生的，受众普遍关注的，对社会生活具有较大影响的新闻焦点、热点。例如党和政府的重大方针政策、法律法规的出台，改革开放的新举措，新的社会动向、思想观点以及违反法令法规的典型的不良倾向和各种问题等。

很多节目把视点聚焦在当今群众关注的社会热点问题上，如房价、环保、乱收费等问题。还可以充分开发媒体已广泛关注的新闻资源，另选角度进行报道。要求节目深入实际，深入生活，把握政策，答疑解惑，正确引导舆论。

争议性话题所包含的新闻价值，能够引起广泛的社会共鸣，激发人们参与讨论的强烈欲望，拓宽节目的影响范围。《一虎一席谈》是凤凰卫视的一个谈话类节目，它选取每周社会、文化等各方面发生的重大事件、焦点或热门话题，请来当事人或各界学者、专家、名人担任嘉宾发表意见或精辟见解，节目以辩论形式进行。多角度的辩论，使观众对事件的真相、本质有更透彻的了解。

2. 述评结合，寓观点于事实之中

电视媒体如果仅仅停留在传播一个新闻事实或描述事物的表面现象上，显然难以赢得受众。评论性节目对热点事件分析透彻、论述透彻，往往会提高节目的深度和影响力。在语言的叙述上，电视评论节目应给观众留下独立思考的余地，主持人的结尾常常起到点睛的作用，成为节目的关键。中央电视台《360度》，通过白岩松、水均益等主持人对当天新闻进行全景式、多方位的深入报道

和解析，成为晚间新闻节目的亮点。

凤凰卫视《有报天天读》荟萃每天国际媒体和海外华文媒体的言论精华，以“读”的方式，将有关的国内外媒体对大事的评述扼要地介绍给广大观众，满足他们获取更多信息的需求，努力做到“一个事件，多种声音”，树立节目的舆论导向。

新闻解读和新闻评论成为中央电视台新闻频道改版的主线和重点。改版后全新亮相的《环球视线》是新闻频道一档国际新闻评论节目。资深国际新闻主播水均益凭借多年的战地采访、国际新闻采访报道经验，与国际问题专家一起针对热点问题进行深度解读，挖掘新闻背后的问题，力求将其打造成一档高品质、立体式的国际新闻评论节目。

3. 大众话语与多元表达

电视新闻评论的话语方式有四种：国家话语、精英话语、平民话语、公共话语。后两种基本属于大众话语范畴。传者与受者首先必须建立起一种“与话双方”的平等关系，平等了才有可能接近受众。

在如今激烈的市场竞争中，各电视台为了最大范围地赢得观众，新闻评论的叙述方式也更加平民化和多元化，特别是轻松、自然的表述方式更加容易为观众所接受。从凤凰卫视《说新闻》开始，《晚间新闻》《零距离》《第七日》等纷纷效仿。山东齐鲁电视台的《拉呱》采用曲艺式新闻的形式，用百姓喜闻乐见的曲艺形式进行民生新闻的播报，具有很强的贴近性和娱乐性。

由于评论类电视新闻节目可以由画面、声音、采访、字幕、特技等多种视听符号和表达手段构成，所以其表现形式也多种多样。可以通过现场报道、时空连线、纪实拍摄、现场画面、背景资料与评述的有机组合，产生强烈的针对性和鲜明的倾向性，发挥电视特有的声画一体的优势，以电视影像特有的张力，增强电视评论的说服力。《新闻1+1》采用演播室的节目形式，在简单的背景和布置下，一位主持人加上一位新闻观察员展开双人谈话，并配以短片、现场报道、电话连线等形式，开创了一种以主持人加观察员为主要形式的“二人转”式的新样态。主持人不仅是一个提问者和串联者，而且要对节目观点进行宏观把控。

广州电视台的评论节目《时事查笃撑》，借用充满浓郁广州特色的茶吧，三位评论员分别扮演茶吧的老板和茶客，选择市民关心的热点话题进行评说、议论。节目中引进了表演、诙谐、搞笑等娱乐元素，还加入了一定比例的动画、漫画、MTV 等特技，丰富了节目的表现形式，给人以耳目一新的感觉。然而，其过多的表演成分也会削弱新闻评论的政论性和深刻性。

4. 台网互动主导新闻舆论场

对电视媒体来说，应主动设置议程，强化新闻评论，主导新闻舆论场。围绕公共事务，关注公共利益，使观众产生兴趣，并通过讨论形成共识，发挥好公共平台的作用。江苏电视台《零距离》不仅有主持人提出建设性意见，提升节目的理性品质，还请来新闻评论员、意见领袖、特邀嘉宾、场外观众参与意见和观点表达，并在特别节目及周末节目中引入场外观众，让各个群体都有话语表达的平台，促使各种社会意见在博弈中形成社会共识，达成舆论和谐。

近年来，我国网络媒介迅速发展，日益强大的网络新闻舆论场对电视新闻舆论场带来了很大的冲击。从“最牛钉子户”到“华南虎照”，形形色色的网络事件，传统媒体无不蜂拥而上。电视新闻节目由跟风变为引导，关键在于拥有独家新闻和权威评论，才能在传媒竞争和新闻大战中争得第一话语权。台网互动，可以实现与观众的全方位互动，使电视栏目成为多元化意见的表达平台。这就要求电视媒体在节目的互动设计、调动观众的参与性上加以弥补，充分运用互动手段，如电话采访、微博微信互动等方式，调动起观众的积极性。

不少评论类电视新闻节目在整合博客、微博、手机短信等意见性信息方面探索出新路。广东南方电视台《今日最新闻》的“今日最争议”板块中，将近日最具争议性的话题提出来，把观众的短信意见以投票的形式表达出来并自始至终贯穿在节目当中。主持人的意见集成和观众短信投票的互动形成了独特的评论风格，从而带动收视率和影响力的提升。

中央电视台《新闻 1+1》充分利用网络平台，选题大量采用网络上热议的话题，力争寻求与公共利益密切相关的点进行探讨，并且充分尊重不同利益群体的情感诉求。节目中还大胆引用网络语言和网友评论，多层次地聚合新闻评论，实现了网络媒体与传统电视媒体的对接。

三、主持人与评论员策划

高素质的主持人和嘉宾（或新闻评论员）是新闻评论性节目的核心竞争力。优秀的评论类电视新闻节目主持人，已逐渐成为一个电视台的形象标志，也是高收视率的保证，如中央电视台的白岩松、敬一丹、水均益等。中国电视需要更多的优秀电视新闻评论员，他们必须具备较丰富的阅历和经验积淀，有独特视角和敏锐思想，有个人风格和主持功力。与此同时，电视新闻评论员的培养和管理机制也亟待建立起来。

评论类电视新闻节目对主持人要求很高，主持人必须善于摆事实讲道理，说服引导观众。主持人需要有很好的话题组织能力和应变能力，掌握即时评论、嘉宾点评、记者连线提问等方式。权威专家和业界知名人士通过电视对某一领域发生的新闻事件进行点评，往往更能吸引观众的目光。加强主持人、评论员评论的力度，有助于节目整体质量的提高和节目权威性的树立。要建立与专家评论员的智库和联络机制，以便在发生突发事件或重大新闻事件时能迅速联系到相关专家。

凤凰卫视新闻评论员的学历层次和知识水平都比较高，对某一领域有着深入的研究，堪称该领域的专家。曹景行、阮次山是国际问题和台湾问题的专家，何亮亮在大国政治与军事评论方面独树一帜，杨锦麟能以鲜明的个性化语言评论内地问题。这些不同领域的专家以他们的睿智与魅力赢得观众的认同，他们点评言简意赅，幽默风趣，富有个人魅力，从而增加了评论类电视新闻节目的深度与厚度。

第三章　电视娱乐节目策划

在电视台节目里，除了新闻节目，播出时间最长的恐怕就是包括电视剧在内的各类娱乐节目了。过去，我们把这类节目叫做文艺节目，基本上是把音乐、舞蹈、戏曲等文艺表演录制下来播出，或把它们整合成综艺节目。电视独有的娱乐节目形态还是真人秀，这一章主要讨论此类节目策划。电视娱乐节目策划看似容易，其实它是技术含量最高的一种策划。

第一节　电视娱乐节目

电视娱乐节目是指通过电视这一特定的媒介传播的，大众广泛参与的，以娱乐性、观赏性和趣味性为主要特点的电视节目。与之相近的还有电视综艺节目，通常包括各种艺术形式的综合演出和转播。

一、电视娱乐节目的分类

对于电视娱乐节目的分类，许多学者从类型研究的层面和电视节目形态理论方面提出了许多划分方法，归纳起来主要有以下几种：

2006 年，胡智锋教授主编的《电视节目策划学》，在第四章“电视综艺娱乐节目策划”中的划分：按播出样式分为电视综艺娱乐节目和电视综艺晚会，其中电视综艺娱乐节目包括特别节目、系列节目和电视活动；按节目要素分为娱乐资讯类、娱乐谈话类、综艺表演类、游戏娱乐类、益智竞技类、真人秀娱乐类以及泛娱乐类节目。

2009 年，孙宝国教授主编的《中国电视娱乐节目形态学》，提出了三种中国电视娱乐节目形态的分类方法：一是按照节目功能，可分为欣赏性电视娱乐节目形态、服务性电视娱乐节目形态、知识性电视娱乐节目形态和评介性电视娱乐节目形态；二是按照节目来源，可分为电视独有的娱乐节目形态、电视对社会文学艺术形态进行电视化加工的娱乐节目形态和电视对社会文化娱乐互动直接转播的娱乐节目形态；三是按照核心元素，可分为电视文艺节目、电视晚会节目、电视综艺节目、电视益智节目、电视真人秀节目、电视娱乐资讯节目、电视娱乐谈话节目、电视体育节目、电视少儿节目、电视直播剧、电视单本剧、电视连续剧、电视系列剧、电视情景喜剧、电视栏目短剧、电视电影和电视动画片17种节目形态。

实际上，类型研究和形态研究基本上是平行的，只是在理论应用阶段，要考虑内容与形式的结合、类型与形态的关联。笔者提出的电视节目形态论是通过相对抽离节目形式和节目内容的方法，构建了“节目模式—模块与环节—元素符号”三个层次的电视节目形态理论框架，在接下来对电视娱乐节目的具体分析中将运用这个框架。在考察了各种类型节目样式后，可以把所有的电视节目归纳为六大基本节目形态：纪录片、谈话节目、现场直播、电视剧、真人秀、动画。所有的电视节目样式都可以由这六大基本形态组合、融合或变异而成。五花八门、层出不穷的电视娱乐节目也不例外，都可以在这个理论模型上建构而成。

那么，综艺节目应该划归哪一类节目形态呢？综艺节目往往有多种节目形态并存，可以被看成一种广义的真人秀。如果是简单地把某种艺术演出录播或直播，即如果不是按电视的游戏规则制作的综艺节目也可以把它划分到纪录片（不是严格意义上的纪录片，而是指一种按纪录编码制作的节目，它包括纪录片、新闻和各种文化节目的实况录像）和现场直播中。

二、电视娱乐节目的发展

对娱乐的需求可以说是人类的本性，而娱乐的供给则与经济、社会以及文化的发展有关。除了这几个方面，在我国，电视娱乐节目的供给是随着电视媒介的发展、产业化的转型而增加的。一般认为，中国电视娱乐节目的发展形成了以下四个阶段：

1. 晚会时代

中国的电视娱乐其实在20世纪60年代便开始出现了。1960年，中国大陆举办了第一个春节电视晚会，汇集了梅兰芳、周信芳等大艺术家，以后也陆续办过好几场春节晚会，但由于全国电视机数量有限，这种娱乐只局限于少数人。而20世纪80年代初期又开始出现集相声、小品于一体的春节联欢晚会，这才使大众都能享受到这种娱乐节目带来的快乐。20世纪80年代末至90年代初期，各省级卫视还未上星，全国范围的收视频道很少，这个时期的娱乐节目比较匮乏，主要是具有演出性质的舞台晚会节目。除了一年一度的《春节联欢晚会》外，与它类似的《综艺大观》也是集歌舞、小品、相声、曲艺于一体的晚会式演出节目。《综艺大观》采用周播的方式，成为大众在电视上获得欢乐的主要方式。

公认的作为一种全新节目形态登上电视的娱乐节目是1990年诞生的《正大综艺》。这档汇集了演播室内知识问答、风光旅游短片以及连续剧的新节目，是中国大陆首创的融知识性和娱乐性于一体的综艺节目，以开创性的新形态促进了大众娱乐的发展，并带动了当时各地方台一批同类节目的问世。

2. 游戏时代

20世纪90年代中后期，随着省级卫视纷纷上星，电视节目开始掀起一股娱乐风潮。此时的《正大综艺》《综艺大观》嘉宾陈旧、内容无味、表演乏味，已不能够满足观众的期待，而这个时期出现的《快乐大本营》《欢乐总动员》等节目加强了游戏色彩，在娱乐性上有了明显强化。1996年《快乐大本营》自开播便走红荧屏，靓丽的港台明星嘉宾、青春活跃的主持人、新鲜有趣的竞技游戏以及观众的参与互动强烈冲击着观众的感官，各省级电视台纷纷效仿的节目迅速侵占了周末黄金档，掀起一股“快乐”狂潮。这个时期的节目通过光鲜闪亮的嘉宾吸引观众的参与、游戏竞技的冲突性与未知性激发观众的好奇心，以主持人的独特魅力调动观众参与，并且通过优化节目的设置实现了现场观众、嘉宾、电视机前的观众、主持人的多方互动。

3. 益智时代

2000年以后，邀请明星来表演的节目逐渐退热，代之而起的是普通大众跃跃欲试的益智问答节目，“观众+答题+巨奖”成为新的娱乐模式。这个时期的节目以中央电视台的《幸运52》《开心辞典》为代表，这种融合知识性、趣味性、信息性及竞技性的节目以奖励机制来激发参与者努力发挥，使寓教于乐的作用得到了前所未有的发挥，并形成了当时中国许多观众渴望通过益智答题来实现家庭梦想的盛况。

《幸运52》是中央电视台通过英国BBC制作的Go Bingo模式改造而成的，节目通过激发参与者展现自我知识的积累、表达参与的勇气以及良好的心理素质，将节目原型里的博彩性质消解为对个人和家庭梦想的追求精神，使节目获得了健康的立意，契合了中国观众的接受习惯。而《开心辞典》则是在英国ITV制作的《谁想成为百万富翁》的基础上进行的本土化改造，这档以“请听题”“你确定吗”“答对了”等语言为标志的益智竞猜节目同样植入了“家庭梦想”的理念，打造了整个节目健康活泼的风格，主持人王小丫的亲切和良好的观众缘使得节目充满了“开心味”。

4. 真人秀时代

这个时期应从2000年广东电视台开播《生存大挑战》开始，娱乐发展为“普通人参与+竞赛+隐秘记录+重奖”的新模式。真人秀节目在这个时期经历了从边缘走向主流甚至成为热点话题的发展过程。

《生存大挑战》是一档记录“挑战者”野外生存体验的节目，它带动了一系列类似的真人秀节目的开播，但由于文化上的不适应、节目经营方式的落后，显得水土不服的真人秀并没有适时掀起热浪。而在2003年真人秀节目出现了新的突破，打造明星梦的《非常6+1》、破除等级感的《超级女声》等节目将真人秀推向了一个高潮。普通人成为娱乐节目的主角，真实记录且具有戏剧化的真人竞技使得它卷起收视狂潮，逐渐成为中国电视娱乐节目的主力。

真人秀作为目前中国电视娱乐节目的重要形态，经历了一轮又一轮本土化的蜕变，代表了目前娱乐节目发展的重要方向。真人秀节目的形态并不单一，一般来说，它们不仅具有纪实性，还有戏剧性及参与性，往往是多个基本节目形态的融合。当然，形态只是为节目提供了躯壳，而怎样让观众为之所吸引，还得靠节目自身的内容及精神内核。广东南方电视台自创的《都市笑口组》是一档深受欢迎的真人flash短片，它创新性地将动画、真人秀、电视剧等基本形态组合起来，还保持另类Q版风格化的叙事，在内容上立足本土，反映都市百姓的家长里短，充分体现了岭南文化的内核。

第二节　真人秀的模式设计

所谓真人秀节目，就是指由普通人而非扮演者，在规定的情境中按照制定好的游戏规则展现完整的表演过程，展示自我个性，并被记录、制作和播出的节目。自20世纪90年代后期在西方国家发展成熟以来，它已具备了多种成熟的形态，而且往往是多种基本形态的结合或融合。虽然形态各异，但由于内容决定形式，在差异化的内容中可以寻找到真人秀节目的一些共性。要对真人秀节目有更详细的研究，还需从内容上对它们进行分类，我们大致可以把它分为九种类型：

类型	外国节目代表	中国节目代表
野外生存型	《生存者》	《生存大挑战》
室内体验型	《老大哥》	《完美假期》
表演选秀型	《美国偶像》	《超级女声》
职场技能型	《学徒》	《赢在中国》
角色置换型	《简单生活》	《交换空间》
益智游戏型	《谁想成为百万富翁》	《开心辞典》
游戏竞赛型	《狗咬狗》	《奥运向前冲》
婚恋约会型	《诱惑岛》	《非诚勿扰》
生活服务型	《超级大赢家》	《交换空间》

一、真人秀的模块

基本形态构成的电视节目样式为节目提供基本框架，而局部构成取决于节目模块（环节）及其结构方式。对真人秀节目的策划首先应从创新节目形态入手，这就需要深入电视节目形态内部的结构中去探讨。

节目模式是由节目模块（板块）或节目环节结构而成的。任何节目模块都会承载一种传播功能或多种传播功能。模块总是以某种方式结合而成，除了单一模块的节目（栏目）外，它的结构方式有链接式、嵌入式和混合式。模块之间采用片头、片花、特技画面来转场、过渡和链接。以《非诚勿扰》的一节为例，它是由5个模块构成的婚恋约会型真人秀节目，详见下表：

序号	内容	形式
1	封面，本期节目预告	包装
2	女嘉宾出场	演播室现场，直播
3	男嘉宾出场，自我介绍，选择心动女生	VCR、录播
4	女生权利：“爱之初体验”，女嘉宾灭灯	演播室现场，直播
5	主持人询问女嘉宾灭灯原因	演播室现场，直播
6	“爱之再判断”，继续了解男嘉宾	VCR
7	主持人采访男嘉宾，询问女嘉宾	演播室现场，直播
8	男嘉宾“家庭观”	VCR
9	主持人采访男嘉宾，询问女嘉宾	演播室现场，直播
10	“朋友采访”	VCR
11	主持人采访男嘉宾，询问女嘉宾	演播室现场，直播
12	①失败退场	演播室现场，直播
	②失败感言	演播室幕后，录播
	③男生权利：权利反转	演播室现场，直播
13	揭晓心动女生，继续了解选择的女生	演播室现场，直播
14	最终抉择	演播室现场，直播
15	顺利牵手	演播室现场，直播
16	幸福感言	演播室幕后，录播

真人秀节目的形态创新是节目模块上的设计创新，可通过原创、移植和改造获得。对真人秀节目的形态进行研究可以为内容生产和节目策划、研发服务，而形态研究需要从电视节目的制作开始，电视节目制作的构成包括三个最基本的因素：人物（“人”包括媒介人物和非媒介人物，“物”包括电视节目中所展

现的各种物件，如道具、服装、头饰等视觉元素）、事实（事件、剧情、故事、游戏）、场景（拍摄的地点、展示的空间）。电视节目制作的构成主要有两种表现方式：纪实与虚构。在纪实与虚构的界限已经模糊的今天，真人秀凸显的便是两者相融合的创作思维。在真人秀节目中，“人物”是指非媒介人物（被记录的人）以及媒介人物（节目主持人）；“事实”在真人秀节目中则不像简单的纪实性节目，它虽是真实故事，但在节目给定的规则之下具备了剧情的冲突性，因此在形式上是记录性和戏剧性的融合；而“场景”则是这些真人真事发生的地方和环境，它既可能是演播室，也可能是真人发生戏剧化情节所在的表现空间。

因此，真人秀节目在形态上具备这样一些特征：在内容上，真人秀是真（真实）与秀（虚构）的结合；在形式上，是记录性与戏剧性的一种融合；在传播方式上，是观看与参与的互动。对于影像来说，不同的表现方式对应不同的编码方式，真人秀节目的制作实际上就是一个影像信息的编码过程。

二、真人秀的环节

上面提到节目模式是由节目模块（板块）或节目环节结构而成的，而一些外部特征不明显的模块，则可称为“环节”，它与节目模块不同，前后并无表现时空上的明显跳跃，彼此之间只存在着内在的逻辑递进关系，按游戏规则把整个节目设计为几个环节。在每个大的环节里又套着若干小的环节，每个小环节会根据游戏规则变换场景和内容，因此在每集里都会有微调。以《学徒》第二季第十一集为例，可以划分为如下大小环节。

序号	大环节	小环节	衔接	场景	内容
1		上集回顾	切换		背景提要
片花：主题曲					
2	赛前准备	队员讨论		公寓内	队员预测比赛结果
		个人采访		户外内	珍妮花谈比赛
		队员回归		公寓内	队员聚餐讨论
		接到任务		公寓内	队员接到新任务
		个人采访	切换	户外	基谈队伍重组
		任务布置		Levi's 工作室	布置任务和规则

（续上表）

序号	大环节	小环节	衔接	场景	内容
3	完成任务	尖端到达工作室		工作室	队员互相欢迎
		个人采访	切换	户外	凯文谈新队伍
		尖端讨论		工作室	讨论轮盘创意
		个人采访		户外	依云娜谈轮盘创意
		尖端讨论	切换	工作室	队员认知不一致
		个人采访		户外	依云娜抨击珍妮花
		镶嵌画讨论		工作室 2	
		个人采访	切换	户外	珊迪谈新团队
		镶嵌画讨论		工作室 2	
		个人采访	切换	户外	玛利亚谈设想
		镶嵌画讨论		工作室 2	
		个人采访	切换	户外	珊迪谈设想
		片花：当奴谈成功经验			
		尖端前往影棚		的士内	讨论产品设计
		个人采访	切换	户外	凯文谈设计理念
		尖端影棚摄影		影棚	尖端人员为 Levi's 拍产品照
		个人采访（现场）	切换	影棚	依云娜谈拍照感受
		个人采访（场后）		户外	基谈感受
		个人采访（现场）	切换	影棚	依云娜赞珍妮花
		镶嵌画影棚拍照		影棚 2	玛利亚现场指挥唱大戏
		个人采访		户外	玛利亚谈设想
		拍照现场		影棚 2	矛盾产生
		个人采访	切换	户外	安迪抱怨玛利亚与伟
		个人采访	切换	户外	珊迪发牢骚
		镶嵌画矛盾激化			珍妮花与伟激烈冲撞
		个人采访	切换	户外	珍妮花谈自己在队伍中的定位
		镶嵌画拍照后期		工作室	珍妮花因独断，与队员矛盾爆发

（续上表）

序号	大环节	小环节	衔接	场景	内容
3	完成任务	个人采访	切换	户外	珊迪剖析矛盾原因
		镶嵌画拍照后期		工作室	珍妮花与安迪爆发口角
		个人采访	切换	工作室	珍妮花谈矛盾（委屈）
		尖端任务后期		工作室	依云娜看成品
		个人采访	切换	户外	依云娜谈自己的创意（兴奋）
		尖端队员交流		工作室	
		个人采访	切换	户外	凯文不满珍妮花不作为
		尖端队员交流			基和依云娜抨击珍妮花
		个人采访	切换	户外	珍妮花发泄不满
		镶嵌画最后准备		工作室	做最后准备，牛仔裤的取舍
		个人采访		户外	伟谈比赛前的心情与准备
		Levi's 与镶嵌画互动		PK 工作室	向镶嵌画提问
		镶嵌画介绍成品		PK 工作室	展示成品，与 Levi's 互动
		个人采访		公寓内	抨击玛利亚独揽大局
		尖端介绍成品		PK 工作室	展示成品
		个人采访	切换	PK 工作室外	珍妮花批评凯文
		Levi's 与尖端互动		PK 工作室	向尖端提问
		个人采访	切换	户外	凯文批评珍妮花邀功
		个人采访	切换	户外	依云娜批评珍妮花邀功
4	决出胜负	当奴到场		PK 工作室	当奴与 Levi's 交流
		结果宣传		PK 工作室	尖端获胜，当奴宣布奖励
		个人采访	切换	户外	依云娜不满珍妮花邀功
		尖端组收获奖励		剧院	会见比例祖
		个人采访	切换	户外	基讨论此次荣誉
		个人采访	切换	户外	依云娜谈比赛胜利感想
		个人采访	切换	公寓内	玛利亚抱怨伟领导无方，煽动其他两人干掉伟
		镶嵌画队员讨论		公寓内	伟和安迪交谈
		个人采访	切换	户外	伟谈应对淘汰策略

（续上表）

序号	大环节	小环节	衔接	场景	内容
5	淘汰裁定	第一轮淘汰面试		会议室	评审提问，镶嵌画队员激烈辩论
		评审私下商讨	切换	会议室	三评委商讨评定各人表现，达成一致意见
		第二轮淘汰面试		会议室	伟和玛利亚激烈对辩
		宣布淘汰结果		会议室	当奴宣布淘汰结果，伟和玛利亚同时出局
		评审私下总结	切换	会议室	当奴和两副手对结果发表看法
		淘汰者感言	切换	的士内	伟和玛利亚依然对辩，并发表参赛感想

三、真人秀的叙事

作为一档每期制作费50万美元左右，广告价格每分钟60万美元的真人秀，《学徒》已进入哈佛商学院的教材。在真人秀节目中，所有参与者都在游戏规则框架内展开竞争。以《学徒》为例，我们可以发现真人秀在其叙事结构下具备一些特有的叙事策略。

1. 故事

美国学者戴扬和卡茨将“历史性”媒介事件的电视转播称为世界性仪式，并把媒介事件分为“竞赛”“征服”和“加冕”三种类型，“这些就是构成媒介事件样式主体的主要的叙述形式，或称‘脚本’，它们决定着每一事件内人物角色的分配及其扮演的方式”。

真人秀在本质上其实反映的是关于人的故事。表现人物命运、人际关系的故事，基于竞争的动力而发生的冲突，由于未知的结果而产生的悬念，都产生于参与者在节目中的表现，也正展现出了人类在竞争机制中反映出的本性。从竞争的叙事结构来看，真人秀节目将势均力敌的个体聚集在一起，让他们在共同的规则下进行对抗性的竞争，展现了竞争中人性的复杂，使节目充满了戏剧张力。因此，人物的命运、竞争过程中的人际关系，它们是真人秀节目中被关注的焦点。

《学徒》的叙事结构较为固定，它采用了平行交叉的方式，节目分两条线索分别记录两个队伍执行任务的情况，在两条线的交叉中自然形成了紧张的竞争氛围。而除了对完成任务过程的现场记录之外，还穿插后期对人物的采访，这些人物采访的插入有的是对商业方案的解释说明，有的则是对其他队员的评价及讲述自我情感的变化，既起到了补充说明的作用，又丰富了叙事的角度。

2. 冲突

“竞赛”叙事的核心是竞争。竞争推动节目发展，也是节目结构和组织的基本方式。在竞争的前提下，节目预示着：规则至高至上，规则超越长相、年龄和地位，只有最优秀的选手才能获胜，但失败者还有机会。

在真人秀节目中，竞争是参与者之间发生互动的动力，基于同样的目标，参与者们发生对抗性的互动，并在这个过程中产生人与环境、人与人之间以及个人内心的冲突，而冲突会造成悬念，推动整个故事发展。

来看《学徒》第二季第十一集，依云娜抨击珍妮花，依云娜赞珍妮花，在产品设计过程中产生的矛盾以及队员之间的相互抨击和批评，这些冲突点暴露出队员们在合作与竞争过程中的人性弱点，他们无法不遵守规则，甚至要在规则之下与并不友好的队员共同完成任务，这个过程一步步推动观众看下去的欲望。最后谁出卖了自己的队友而获得自保、那个不作为的队员是否最终被淘汰，都成为观众的期待。

3. 兴奋点

《非诚勿扰》制片人王培杰曾说过，节目的规则使得“对参加节目的女嘉宾来说，《非诚勿扰》是部连续剧，这一期没能找到心仪的对象，下一次可继续上台寻觅意中人；对男嘉宾来说，《非诚勿扰》则是一部系列剧（这种电视剧每集都是一个独立完整的故事），因为每个人面临的挑选形式都一样，但只有一次机会”。之所以每期《非诚勿扰》看起来都如连续剧一般，原因在于它在叙事上巧设兴奋点，使得节目像一出情景悲喜剧。真人秀节目可通过矛盾冲突、情感诉求来吸引观众的注意力，节目中时常出现男女嘉宾因婚恋观不同而发生小口角的情节，偶尔还会出现男嘉宾以讲述动人的情感故事来打动女嘉宾的感人场面。这些兴奋点的设置避免了节目平铺直叙地按照规则进入下一环节，巧妙地、适时地吸引了观众的持续关注。

通过各种娱乐手段设置兴奋点也不失为真人秀的一种常用叙事技巧。深圳卫视的《饭没了秀》，在小朋友们按照节目要求外出完成任务的过程中，总会发生这样那样的小插曲，使得孩子们在这些突如其来的问题面前露出令人意想不到的惊喜。这些小插曲所引发出来的小朋友的表现往往才是这个节目最亮的看点，令人捧腹大笑或怜爱不已。

无论哪种方法，都是为了保证让真实记录下的真人秀节目具有一定的戏剧性，叙事技巧可以让节目远离乏味。

4. 悬念设置

在文学中，对于一篇推理小说来说，悬念设置是否匠心独运，决定了读者阅读的快感以及揭晓故事结局时的惊讶程度。对于真人秀节目来说亦然。如果节目采用顺叙的方式，平铺直叙地讲述参与者的游戏过程，观众并不会保持高关注度，持续的收视率无法形成，节目的吸引力更无从谈起。因此，悬念能打破节目环节的线性顺序，形成一个个连接下一环节的叙事断点，它不仅是参与者在节目中继续游戏下去的动力，更是观众保持对节目关注的动力。

对于真人秀节目来说，设置悬念最直接的方式是提出问题。提出“谁会被淘汰?”“谁将进入下一轮?”这样的问题，便是吸引观众关注最直接的方式。在真人秀节目中，目标是确定的，而优胜者是未知的，带着一次次的疑问，悬念能渐次积累，节目的吸引力会得到提升，观众继续观看的欲望也会愈强。

另一种铺设悬念的办法则是通过叙事的延宕来制造悬念。在渐进的环节里，适时地打断本身的内容，并设置疑问的点，让观众等待下一环节的解答，这是一种常用的方法。通过在一定的时间点上中断故事的进行，并层层递进，达到观众期待心理的积累，以使答案揭晓之时观众心理上得到更大的满足感。

第三节　真人秀的游戏设计

通过模块设计能创造出新的真人秀节目形态，但具备同样形态的真人秀节目并非就能收到同样良好的收视效果，节目的差异性还应通过微观层面的元素符号反映出来，同样是效仿《美国偶像》模式的选秀节目，《第一次心动》和

《超级女声》在收视及传播效果上却是天差地别。“内容为王，形式为先”，形态创新或形式创新是通过节目元素来实现的，然而，元素所体现的意义更为重要，这些具有符号意义的元素可叫做“视听元素符号”。

真人秀节目发展到今天，已经具备多种多样的形态，然而它们都具有相对稳定的节目元素，这些节目元素从电视节目制作的构成来看包括：人物（“人”包括媒介人物和非媒介人物，“物”包括电视节目中所展现的各种物件，如道具、服装、头饰等视觉元素）、事实（事件、剧情、故事、游戏）、场景（拍摄的地点、展示的空间）。而从更微观的层面来对这些元素进行组合排列，又需要对这些元素进行限定性元素及非限定性元素的区分。限定性元素的使用是节目制作规范性要求的需要，并且能使观众易于辨识和记忆，有助于提高节目形象。节目形态的创新、节目内容的丰富性和多样性则有赖于对非限定元素的运用。两者的对立统一，能使真人秀节目既有定力又有活力。

怎样运用各种元素来提高真人秀节目的可看性呢？我们可以从参与者、游戏规则和场景这三大要素来看：

一、参与者

参与者是真人秀节目的主体，他们属于非限定元素，在节目模式限定的基础下，可以通过置换参与者的角色来形成多样化的节目。一般来说，他们都是从众多参与者中挑选出来的普通人，即使有少数明星作为参与者，也是脱离了其“明星”角色而回归到自然状态的普通人。作为观众欲望投射的对象，参与者身上寄托了观众的娱乐期待，他们参与到节目中发生的一切都被镜头记录下来，在这个过程中与其他参与者的冲突、自我内心的冲突、与游戏规则的冲突都成为观众感兴趣的内容。因此，节目应当充分挖掘参与者对节目可能的参与价值，具体可以从以下四个方面入手：

1. 细化、强化参与者的代表性

不同的观众会对与自己情况相接近或是自己感兴趣的参与者投入更多的期待与关注。以《非诚勿扰》为例，24 位女嘉宾们是具备不同表意的符号，她们往往具有多种穿衣风格、不同性格以及多种职业，作为该节目倾心打造的卖点，她们各自具有突出的代表性，从贤淑型到火辣型，从模特到博士，应有尽有。这就能够使观众在观看过程中提高参与感，感觉到嘉宾们是在代表自己参加节目，而对于“萝卜青菜，各有所爱”的观众来说，也具有一对一的吸引力。在这个过程中，观众也往往能够对其中的某位或某几位女嘉宾记忆深刻，这样不仅有助于吸引不同的收视群体，也有助于提高观众的忠诚度。

2. 重点打造话题明星

光有具备多种代表性的参与者不足以使节目深入人心，作为具有戏剧性的真人秀节目，光有故事还不够，只有深刻的人物才能使故事更精彩。那些具有独特个性、鲜明形象或突出特点的参与者能够紧紧抓住观众的心，让观众牵肠挂肚，他（她）在参与节目这个过程中的成败、走过的每一步、过程中的酸甜苦辣，都能成为观众期待的因素。这样的平民明星可以包括形象或个性独特的，以及个人背景特殊的参与者。如《非诚勿扰》中语出惊人的“宝马女”马诺，她的言论将社会上广泛讨论的尖锐问题摆在了观众面前，并直陈“宁愿坐在宝马里哭，也不愿在自行车后面笑”的拜金宣言。“拜金女”这个话题本身在社会上是非常敏感且尖锐的，作为一档婚恋交友节目，这样的价值观明显与传统的社会婚姻观背道而驰，显得尤其突兀。可就在马诺被网络热议的同时，《非诚勿扰》也火了，话题营销创造了高关注度的女嘉宾，也创造了高收视率的节目。

可见，要搭建起特殊的参与者吸引观众关注的桥梁，还需提高对话题营销的重视。话题营销主要运用媒体的力量以及消费者的口碑，让媒体的产品或服务成为消费者谈论的话题，以达到营销的效果。在娱乐营销中，实现这个目标的最佳途径就是使得销售信息本身具有较强的娱乐性，从而引起消费者的关注，在市场上制造轰动效应。“娱乐产品制造商必须努力抓住消费者关心的热点、焦点，并与其保持步调一致。”① 《非诚勿扰》作为一档婚恋交友类真人秀节目，紧抓网络和社会上讨论的热点话题，如房子、孩子、婆媳关系等等，在种种流行的话题中制造“观点的自由市场”及话题明星，获得热切关注。无论是拜金女马诺，还是富二代刘云飞、自卑自尊的凤凰男，抑或杭州的极品婆婆，都引起网友和观众的热烈搜索和激烈讨论。节目制造出的话题明星所引发的光环效应，推动了观众对嘉宾、评委的观点进行追踪关注，形成累积效应。撇开道德争议问题，《非诚勿扰》所形成的话题营销方式是值得真人秀节目借鉴的，通过“节目创意—引发争议性话题—多渠道传播—获得关注”这样的过程，真人

---

① 张律．后品牌趋势．郑州：河南大学出版社，2009．5．

秀节目的知名度可以获得更大提高，并可形成辐射性的累积效应。在传播渠道众多、娱乐真人秀节目推陈出新、网络力量强大的娱乐魔幻时代，话题营销对于一档娱乐节目营销来说，是博得眼球并保持关注度的有效手段。

3. 充分挖掘参与者的表现欲

真人秀节目的参与者是普通人，他们往往没有在镜头面前表现自我的经验。节目虽然正是要表现他们在节目规则下表现出的自然状态，但作为电视节目、作为具有剧情性的娱乐节目，必然具有一定的表演性质，所以参与者的表现力需要被挖掘。

参与者可以说是真人秀节目的主角，他们在规则的设定下自觉或不自觉地表现自我，他们身上投射出来的个性和品质都是吸引观众观看的因素。而具备强烈特质的参与者能够更突出地体现节目的戏剧冲突，这种特质也许是惹人怜爱的，也有可能是令人厌恶的，无论哪种，都必须是具有鲜明个性特征的。参与者的典型性可以强化节目的戏剧性，而这种表现又是由真实的人物来诠释的，这就使得观众更容易感同身受，被强烈地吸引住。

4. 主持人的角色定位与功能

在一档真人秀节目中，主持人属于限定性因素，在节目的模式化生产中处于固定的地位。通常，节目主持人具有多重角色：社会化角色、个性化角色、媒介交互角色、内容引导角色、媒介仪式角色等。对于不同的节目定位来说，主持人需要明确自己的角色，不应跨界，主持人在角色认知上不明确必然导致自身与节目的冲突。

我们可以看到，《南京零距离》孟非的光头是草根民众的符号，他来主持民生新闻，既有文化气息，又不缺乏草根味儿；《马后炮》中马志海的长发是非主流青年的符号，非常符合节目辛辣的时事点评风格；凤凰卫视阮次山的列宁式造型适合时政访谈；中央电视台李咏的文艺青年打扮能够娱乐大众；罗京的不苟言笑给人们留下了永久的记忆；而黄健翔的声嘶力竭让他离开了中央电视台。不可否认，作为中央电视台的媒介代言人，黄健翔在那场球赛中忘记了自己当时应该扮演的角色，使自己个性化的角色取而代之，造成了两种角色的冲突，以致他在直播中说了不该说的话。

因此，节目主持人策划很重要，主持人节目策划更重要。真人秀节目的主持人需具备掌控的能力，在与参与者的互动中能够形成节目的新鲜感，保持节目的兴奋度。只有符合真人秀节目风格及定位的主持人，才能让节目策划更具有意义。

二、游戏规则

节目应当在规则的设置上尽可能通过冲突和悬念来凸显它的结构，来自竞争对手的冲突能形成悬念，也必然能够造成戏剧化的效果，由此推动节目的发展。

游戏规则是节目中非限定性的元素，具有多种形式，因此十分多样化，不同性质的真人秀节目中应当有不同的规则来决定参与者的优胜。而无论游戏规则怎样变，都离不开这样几个核心元素的设置：

1．谁来决定胜败（Who）

真人秀节目中选手去留的决定者无非三个来源：参与者、评委、观众。在实际策划中，应依据节目的性质来选择决定者的组成方式，来保证节目的规则设置是无争议的，能令观众信服的。

在大多数真人秀节目中，参与者的胜败都掌握在自己手中，他们只需通过节目所规定的硬性条件，即可进入下一轮竞争中，他们本身就是自己去留的决定者。如《一站到底》这一类的竞技节目，比赛中答题错误的选手将马上掉进脚下的陷阱，接受惩罚，也必然丧失挑战下一轮的机会。这样的规则不涉及其他选手或评委，与人际因素关联不大，节目的进行依赖于硬性规则的合理设计。

也有许多节目将参与者的胜败大权交给评委，如《学徒》里的特朗普，作为节目的投资方和主持人，他理所当然地拥有决定选手去留的权力，而那些参加节目的选手，他们的初衷也是为着特朗普集团年薪25万美元的工作机会而去的。这样的权力安排虽然未能体现民主化的原则，却反而使节目具有其独一无二的特色。

表演性的真人秀节目常常将胜败权交予专家评委团，如《超级女声》里的明星评委黑楠、柯以敏及包小柏，《中国达人秀》里的高晓松、伊能静及周立波。作为演艺圈资深的专业人士，他们的权威性使得这种安排相当合理且令人信服。

这里不能不提《超级女声》所创造出的多种决定选手去留的方式，它不仅包括评委权力、观众权力，还包括选手权力。在《超级女声》里，专家评委在海选里具有绝对的权力，在现场颁发通行卡；而进入晋级赛后，每位评委只能提名选手直接晋级或PK；进入总决选的淘汰赛后，他们的权力继续被削弱，而这时，观众的短信投票则成为决定选手去留的关键。在2009年《快乐女声》的晋级赛中，选手还必须挑选与自己PK的对手，以求自保。值得关注的是，在“抢七赛”中，每期评审由专家评审3人（专业音乐人代表）、专业评审团19人（网络媒体和专业音乐机构代表）、大众评审团50人（广大观众代表）共同组成。三方评审将以打分的方式来评判选手，三方总共100分，三方意见在每轮比赛中对选手的评审结果起到了综合平衡作用，是一种创新的评审方式。在这样的规则中，我们可以看到，《超级女声》对于决定选手命运的要素拿捏有度，在不同的赛时，权力的轻重有倾斜，不仅增强了节目与参与者、观众的关联度，保证了观众眼里的比赛公正性，还获得了不菲的收益。

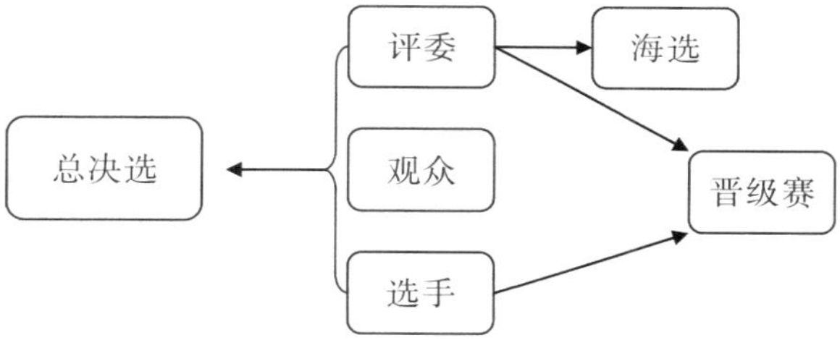

《超级女声》决定选手去留的方式

2. 如何决定胜败（How）

在《学徒》的规则中，我们可以看到，它设置了开放性及封闭性的选择方式。开放性体现在：参与者分为两组，通过团队合作去共同完成任务，而不是对每位参与者进行一对一的考验，在这样的合作中，能体现出参与者在竞争中释放的本能反应，这样的开放性设计有利于参与者的自然表现。而封闭性则在于，任务完成后，队员们需对自己的队长及队伍的总体表现做出评价，并选出淘汰者，这是一场队员自身的博弈，而在这个环节进行完之后，淘汰结果也已经决出。节目在规则上的开放性有利于参与者的发挥，而封闭性则形成了节目的基本框架和风格，促进节目的进行。

我们再来看2009年《快乐女声》的赛制，如下图所示：

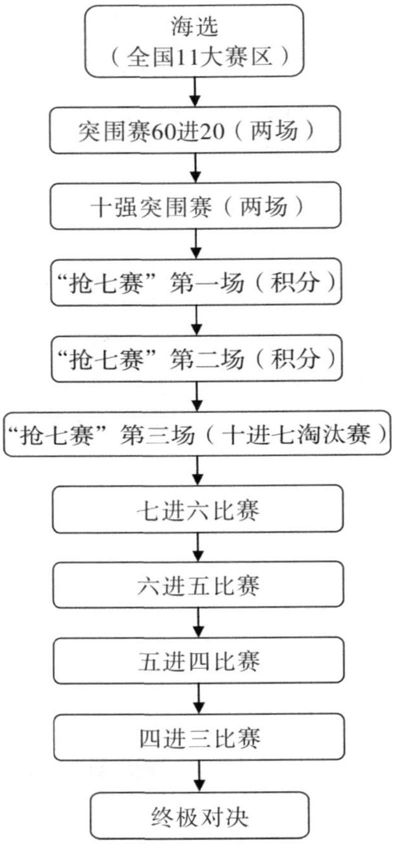

2009年《快乐女声》的赛制

“抢七赛”之前的突围赛的规则与一般选秀比赛的规则大同小异，值得关注的是“抢七赛”的规则。“抢七赛”采取积分排位的方式，共计3场，前2场的参与者是全国10强，不进行淘汰，而最后一场则需挑出3名淘汰者，决出7强。第一场“抢七赛”的规则如下图：

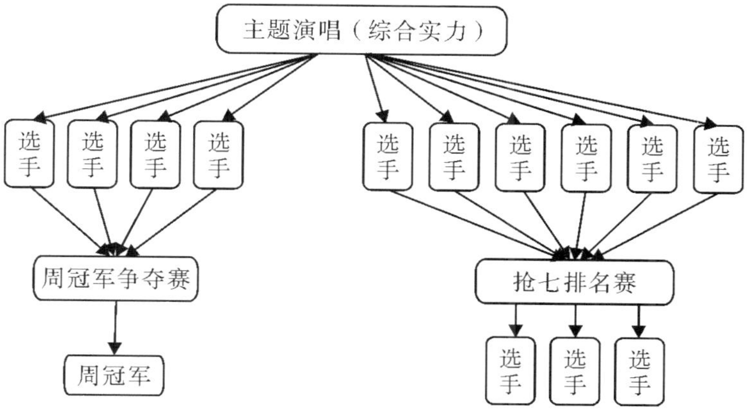

第一场“抢七赛”的规则

如上图所示，在前4名角逐出周冠军、后6名选手抢七排名赛胜出3人之后，剩下3人不分排名，在下一周比赛中又可重新获得积分排名的机会，再次争夺“抢七赛”名额。这样的规则安排显然考虑到了观众希望自己喜欢的选手能有更多表现机会的原因，而最后一场“抢七赛”是淘汰赛，前2场积分赛时观众被削弱的紧张情绪在最后一场被重新激起，达到积累期待的效果。

三、场景

所有的叙事都需要一个封闭的空间和限定内的时间，对于电视节目的制作来说，场景无外乎两种：室内场景及室外场景。室内场景指演播室或某种切断与外界联系的环境，而室外场景则指任何开放的外部空间。场景的选择是为了让节目的规则设定具有更良好的发挥空间，以形成参与者在节目中更本色的发挥，为观众形成更大程度上的期待。如何选择最佳的场景则应依据节目的需求而定。一般来说，参与者在越封闭的场景内行动，就越受游戏规则的限定，竞争也显得越激烈，节目的节奏也更紧张。

无论是室内还是室外的场景，都具备这样一些特点：

首先，它不能够是虚假的设定，而是具有真实性的空间，它或许对现实生活有着类似的模拟性，或者是真实的自然环境，但它绝不能是凭想象臆造出来的不符合真实的场景。如CBS出品的《生存者I》，它发生的场景要么是封闭的房间，要么是神秘的原始地带，十分强调其自然性和真实性。即便是演播室里录播的真人秀，舞台也必定遵循有利于参与者表现真实状态的设计原则，而不会有太多虚假的人为设定。

其次，它要能够有利于参与者本色的表现及情感的自然抒发，实现作为节目场景应该具有的功能。《学徒》作为一档以商业领域为逐鹿战场的真人秀，拍摄场景全部都是与商业活动密切相关的场所，队员们在竞争中的本色演出充满了戏剧张力。我们可以想象一下，如果将《快乐女声》总决赛场地搬到海滩上，观众还能看到在第一轮被宣布暂时安全的选手松一口气的表情吗？还能感受到选手们的紧张情绪吗？还能体现一场总决赛所应当具有的关键性、激烈性以及最终决定性吗？当然不能。

限定某些元素，可以保持真人秀节目的统一性和延续性，置换某些非限定性元素可以创造出新颖性和多样性。总之，具有代表性和表现力的参与者、设计合理的游戏规则、真实却充满戏剧性的场景，是真人秀节目的核心元素。通过对这些元素的排列组合，可以形成丰富的真人秀节目形态，结合有效的叙事策略和传播策略，节目便能够获得丰满的形态。

第四节　真人秀的策划难点

中国的电视娱乐节目从诞生以来，就一直与社会价值观存在着种种矛盾，许多节目因存在“三俗”问题、可能造成的社会问题而遭到停播。从第一个被当时的国家广播电影电视总局（以下简称广电总局，现已整合为国家新闻出版广电总局）禁播的电视选秀节目《第一次心动》，到历经停播、整顿和复播的《非诚勿扰》，反“三俗”问题、娱乐节目的伦理问题、传媒规制问题等不断被提出来讨论。那么，电视娱乐节目的难点到底在哪里？

一、存在的问题

20 世纪 90 年代初，我国传媒业随着市场化的快速发展，其竞争也大大加剧。2005 年被认为是中国的“选秀年”，以《超级女声》为代表的选秀节目带动了真人秀节目的井喷式发展。在众多真人秀节目中，低俗化现象也随之出现。

不可否认，收视率的竞争导致了市场竞争的白热化，而这也是电视娱乐节目管理混乱、内容日趋低俗化的直接原因。目前我国电视娱乐节目主要存在以下问题：

1．功能缺位

由于电视媒体缺乏社会责任和人文关怀，某些娱乐节目为吸引眼球而不顾观众的心理承受能力，一味追求高收视率，造成对社会的恶劣影响。这里不能不提广东公共频道于 2007 年 6—9 月推出的《美丽新约》，这档女性整容真人秀节目将参与者整容的过程向观众直接展示，手术刀在人体上操作的过程被近距离地展现在观众眼前，这种真实的记录是完全超出许多观众的心理接受程度的。在选秀节目拥有着高关注度和影响力的 2007 年，《第一次心动》聘用有争议的评委、媚俗的比赛环节、各种各样的噱头，不仅造成选手及评委的行为失当，还造成比赛场面的混乱、选手抨击比赛组委会等一系列问题。这类节目向社会传达了一种为达目的不择手段的不良思想，突破了社会道德底线。

江苏卫视《非诚勿扰》也曾因在运作时没有严格把好话题关、嘉宾关、内容关、主持关和播出关，而造成节目中某些与主流价值观背道而驰，甚至露骨的拜金言论通过节目平台扩散出去。节目策划当初没有认真考虑其可能承担的风险和造成的社会影响，导致某些社会舆论借此搬上荧幕并放大了效应。具有广泛影响力的电视媒体，毋庸置疑地需要承担相应的社会责任，对节目播出后可能形成的影响需要有预警。如果最初连基本的把关都没做到，等到“噪音”传出时，在社会上便形成了一种虚假的“合法性”及渗透力，这时再亡羊补牢已不可能弥补其破损的媒体形象。

2．原创缺失

以英国、荷兰为代表的欧洲国家是为全球输出大量真人秀节目模式的“原创大户”，接着真人秀节目在美国这个商业电视大国获得收视的成功，尔后经日韩、中国港台逐渐引入中国大陆。随着我国电视市场竞争白热化，一些强势电视台已经可以在第一时间引进最新的真人秀节目模式。由此在节目策划上产生了不少认识上的误区：“一是盲目迷信创新的力量，不计成本地大动干戈，导致大量优质的品牌节目无疾而终；二是把形态仿制视为形态创新，导致新一轮的同质化；三是无视电视节目形态发展的趋势，为创新而创新，只求与自己既往的节目不同，而不看创制的节目是否符合电视传播的规律。”① 在这样的错误导引下，电视娱乐节目克隆成风，电视研发不足而产生的大量同质化的节目又形成无序的竞争格局。

二、传媒规制

面对娱乐节目的“三俗”倾向、无序状态，我们还需从制度层面对传媒加强有效管制。然而，我国政府的传媒规制仍处于“头痛医头，脚痛医脚”的初级阶段，在法律法规上存在盲点，无法通过经济手段进行自然调控，社会监管体系也不完善。

英美国家的媒介规制发展比较早且较完善，在治理媒介低俗化方面，美国的反低俗化立法完备。美国的反媒介低俗化立法分联邦和州两个层次，涉及宪法、法律、行政法规各个等级，已形成了全面的、严密的、多层次的、多部门联动的法律体系。在这些法律中，有为抵制低俗化而专门制定的《2005 年淫秽与暴力广播电视内容控制法》《2005 年广播电视反低俗内容强制法》，而《有线电视法》《联邦电信法》这样的非专门立法则在相关条款中有明确指向性。并且，英美国家媒介制度的可操作性强、执行制度严格，这些都大大地提高了制度管理上的有效性。

我国传媒的他律机制尚不完善，宏观管理和微观管制都存在着体制和制度的缺陷。目前，我国并无专门的法律进行反“三俗”的管理，1997 年国务院通过的《广播电视管理条例》是目前为止我国对广播电视管理效力等级最高的一部法规，而长期以来对媒介的管理都是以文件代替立法，具有很大的随意性和粗糙性。在社会监管方面，并未建立民众广泛参与的反媒介低俗化的组织体系。

这就使得媒体人必须对自身提出严格的要求，需强化自律自省的意识。对于中国电视人来说，在现行的媒介体制下，意识形态属性依然是第一位的，媒介还承担着传承文化及传播良好社会价值观的责任。在现行的媒介环境中，媒体人该如何通过节目策划，在市场化、商业化、娱乐化的传播中坚守住主流的价值观，使节目实现可持续发展呢？这值得我们深思。

---

① 张小琴，王彩平．电视节目新形态．北京：中国广播电视出版社，2007．105．

三、成败启示

停播前省级卫视收视第一，整顿后依然风光不减，《非诚勿扰》一直争议不断，各种话题热议将节目推上风口浪尖。然而，我们现在所看到的《非诚勿扰》已不再是停播前那个靠拜金主义、富二代为噱头炒作的低俗娱乐节目。改版后的《非诚勿扰》为真人秀节目的新一轮竞争提供了启示：

（1）《非诚勿扰》选择了一个社会学视角和具有现实意义的内容定位，奠定了大众传播的基础。婚恋本就是人生大事，而在这个新新时代，“宅男”“宅女”“剩男”“剩女”的婚姻渐渐成为难题，而《非诚勿扰》以娱乐的方式为这些城市里的年轻男女提供了展示个性和价值观的平台，并在舞台上展开各种价值观的碰撞。节目类型本身为它赢得了持续的社会关注度，而题材的平民化则奠定了大众传播的基础，还增强了节目的内涵及影响力。

（2）《非诚勿扰》的雅俗兼顾和文化品质使之具有广泛的受众构成，超越一般娱乐节目。节目融民生、时尚、欲望、隐私、亲情于一体，节目所形成的一波波婚恋价值观大讨论更是扩张到网络及社会中，“拜金”“富二代”“蜗居一族”等问题不断引起讨论及争议。在节目中，嘉宾们勇敢地各抒己见，展示自己的生活态度，形成各种价值观的直接碰撞。这些节目特质吸引着各种观众，以这种新的娱乐方式参与到婚恋价值观的讨论之中。

（3）《非诚勿扰》的话题嘉宾引发网民的关注、质疑和争议，从而产生传播的裂变。节目中的女嘉宾一反传统女性温柔贤惠、小鸟依人的形象，她们不仅形象火辣，且个性独特，对生活、对爱情有着自己独到的见解，并敢于抒发。她们有时甚至是霸道、强势的，这与那些强装自信却口舌笨拙的男嘉宾形成了强烈反差，而她们时时爆出的惊人之语，也颠覆着观众的视听。房子、孩子、婆媳关系这些现实的话题不断被她们抛出来掀起讨论热潮。节目的次生话题也是一连串，每期节目的嘉宾都有惊喜——“小车太贤”“阮经天”“上海潮男”等称号、女嘉宾自爆整容秘史等话题，在网络上已形成传播的裂变。一个相亲节目已经引起了大于相亲节目该有的关注效应和传播效果。

（4）《非诚勿扰》的精良制作、节目策划和质量控制是收视稳定的良好保证。《非诚勿扰》的录制现场——江苏广播电视台的电视演播剧场，是目前国内舞台功能最全、舞台面积最大、声学设计最先进的剧院之一。节目每个环节中间穿插不同情绪的音乐，分别用在女嘉宾、男嘉宾出场，男生告白，配对成功，男生败退等情绪点上，这些音乐都火到成为网络上的热门搜索的程度。再看看各位女嘉宾身上所代表的不同符号：贤淑型、火辣型、潮人型，模特、博士、宠物店店主，留洋派、传统派。这些符号组合起来，囊括了所有男嘉宾喜欢的类型，这样的节目怎能不好看？节目是高投入、精细制作的，保证了节目的高品质。而注重对每期节目的策划则保证了稳定的收视率，每期节目中的男女嘉宾及兴奋点、话题争议点，都映射出策划者的精工细作。

第五节　案例分析：《中国好声音》①

2012 年浙江卫视推出的《中国好声音》再次掀起了电视选秀的收视热潮，它让日趋低迷的电视选秀节目走出了低谷。下面通过梳理中国电视选秀节目的发展脉络，对《中国好声音》节目模式进行解构和剖析，考察中国电视选秀节目升级换代的秘诀。

一、音乐类选秀节目的演变

中国的音乐类选秀节目的发展源头可追溯到 1984 年中央电视台举办的《全国青年歌手电视大奖赛》，它开创了中国电视选秀节目的先河；20 年后，湖南卫视 2004 年推出的《超级女声》成为中国电视选秀节目新时代的领军者；如今，《中国好声音》逐渐显现出强势的竞争力。一直以来，中国电视选秀节目在“选”与“秀”的矛盾中徘徊，在专业性与娱乐性的博弈中成长。

1. 音乐类选秀 1.0：“为选而秀”

在中国电视史上，最早在电视荧幕上进行新秀选拔的节目当数中央电视台 1984 年创办的《全国青年歌手电视大奖赛》。其举办的宗旨是“繁荣音乐创作、推出新人新作、丰富电视荧屏”，由此不难看出，其属性首先是专业比赛，其次

---

① 此节案例源自覃晴、谭天的《〈中国好声音〉的传播特征与价值分析》，载《新闻与写作》2012 年第 10 期，略有改动。

才是电视节目，电视播出服务于比赛。随着时代的变迁，《全国青年歌手电视大奖赛》在赛制和播出上逐步做出了一系列的调整，包括直播取代录播、细分唱法组别、增设“综合素质考核”、吸收新唱法组别等等。然而，这些变革的基础仍然是满足专业选拔的需求。

《全国青年歌手电视大奖赛》的作用更重要的是为中国音乐事业繁荣做出贡献，选拔、发现和推介了一大批有实力的青年歌手，但它在我国电视节目发展和节目形态创新上贡献并不大。它给观众带来的更多是“选”的结果，突出的是选拔的权威和专业，而电视媒体对其则是完整真实地呈现，并不额外添加过多“秀”的演绎成分。这类“为选而生”的电视节目秉承着“秀”服务于“选”的节目理念，我们且称之为“为选而秀”。在《全国青年歌手电视大奖赛》的带动下，基于“为选而秀”理念的电视选秀节目还有各类人物评选、颁奖典礼、电视电影节等，它们共同构成了电视选秀1.0时代的主体。此类节目较为传统、中庸，初现阶段还能调动观众的收视兴趣，久而久之，随着观众审美趣味的改变以及多元节目形态的出现，平淡而严肃的节目内容难免成为鸡肋。

2. 音乐类选秀2.0：“为秀而选”

疲惫的电视选秀在2004年像是被注入了一剂强心针，这一年湖南卫视面向全国推出的《超级女声》走红的速度让所有人都始料未及，由此开启了中国电视选秀的新纪元。《超级女声》借鉴国外的节目模式，把电视音乐带入真人秀这一全新的节目模式中。它颠覆了传统电视节目，以节目的娱乐性和选手的草根化吸引观众的目光。“想唱就唱”的节目口号带来了一场全民狂欢，“短信投票”和“大众评审”机制的引入，取代了过去专家“一锤定音”的权威，全程参与所带来的快感转化为收视高潮。

《超级女声》不仅引起观众的收视狂潮，更激发了各电视台之间电视选秀节目市场争夺的白热化。一时间各类电视选秀节目如雨后春笋般冒出，如东方卫视《莱卡我型我秀》、江苏卫视《绝对唱响》、湖南卫视《快乐男声》，它们成为演唱类选秀2.0时代的主力军。这一时期，节目卖点不再单纯地局限在选手现场表现上，选手的身世背景、主持人的煽情和专业评审的现场点评为节目注入了更多吸引注意力的故事和悬念。

2.0时代的电视选秀，已经由电视节目演变为全民商演，“选”已不是终极目的，收视率才是王道。在商业利益的驱动下，为博取观众眼球，节目不惜从评委和选手身上挖掘绯闻、制造话题，极尽炒作之能事。台上台下的选手和评委肩负着娱乐的重担，“秀”水平，“秀”眼泪，“秀”毒舌，将电视的消遣娱乐功能展现无遗。此时的“选”只是为“秀”得更淋漓尽致而提供的一个平台。“为秀而选”也使电视选秀陷入低俗化的泥淖。但这一时代电视选秀的娱乐功能被无限放大，信息传递功能和教育功能愈发弱化，甚至引起价值观错位，“娱乐至死”终使其不堪重负。虽然自2010年，辽宁卫视引进了X Factor的模式创办《激情唱响》，浙江卫视也开办《非同凡响》，欲在2.0时代的“七年之痒”中脱颖而出，但效果终究不明显。

3. 音乐类选秀3.0：“选”“秀”相实

2012年《中国好声音》第一阶段选拔节目的播出，一时间成为坊间热议之话题，着实也为中国电视选秀注入了一股清新的暖流。它的出现，虽在节目内容上没有做出太多根本性的改革，却通过节目模式的设计从理念上匡正了以往节目的偏颇和缺陷。这一质的飞跃让电视选秀迈入3.0时代。

节目整体回归音乐本质，选拔讲求专业性，节目输出的核心绝不只是“好声音”，而是“什么是好声音”以及蕴藏在背后的价值观，并将选择与辨识过程背后的情感与故事自然地展示出来，从而向社会公众传递梦想、励志的正能量。“选”与“秀”相得益彰。那么，这一切是怎么做到的呢？下面让我们先来做一个节目模式的分析。

二、《中国好声音》的传播特征

《中国好声音》2012年7月13日在浙江卫视开播，由星空卫视旗下的灿星制作联合浙江卫视在原版引进荷兰节目The Voice of Holland的基础上，经过本土化改造而成型的一档音乐选秀类节目。节目总导演金磊和灿星制作是《中国达人秀》节目的原班人马，在荷兰原版节目制作宝典的指导下，吸取《中国达人秀》的本土化成功经验，加上荷兰版权方专人指导，《中国好声音》在节目形态上保留了原版的优秀血统，又融入了中国社会现实与文化，将娱乐和文化深刻结合，把价值观渗透在节目表现之中。

节目第一阶段每期时长约95分钟，每期出场选手10~15人。自开播起，该节目便稳坐卫视综艺收视榜前列，广告收益也由原来的13.6万元/条的15秒广告，迅速上涨到20万元/条。[①] 开播一个月以来，该节目不仅收视长红，更受到学界和业界诸多赞誉，虽仍有一些非议，但其叫好又叫座的地位已不容置疑。

我们试图解构《中国好声音》第一阶段播出的节目，以窥见电视音乐选秀3.0时代的特质。在此，我们运用电视节目形态构成理论，从宏观、中观和微观三个层面，对《中国好声音》作一全面解构和剖析。

1. 规则创新体现专业权威，奠定影响力基石

从宏观整体来看，节目形态是电视节目的直观外在表达，要从众多类似节目中脱颖而出，节目形态的创新必不可少。“电视节目形态创新，一方面是指赋予原节目形态新的内涵，另一方面是指产生新的节目形态。”[②] 而真人秀的节目形态创新主要体现在游戏规则上。

《中国好声音》第一阶段的基本节目形态是四位导师收徒组队，学员出场展示歌唱实力，导师背对学员“盲听”歌喉，若认可，导师即可亮灯转身表示愿意收徒，如多位导师表示认可，则学员可从已转身的导师中选择自己心仪者加入其队伍，直至最终组队完成。若学员未获得任何导师认可，则以失败离场。其中“盲选”概念的引入让声音成为选秀的唯一标准，赋予了节目新的内涵，成为打造节目影响力的基石。媒体影响力由注意力和公信力共同构成，其中公信力是影响力的核心和根本。在电视选秀节目中，“公信力则主要是通过评选活动的客观公正、专业权威来体现”[③]。“盲听盲选”环节设置正是出于此意，在以新颖的形式吸引观众注意力的同时，维护了节目的公正与权威。

节目没有肆意炒作，不哗众取宠，表达华语音乐追寻“好声音，好音乐”的价值取向，颠覆了观众认为电视选秀媚俗的刻板印象，视听盛宴之下传播的是主流文化与价值，让“选”与“秀”相辅相成。

2. 模块环节设计充分体现传播功能

从中观层面看，节目形态构成取决于各个模块环节的设置与连接。所谓模块，就是能够单独命名并独立地完成一定功能的程序语句的集合（程序代码和数据结构的集合体），引申到电视节目中，可以认为电视节目模块是指能够独立

---

① 《中国好声音》收视率翻倍 15秒广告卖20万. 扬子晚报网，http：//www. yangtse. com/system/2012/07/25/013889819. shtml.

② 陈虹，郝希群. 从“吸引眼球”到“召唤心灵”——我国电视节目形态的创新之路探析. 南方电视学刊，2011（6）：116.

③ 谭天，刘海霞. 电视选秀：打造影响力经济. 中国电视，2008（11）：67.

承担节目一定功能的内容集合。所谓环节，是指相互关联的许多事物中的一个，而在电视节目中，节目环节即相互关联的内容设计中的一个。与模块不同的是，节目环节之间前后并无表现时空上的明显跳跃，彼此之间只存在着内在的逻辑递进关系，设计者按游戏规则把整个节目设计为几个环节。在每一个大的环节里又套着若干小的环节，每个小环节都会根据游戏规则变换场景和内容，而每一期节目也通过这些变化进行微调。

《中国好声音》改变以往电视选秀节目模块功能不明、环节定位不准的弊病，各个模块环节设计思想十分清晰，都有明确的传播功能和对应的内容形式，形成完整合理的叙事结构。下面将《中国好声音》作一模式解构，以期读者能够清晰地看到整个节目结构、叙事脉络以及各模块环节的功能作用。

模块	环节	节目内容	表现形式	传播功能
登台前奏	学员前来参赛	学员与家人介绍，主持人采访	VCR带出学员，营造期待的氛围	信息传播为主
演唱	学员演唱（盲听）	学员演唱，导师盲听，设置悬念	学员现场演唱，评委细心聆听，观众和亲友烘托气氛	信息传播为主，情感传播为辅
	学员演唱（转身之后）	导师以转身来表达对学员的认可，形成第一个高潮	导师以拍铃、转动转椅、表情喜悦等一系列行为表达对学员的肯定。亲友欢呼，歌手继续演唱	信息传播与情感传播并重
互动	导师点评 学员介绍 选导师	导师对演唱的评价，学员的自我介绍，通过交流带出情感故事，师生在互动中产生共鸣，形成第二个高潮	导师分别点评、学员自我介绍，导师之间交流和自我推销，穿插导师间的争夺，最后再次设置悬念：选导师	观点传播与情感传播并重，辅以信息传播
离场	学员告别	亲友庆贺或学员发表感言	学员离场，台下庆贺	情感传播

由上表可见，节目每一个模块及其中各个环节的设计意图各不相同，并各自肩负着不同的传播功能。

第一个是学员登台前奏模块。向观众介绍出场学员的基本情况，这一模块主要承载信息传播的功能。

第二个是演唱模块。演唱模块又可划分为学员演唱（盲听）和学员演唱（转身之后）两个环节。导师“盲听”的设计开创了音乐选秀的先河。它体现了节目的艺术风格和专业追求，以此向社会展示华语音乐“用实力说话”的价值取向，是节目公信力的重要载体。“转椅”环节的设计是节目高潮的重要节点，悬念设置是竞赛类节目最重要的叙事元素，围绕“转椅”形成悬念串是这一环节设计的目的，这对于稳固收视具有随意性的电视观众具有重要意义。前后两个环节，传播功能也悄然发生改变，由信息传播为主变成信息传播、情感传播并重。

第三个是互动模块。它与演唱模块具有同样重要的地位，在传播上是观点传播与情感传播并重，同时辅以信息传播。这个模块不仅增强竞赛和悬念这两个叙事元素，而且在多方互动中充分使用煽情、搞笑、猎奇等各种娱乐手段。互动始终贯穿在这个模块的三个环节中，如果说导师转身是对“什么是好声音”的第一次阐释，那么，导师点评就是进一步诠释“什么是好声音”，导师之间的互动使评价更全面客观。歌手介绍一直是音乐选秀必备的，但《中国好声音》不是单纯地介绍，而是通过歌手与导师的互动，把他（她）追求音乐的梦想、情感与经历展现出来，让人物形象变得立体、丰满和感人，不仅让他（她）走近导师，也走近观众，情感传播进一步加强。选导师是《中国好声音》最独特的环节，虽然在《名师高徒》《非同凡响》《激情唱响》等电视选秀中已经颠覆了评委冷眼旁观的传统，但导师之间互相争夺学员的设计还是开创之举。导师从身居高位到自我展示的转变，实现了选秀场上的双方主体地位平等。这一设计成为节目新的收视增长点。学员抉择环节则顺势而下，实现了导师与学员间选择权的双向流动。在设计上制造了新的悬念，在传播效果上实现了观众的心理满足与情感升华。

最后一个是学员离场模块。亲友相聚和离场感言在节目设计上体现了人文关怀，让观众回味，产生余音未了的传播效果。

那么，《中国好声音》的传播特征是什么呢？归纳起来无非两点：一是在各种传播功能中，情感传播作为主线贯穿节目始终，这也符合艺术传播的规律；二是传播功能承载与模块设置和环节设计融为一体，并综合运用各种娱乐表现手段来加强艺术感染力和传播效果。

三、《中国好声音》的价值创新

在讨论《中国好声音》的传播特征的时候，笔者已经谈及了它的价值创新，即把“选”与“秀”统一起来，综合运用多种电视传播功能。下面进一步讨论它是如何通过调动各种视听元素符号来强化这一创新的，笔者认为在《中国好声音》节目内外有几个关键的节点作用特别大。

1. 导师转身

导师转身是学员演唱过程中两个环节、两种叙事的转换点，这也是它不同于其他选秀节目评委点评的设置。其特点在于，导师转身的动作对于学员是直观的肯定，而学员从导师那里收获的是对他（她）的认可，这与以往电视选秀评委给选手带来的点评往往是指责和批判居多的情形形成鲜明对比。导师喜悦的表情与学员、亲友的激动之情取代了以往电视选秀的“黑面”、伤感，带给观众正能量的释放。

“转椅”这一元素符号的意义就在于对学员的评价，而这一权威公正的评价是建立在盲听的基础上的。在学员出场演唱时，导师采用背对学员的形式聆听，当导师认为该声音是自己所想要寻找的好声音时，通过拍、转、响、亮（点亮“I want you”的灯）等一系列夸张动作和强烈的音效而带来巨大的喜剧效果，使节目形成强大的视觉冲击力并产生收视的第一个高潮。它的重要性不仅在于它华丽的外表和昂贵的价格，还在于它产生的转身动作所蕴含的深层意义：其一，转椅的设置让盲听成为现实，从而实现节目的专业追求；其二，实现导师对学员肯定的正能量更直接、直观、形象地释放。

2. 师生互动

互动其实始终贯穿在模块中各个环节里，导师之间有互动，导师与学员之间有互动，在这个非演唱的谈话时空里其实更精彩，而互动话题更容易成为价值传播的载体。

导师点评话语的内容是节目主旨和公信力的主要指向。以同样借鉴《美国偶像》的湖南《超级女声》和台湾《超级星光大道》两个节目为例，《超级女声》在全民狂欢氛围下缺失了评委专业客观的点评，节目公信力备受质疑；台湾《超级星光大道》在成熟的娱乐节目包装下，评委点评始终以选手歌唱水平为中心，让选秀颇具专业性和权威性。《中国好声音》的舞台上，四位导师在点评中坚持专业主义精神，进一步诠释了“什么是中国好声音”。他们以好声音以及学员体现出来的歌曲演唱水平为选择的终极依据，忠于节目的音乐主旨，提升了节目专业影响力。

导师的形象塑造也是一个重要元素。舞台上，导师们真实自然又个性张扬，那英光脚和学员合唱，刘欢为学员感动落泪，杨坤赠送队员 32 号球衣，还有哈林的幽默调侃，让观众领略了这些明星大腕鲜为人知的另一面，和蔼亲切、活泼可爱的形象与其他选秀节目的毒舌评委形成鲜明对比，给节目带来温馨与和谐。

在师生谈话中，故事元素的加入，丰满了人物形象，并与观众产生情感共鸣。学员背景的讲述说出了歌声背后的快乐、艰辛、乐观等种种情感，构成了节目讲故事的重要部分。向观众传输“任何人都可以追逐梦想”的理念，而导师与学员的对话中，话语不仅指向学员的音乐造诣，更是融入了对于人生态度的启发。如第二期出场的蒙面女侠董贞，虽然歌声并没有赢得四位导师的认同，但刘欢以自身经历鼓励董贞自信面对人生，坚持歌唱梦想。

在电视选秀节目中，单纯的专业表演不免让节目显得干涩，选手的情感故事是另一种重要的叙事内容，也体现节目的价值取向。选手形象是否丰满、节目内容是否立体，都在于选手演出之外故事的挖掘与情感的流露是否到位。需要指出的是，在节目中，情感表达有真有假，故事能量有正有负，我们鼓励真情流露的行为表达，抵制作秀式的布置安排；赞同体现社会主流价值的故事，排斥违背传统文化道德规范的炒作。

3. 学员反选

在电视选秀节目中，评委与选手之间选择权利单向性已成为常态，而《中国好声音》的突破在于，它实现了选择权在导师与学员之间的双向流动。在多位导师为一位学员转身之后，学员就有权选择心仪的导师，在学员奋力赢取导师的同时，导师也需使出浑身解数卖力拉拢学员。首先，穿插在师生谈话中的导师间的争夺、你来我往的自我宣传、插科打诨式的调侃为节目增添不少娱乐气氛。其次，导师与学员间的双向选择实现了双方地位的平等和权利的对等，让观众从中获得心理满足与情感升华，从而把整个节目气氛推向最高潮。

4. 争议话题

不得不提另一节点——争议话题，尽管它在《中国好声音》之外，但它也是节目的延伸部分。在互联网时代，任何一个火爆起来的节目都会引发各种话题，有议论，有质疑，有批评。问题是如何面对质疑，如何化解危机。总的来说，《中国好声音》还是正面评价占主流，当然也少不了批评，如对学员身份的质疑，对过分煽情的批评。在全媒体时代，电视节目已不仅仅在电视上传播，任何微小的瑕疵都在网络上放大，处理不好就会转化成负能量。而《中国好声音》对此都作了积极正面的回应并加入节目中，从而给正能量的释放提供了一个较好的舆论环境。

《中国好声音》之于其他音乐选秀类节目的最大价值创新在于，它将音乐性的判断与解读融入节目的全过程中。观众对于其他选秀节目“看热闹式”的听歌方式在这里升级为对音乐的欣赏与评价。节目自始至终将关注的焦点放在歌唱者与歌曲的关系当中，从现场表演体会歌曲演唱的内涵，从歌手故事发掘歌曲演绎的外延。以“什么是好声音”为中心的表演、判断、评价、取舍、情感和故事构成了节目的全部内容。音乐、美食、戏剧等节目内容都是价值传播的载体，而价值创新就在于发掘这些载体内在的丰富的文化内涵，同时通过优秀的模式设计而达到传播效果最大化。

第四章　其他电视节目策划

除了新闻节目和娱乐节目之外，还有其他各式各样的节目，过去我们把这类节目叫做社教节目或服务性节目。但是进入泛新闻和泛娱乐化时代以来，这类节目很难以单一的节目功能和节目内容来进行划分，倒不如以节目形态和制播方式来划分。在这一章里，我们主要介绍电视现场直播、电视谈话节目和电视纪录片的策划。前两者源于广播，后者源于电影，在策划中如何彰显电视的特点呢?

第一节　电视现场直播策划

电视是一个技术媒体，随着卫星通信、数字技术及摄制设备的迅速发展与广泛应用，电视直播逐渐常态化，现场直播更能凸显电视媒体的传播优势。现场直播是指在现场随着事件的发生、发展进程同时制作和播出电视节目的一种制播方式。现场直播调动一切手段，让观众及时、直接地接近信息源，将新闻事件的进程与观众共同分享，是最具有电视特性的一种新闻形态。在媒体竞争激烈的今天，通过电视对具有广泛关注度的议题进行直播，对观众具有相当大的吸引力，也是媒体在竞争中取得优势的重要手段。

一、电视现场直播的类型

1. 按播出方式分

（1）演播室直播，即准直播，在新闻合成和演播室播报这两个环节上实现直播。如《新闻联播》，主持人现场播报，节目的后期合成与播出同时进行。新闻报道和采访是事先摄制好后作为新闻素材来播放的。

（2）现场实况转播，现场的声音、图像与事件或活动的进程同步播出的形式。更多是对事件全过程的忠实记录，一般来说转播中记者不出镜或少出镜。多用于体育赛事、文艺晚会、重大会议等。

（3）现场直播报道，将在新闻现场发生的新闻事件及人物的图像、声音和记者的报道转换为电视信号直接发射、即时播出的一种报道和播出同步进行的方式。如香港回归、三峡大坝截流、迎接新千年等，以新闻现场为主体，综合背景资料、相关知识介绍、演播室的串联、主持人评述、现场记者采访及多个现场之间的交流，以满足观众的好奇心。

2. 按报道类型分

电视新闻现场直播可分为事件性新闻直播和仪式性新闻直播。事件性新闻直播通常是指不可预知的突发新闻事件的直播报道，如“9·11”事件、伊拉克战争、汶川地震等。回顾电视发展史，往往是一场对一个重大新闻事件的直播报道，成就了一个媒体的名声与长远的影响力，如海湾战争与CNN，伊拉克战争与半岛电视台。

仪式性新闻即为可以预知过程的重大新闻事件。长期以来我国电视的现场直播大多是仪式性新闻直播。如香港回归、三峡大坝截流、新中国成立六十周年庆典等重大事件和北京奥运会等体育赛事活动。重大的仪式性事件通过电视新闻现场直播节目呈现在观众面前，可强化情感的共鸣和观众的认同感。

二、电视现场直播的观念

我国早期的电视节目都是采用直播方式的。20世纪70年代以后，文艺节目和体育节目成为直播的主体。1997年被国内电视界称为“直播年”：对于7月香港回归、9月党的十五大召开、10月底黄河小浪底截流、11月三峡大坝截流顺利合拢等重大事件，中央电视台都进行了现场直播。现场直播逐渐成为电视新闻报道的重要方式。2003年，伊拉克战争于北京时间3月20日10点35分打响，几分钟后中央电视台第一、四、九套频道分别打破原有节目播出计划，迅即现场直播跟踪战争进程。伊拉克战争直播的现场感和逼真性，在时空上使广大观众如同亲临其境。这是现代电视与平面媒体，甚至是网络媒体竞争的法宝。这些直播活动不仅树立起了电视台的品牌，而且在观众中形成了收视期待：当国际国内发生重大事件时，广大观众都希望在第一时间看到电视新闻直播。

直播是电视新闻的最大魅力，最能完整、生动、准确地展现新闻事件的连续性和复杂性，这是其他任何媒体都无法比拟的。如今的观众期待的不仅仅是事件的本身，更多地强调来自新闻现场的画面、声音和报道，以让观众有身临其境的感觉。随着电视直播实践的增多，电视直播的技术正逐步娴熟，电视新闻的社会影响力也因此日益增强。

2004 年 9 月发生俄罗斯别斯兰人质事件时，凤凰卫视对整个事件发生过程进行了现场直播，引起观众极大的关注。人们不断地猜测：俄罗斯特种部队到底能否顺利解救人质？在营救过程中到底有多少平民被害，是几百人还是一千几百人？因为直接关系人的生命安全，而且人质是儿童、学生，所以，观众一方面是猜测，一方面会更关注事态的发展，关心人质的安全。这充分说明了观众对信息的选择取向。“猜测是直播过程中的卖点”，凤凰卫视中文台副台长刘春如是说。而猜测源自新闻事件发生过程的“不可预知性”，建立在重大新闻价值上的这种不可预知性紧紧地吸引着观众的注意力，是电视媒体提高受众关注度的最有效手段。

然而，我国电视新闻报道在传播上的优势还没有充分发挥出来，仍然是仪式性新闻直播报道较多，事件性直播报道较少。目前我国电视新闻现场直播报道的威力远远没有充分发挥出来，普遍存在如下问题：

（1）有直播没报道，只是简单的影像直播，没有报道策划和深度报道。一些电视台毫无目的地对一些没有意义的事件进行直播，导致受众缺乏兴趣。如何走出琐碎事件的循环报道，真正展现新闻直播的威力与魅力，显然是现场直播发展面临的最大瓶颈。

（2）有直播没卖点，即没有重要的新闻价值。目前，我国电视新闻仍然沉迷于政绩工程的宣传和炫耀媒介技术的“直播秀”。为宣传而直播，现场直播对于电视新闻传播的效用其实发挥不到一半。对突发性事件、灾难性事件的报道，一直是电视新闻直播的弱项。

（3）有现场没悬念，不能以展现从未知到已知的过程来调动观众的收看兴趣。现场直播的魅力不仅仅在于现场，还重在直播，直播的本质就是对新闻事件不间断地追踪报道，新闻事件的不可预见性是它最大的卖点。往往为一项毫无悬念的甚至与普通百姓关系不大的政绩工程，兴师动众来一场现场直播，观众对此当然兴致索然。而俄罗斯别斯兰人质事件，它有两大卖点：第一，它是一次震惊世界的恐怖袭击（新闻价值）；第二，事件如何解决是一个悬念（不可预知）。前者各类媒体都可报道，后者则可充分显示电视媒体的优势——目击人质的解救现场与动态过程。

我们的电视新闻缺少悬念式的跟踪报道，最主要的原因是落后的新闻观念作祟。我国新闻长期以来过于强调宣传功能，甚至以宣传代替新闻，强化主题性新闻，弱化事件性新闻，强调传者的主观意图，忽略受众的收看需求。2008年5月12日，我国发生了震惊中外的汶川地震。在巨大的自然灾难和公共危机面前，以中央电视台为代表的国内电视媒体采取紧急行动，推出全天候大直播，迅速、全面、深入地报道了抗震救灾全程，在传送现场信息、动员社会援助、普及救助知识等方面，发挥了巨大的传播力和影响力。中国媒体以前所未有的公开、透明、及时、全面的报道，赢得世界舆论的高度评价。随着2008年5月1日《政府信息公开条例》的颁布实施，重大突发事件的现场直播报道逐渐成为常态。

三、电视现场直播的策划要点

无论是仪式性新闻直播还是事件性新闻直播，都需要对整个直播系统和报道过程进行很好的策划，才能做到安全播出和优质报道。

1. 精心选题

要想做好现场直播，选材是最基本的环节。

（1）重大性。重大的政治事件或突发事件，对国民生活有重大影响的事件或观众关心的新闻事件。如连战与宋楚瑜访问大陆、北京奥运会、汶川地震等。

（2）突发性。突发性事件具有不可预知性，对于广大受众具极大吸引力和震撼力，如“9·11”事件。在进行新闻策划时要迅速及时，要有敏锐的眼光和独到的视角，牢牢抓住新闻契机制造热点。

（3）可视性。有些新闻题材虽然社会意义不是很大，但由于公众关心，十分适合电视直播，如钱塘江大潮、日全食等。

2. 做好相关预案

现场直播影响重大，对安全播出的要求很高，一个环节出现疏漏都可能造成整个直播失败。因此，应建立有效的直播应急机制，制订充分的直播应急方案。现场直播《“盛典”国庆60周年特别节目》，为了让观众提前了解国庆大典内容，并对气氛进行预热，中央电视台新闻中心选择在阅兵仪式和焰火晚会前进行直播。经过数月的精心策划，新闻中心在天安门广场中心区及周边共设置了 23 个单边报道点。为达到最佳效果，直播组和文艺中心反复磨合，进行了 4 次完整演练，充分保证正式直播时的顺利。

3．声画同步与现场报道

同步摄录的现场音响可以使观众有身临其境的真切感受，产生极强的现场感和参与感，消除受众与媒介间的信息不对称，增强对媒介的信任度。新闻现场栩栩如生的画面所产生的传播效果要比只听记者的描述而进行想象的传播效果好得多。在汶川地震报道中，救助人员想方设法进行救援，与死神争分夺秒，现场画面与同期声让观众更真切地了解灾情的严重性和救灾的紧迫性。

直播报道中，现场记者担负起现场采访、现场播报、现场协调的重任。这就要求记者时刻树立“我在现场”的意识，要求记者有出口成文的现场表达能力和随机应变的现场控制能力。重大事件的现场直播对主持人和现场记者的素质提出更大的挑战，要求主持人的功力和底蕴深厚。敬一丹曾经感慨地说：“《直播中国》使我开拓了自己的业务领域，边走边说，直播状态，这本身就是我过去很少经历的，它对主持人是多方面的考验。观察发现能力、应变能力、对同伴的协调能力、现场的控制能力，都作用在主持人身上。”

4．悬念设置力求过程化

现场直播的魅力就在于新闻事件发生的过程和结果是人们无法事先预测和控制的。有的现场直播过程时间较长，能否对观众具有持久的吸引力，就表现在节目的悬念性上。因此，电视新闻现场直播策划要重视直播过程中的悬念设置。

在任何时候，悬念是引人入胜的一个重要环节。疑问提得好，能把观众引入“问题情境”，激发其好奇心，从而调动他们继续看直播的积极性。2000 年中央电视台对老山汉墓发掘现场进行直播，这段历时两小时的直播中，“墓主人是谁”“会出土什么文物”“棺椁的里外结构”等悬念，牢牢地吸引着观众。考古过程的魅力，在于它是一个充满未知与悬念的过程，结局不可控制，无法预料。两个小时的紧张期待使观众体验到了整个发掘过程的快感。2001 年在莫斯科举行的 2008 年奥运会举办权投票的现场直播中，其结果有相当的不确定性，一轮轮扣人心弦的投票紧紧地抓住了中国观众的心，数据显示北京申奥成功之夜的直播收视率超过了70%。

5. 多种手段与多点报道

电视有独特的声画和文字立体信息传播优势，经过精心策划，直播节目综合运用记者现场报道、解说、同期声、字幕以及图文等多种表现形式已经成为常态。此外，音乐、采访、特技、动画、模型、图表等的恰当运用，能增强节目的可看性。现场直播系统应充分应用数字技术和信息技术，建立多个相互支持的子系统，如采访信息数据库、咨询专家数据库、三维模拟图像处理系统等。2008年5月地理信息系统首次用于中央电视台抗震救灾直播，中国测绘科学研究院为中央电视台《抗震救灾　众志成城》大型直播节目提供了大量灾区三维模拟地图，为观众了解灾区地理位置、地形地貌等信息增添了更加形象直观的途径。

此外，采用多机位拍摄捕捉细节，还可以增强现场感和传播效果。相比蒙太奇式的编辑剪接，长镜头的使用也会让受众产生信任感。东方卫视为做好日全食的直播，制作团队精心策划，在全面展示日全食演绎过程的同时，注重宣传科普知识，团队在食带沿线设置了近20个摄制点，采用专业观察镜和记者现场播报、专家现场评说等方式，并通过“三个演播室多次切割直播”以及“一屏八框多视窗”的创新形式，进行了长达近4个小时的电视直播。多路记者驻守多点进行现场报道，观众得以看到不同城市和地区传来的日食图像，最多时屏幕上一并展现了6个地点的不同画面，使观众饱览了不同地域、同一时间的精彩瞬间。

6. 增加背景资料和新闻评论

现场直播报道中的背景材料能够揭示新闻事件的内在原因和深层意义，加深受众的理解。在很多时候，受众探求隐藏在新闻事件背后的原因的兴趣，甚至超过了新闻事件本身。电视直播中，观众可能不了解新闻背景，不熟悉事件中的专业知识，媒体可增加对事件的解释。凤凰卫视每逢重大事件的直播报道，演播室里都会请来相关方面的专家学者作评论，增强直播的深度和思辨性。

2003年中央电视台美伊战争直播报道中，采用了主持人、特约嘉宾、前线记者交叉播报的形式。演播室讨论，结合前方的现场报道，连线中外记者随时介绍事态的最新进展。同时进行中文的同声传译，采用战时地图分析讲解，运用双视窗、多视窗、飞字幕的方式，多渠道、多符号地传递现场的最新动态，增强新闻报道跨越时空的能力和现场感染力，取得了良好的效果。

7. 通力配合，完善机制

成功的直播，需要各方面人员的密切配合，要求主持人、记者、导播、技术人员全力合作。一个环节出问题，播出效果可想而知。现场直播除了新闻管制和技术层面的支持外，运作机制的改进和操作系统的完善也十分重要。为提高新闻采编效率，充分利用资源，中央电视台新闻中心于 2008 年 1 月实施一系列改革措施，对新闻中心下设的 9 个部门进行调整并新增《新闻联播》编辑部。这一举措的成效在汶川地震直播报道中充分显现出来。为了拓宽现场直播的题材资源，目前中央电视台和地方电视台已经建立了直播联盟，这一突发事件的媒体联动平台实现了直播题材的资源共享。

第二节　电视谈话节目策划

谈话节目起源于美国，译为“脱口秀”。一般把 NBC 在 1954 年推出的《今夜》看作开电视谈话节目先河的栏目。电视谈话节目在西方电视界已经有几十年的历史，并成为各家电视台的重头戏和招牌节目，如 CNN 的《拉里·金时间》。

一般来说，谈话类节目是指在主持人的主持下，邀请嘉宾和观众，往往围绕当前社会上的热点、难点、焦点或者令人关注的新闻事件，以平等的对话交流的方式，充分表达各自的意见和观点的节目。它有助于发挥大众传媒信息沟通、舆论引导的社会功能。谈话类节目把人际传播引入大众传播之中，意见性信息传播与事实性信息传播相结合。正如美国新闻学者吉妮·斯科特博士所说的那样：“电视和广播谈话已经成为影响我们思想和行为方式的一种新权威。它们像是城镇议事厅或社区集会场所，在这个日益数字化和原子化的地球村中把我们集合在一起。它们能够帮助我们知道在这个越来越危险、越来越难以沟通的世界发生了什么，应该怎么样行事。”谈话节目为广大受众提供了一个参与公众生活、表达社会情绪的平等开放的思想空间和不拘一格的公众论坛。

改革开放及经济发展促进了人们观念的变化，对热点话题的深入讨论成为人们表达自身状态和愿望的重要方式，大众传媒由传者中心向受者中心转变。中国的电视谈话节目兴起于20世纪90年代初，1993年上海电视台《东方直播室》是最早的电视谈话节目，而1996年《实话实说》的巨大成功，使谈话类节目开始在中国电视界风靡。由于时效快、真实生动、感染力强，加之制作简便、成本低廉，谈话类节目已成为电视市场上最重要的节目类型之一。谈话节目由于参与的广泛性、深层次以及形式的轻松多样，成为倾听百姓声音、参与公共生活、表达意见的平台。

电视谈话节目有三大要素：主持人、话题、嘉宾。一期成功的谈话节目，话题、主持人、嘉宾及观众，任何一方选择不当，都会使节目的质量大打折扣。

一、话题策划

好的话题是谈话节目成功的重要前提，将会激发现场观众和嘉宾的谈话兴趣，创造出热烈的谈话氛围，关系到节目播出的效果。随着改革开放的力度加大，新事物、新观念层出不穷，社会舆论环境也变得宽松，话题的选择面大为增加。由于电视谈话类节目时效性强，选题同人们的日常生活密切相关，因此备受人们关注。谈话节目有各种类型：访谈类、论坛类、谈话类、辩论类等。不管哪一种类型，话题始终是谈话节目的内容核心。策划话题时需注意以下三个方面：

（1）热点性。社会上存在着各种各样的热点，节目要善于敏锐地把握社会脉搏，捕捉潜在思潮，结合热点问题，主动策划，实现对舆论的组织和引导。随着网络、微博的出现和应用，各种社会热点迅速得到反映。

（2）接近性。一般是发生在老百姓身边，与百姓利益密切相关的事件。随着民生新闻的出现，这种接近性具有越来越大的策划空间。

（3）争论性。谈话节目的话题应具备一定的争议性，在观点冲突中推进节目。包括内容上的争论性和谈论方式上的论辩色彩。《一虎一席谈》就社会争议话题，邀请不同角色的嘉宾进行现场辩驳。如就范美忠不顾学生逃跑是不是失职、高考加分政策是否应该取消、校长实名推荐制是否会造成新的教育不公、第三波移民潮是否造成精英与财富的流失等话题，现场进行观点的PK。而最具对抗性的还是半岛电视台的谈话节目《针锋相对》，他们破天荒地邀请长期处于敌对态势的阿拉伯人和以色列人同时来到演播室，辩论起来火药味十足，中东观众都争相观看。

二、主持策划

主持人作为现场谈话的组织者和引导者，事先必须对谈话的内容和参与谈话的人有一定了解。控制谈话气氛，引导话题深入，随机应变，及时处理突发状况，使节目顺利进行。正如《实话实说》制片人时间所说："没有崔永元，就没有今天的《实话实说》。"随着谈话节目的发展，我国需要一批知识丰富、灵活机敏、风格独特、具有个性的主持人。

凤凰卫视谈话节目的低投入、高收视率的"高性价比"，被国内其他各电视媒体竞相称颂。然而"我们的媒体更多的是盯着那些浮光掠影的节目主持人，而没有认真地坐下来研究主持人节目，研究谈话节目的节目形态，视听构成，传播特性，主持人角色定位以及节目的包装与推介"①，且没有充分考虑凤凰卫视具有国内媒体无法比拟的独特的地理环境、政治空间和人文资源。与此同时，"谈话节目属于低成本制作"也是一个认识上的误区。电视谈话节目最大的投入其实在于主持人的包装或主持人的身价。培养和造就一个名牌节目主持人是需要电视媒体很大投入的。"不顾自己实际情况滥开谈话节目，那么就是'东施效颦'，学了皮毛而丢掉精髓。"②

谈话节目是典型的主持人节目，以往人们研究节目主持人较多，但对于主持人节目却研究不够。在电视谈话节目策划中，节目主持人与谈话节目如何匹配十分重要。风格各异、光彩夺目的明星主持人是凤凰卫视的一道亮丽的风景线。凤凰卫视推行"三名战略"，着力突出富有魅力的个人形象，再与极具个性的言论相辅相成，从而打造出诸多知名的谈话节目。例如陈鲁豫的《鲁豫有约》、窦文涛的《锵锵三人行》、胡一虎的《一虎一席谈》等，值得内地谈话类节目借鉴。国外不少品牌谈话节目都是用著名节目主持人的名字来命名的，把名主持人与栏目品牌结合起来，能够更好地打造谈话节目品牌。

---

① 王又锋. 浅谈如何认识国内电视读报节目的兴起. 中国新闻研究中心，2004（10）.

② 谭天，肖思思，黎亮，于爽. 2005 中国电视新闻面面观. 新闻记者，2006（2）：45.

三、嘉宾策划

嘉宾分广义和狭义两种，广义的嘉宾泛指所有应邀到节目现场的人，包括现场观众；狭义的嘉宾特指应邀参与谈话内容的各界人士。嘉宾分为两种类型：一是与话题关系密切的当事人；二是在某些问题上有独到见解的专家，能增强节目的说服力。嘉宾应该有一定的语言表达能力，策划者应该尽量详细地了解其成长经历、背景和个人观点。在谈话过程中，应该保证嘉宾的主体地位，给予他们充分讨论和展示的机会。但对谈话嘉宾的掌握和平衡也很重要，如广东卫视《财经郎眼》中的经济学者郎咸平是一个观点鲜明、言辞犀利的强势嘉宾，其他嘉宾的配备和主持调度也要相应加强，否则就容易形成“独角戏”。

谈话节目中，观众既是旁观者，又是参与者。可以开通热线电话或网络、短信，让受众发表意见。可以设立一个外联组，根据不同话题与相关单位、组织联系，专门负责组织现场观众，以便在很短时间内组织到观众。谈话节目的结论不是唯一的，大家各抒己见、畅所欲言才带来了精彩纷呈的表现。《齐鲁开讲》是国内首家电视 call in 谈话节目，在会场进行交流的同时，场外观众可以通过拨打电话选择按键的方式表达自己或支持或反对的意见，使民意调查与电视谈话内容同步呈现。

四、视觉策划

谈话节目源于广播，但广播谈话节目变成电视谈话节目之后，视觉元素是要充分考虑的，在录制或直播过程中插入 VCR（视频片断），就是为了改变演播现场视觉单一的缺陷。目前，谈话节目除了以演播室为基本谈话空间外，还采用了热线电话、E-mail、外景镜头、资料片等方式拓展谈话空间，使整个节目立体感增强。背景资料的运用，形象生动，具有感染力；外景的利用，增加了画面可视性；字幕、图表、图片、表格、动画等的运用，活跃了节目的可视性。

现场的设计要与主题协调一致，有助于“谈话场”信息的传达和交流。《新闻会客厅》中主持人和嘉宾坐在沙发上，营造出温馨的家庭氛围。无论谁在这里，来者都是客人，拉近与观众的距离。谈话节目的演播间也可以设在户外，如在广州亚运会期间，珠江游船成为亚运会谈话节目的演播室，这个移动的演播室通过珠江两岸的美景来展现广州新风貌。

第三节　电视纪录片策划

尽管纪录片的“真实性”要求使创作自由度受到了一定束缚，但纪录片创作仍和其他形式的创作一样，是一个将创作者对客观事物的感悟与思考进行艺术化表达的过程。表达的效果如何、深刻与否，很大程度上取决于创作者对客体对象的认知水平。一名编导，如果对即将拍摄的题材毫无感觉或认识，那么，相信很难创作出有深度、有感染力的作品来。与此相反，只有当创作者个人的思想认识、情感经历、人生体验、审美情趣与那些人物、故事或事件相吻合时，才有可能真正触发创作灵感和激情，也才有可能创作出优秀作品。

一、选题策划

或许可以这样认为，好的选题就应该是那些能够在创作主体与客体对象之间找到一个好的契合点的选题，而选题策划就是寻找此契合点的一个探索过程。因此，细心观察周围的人和事是重要的，好的选题可能就在我们的身边。当然，在细心观察的同时，我们也可以不断思考，不断尝试给自己提一些问题，譬如：

“我真的对这个题材感兴趣吗?”

“这个题材为什么不平常，它有什么特别的地方?”

“观众会对它感兴趣吗?”

“这特别吸引人的地方是否具备足够的形象性，它能不能在片中被展现出来?”

“有人拍过类似的题材吗?”

“我能找出什么新意超过原来的作品?”

“还有没有我了解得更多的其他题材，想法也更明确?”

……

将以上思考的问题归纳起来，就成为纪录片选题策划价值取向的重要参考：

1. 时代性与普遍性

纪录片选题首先应该敏锐把握时代的脉搏，触及时代的矛盾，揭示时代的本质，体现时代的精神。“今天的新闻就是明天的历史”，纪录片虽然不是严格意义上的新闻，但要想具备“史学价值”，就不能回避对时代的记录。所谓时代性，就是特定历史时期主流倾向在社会生活中的反映。因此，时代性又往往具有普遍性的品格。当然，必须注意的是，时代性绝不是一句空话，更不是创作者可以任意张贴的标签，对它的把握需要创作者深入社会、深入生活，用认真的态度和敏锐的触角去探索和发现。

当今中国正处于社会转型的大背景当中，各行各业、各个领域都在经历着不同层次的变革。这种时候，社会的结构形态、价值体系，人们的生存状态、精神世界，都处于一种动态之中。关注、见证这种时代的变迁，记录这种大的时代背景之下人们的生活境况、情感经历以及精神追求，记录我们的民族、我们的文化在世界性的潮流面前的处境和走向，既是纪录片工作者的职责所在，也是纪录片的市场所在。2006 年，两部大型纪录片《再说长江》和《大国崛起》之所以能够在社会上引起广泛反响，可以说与其对时代性、普遍性的关注不无关系。

2. 新颖性与独特性

新颖性与独特性在这里有两个方面的含义。一是指在选题策划时应该着力寻找那些新鲜的、人们不太熟悉或异于平常的内容。新鲜、奇异的事物不但能够激起人们与生俱来的好奇心，而且还可以帮助人们增长知识、开阔眼界，因此广受欢迎。法国人雅克·贝汉的《小宇宙》与《鸟语飞行》就是将镜头聚焦于我们所不熟悉的昆虫和候鸟世界，通过对它们生活习性的拍摄而让我们对生命有了新的认知和感悟，因而大获成功。二是指善于以独特的视角从看似平常的生活中挖掘不同寻常的故事和情节，从而体现作品的与众不同。新奇、奇异的事物毕竟只是少数，我们更多的时候是要面对“平淡”的生活。但平淡的生活其实并不平淡，只不过习惯性思维经常蒙蔽了我们的双眼，使我们不能够发现平淡中的不平淡。世界上本就没有两颗完全相同的沙子，只要有足够的细心和耐心，我们总能从平淡和相似之中寻找到一些独特的东西。纪录片《幼儿园》表现的是一家普通幼儿园里的小朋友的日常生活。这种选题以前拍过很多，但大多局限于常规思维、旧有套路，少有新意。但编导张以庆却用一种异于常人的独特眼光对幼儿园里小朋友作了入微的观察，并挖掘出一个个生动有趣的生活小片段，做成一部发人深思的优秀作品。这里，敏锐的观察力和逆向思维、发散思维能力必不可少。

3. 故事性与趣味性

从叙事学角度来看，纪录片是一门叙事的艺术。把一个人物、一件事情讲述得生动有趣应该是纪录片的基本要求之一。特别是在电视竞争日趋激烈、娱乐化倾向越来越明显的今天，故事性、趣味性更是纪录片市场化生存的一个重要策略。在众多的选择面前，现在的观众越来越没有耐心去观看冗长而乏味的片子，即便它的题材是多么重大，意义是多么深刻。而不会讲故事、缺乏趣味性恰恰是国内纪录片常见的弊病。我们的纪录片要么是注重宏大叙事，喜好大谈哲理或意义，要么是偏爱"跟腚"镜头，过分强调对冗长过程的"原生态记录"，这两者无疑都很容易使纪录片陷入单调枯燥的境地。像 BBC、Discovery、国家地理频道等公司制作的纪录片之所以能够畅销全球，一个重要原因就在于它们的故事性、趣味性特别强，因而对观众具有特别的吸引力。

要想提高纪录片的故事性、趣味性，选题的事先把关非常重要。那些本身就具有丰富、曲折故事或戏剧性元素的人物、事件总是更容易俘获观众的兴趣，在组织作品结构时也更容易做到跌宕起伏。其实，现在国外大公司的纪录片在制作上已经差别不大，甚至是非常程序化的，比如到多长时间要形成一个兴奋点，到多长时间要达到一个小高潮，这些都有明确规定，制作人员只需根据固有程序或套路操作就行，差别主要体现在对选题的筛选上，一个片子如果没有足够的故事性或趣味性是很难获得公司的制作许可和资金投入的。

有一点需要明确的是，纪录片中的故事必须是真实的故事，是通过对生活的细心观察而精心挑选出来的故事，绝不能是虚构出来的故事。

4. 形象性与可视性

形象性，也就是可视性，主要指选题的内容具备适合于画面表现的生动的形象因素。客观事物所表现出来的形象性是不一样的，并不是所有的人和事都有生动自然和富有个性的形象特征。一位数学家与一位舞蹈演员相比，由于职业特点的不同，他们之间可记录的形象有很大的差别。一般来说，过去发生的事情，反映人的心理活动的内容，静态性事物，技术性、理论性很强的内容都不太容易用生动的形象加以表现。当然，这并不是说纪录片排斥这些选题，而是说应该尽可能地发现其中有表现力的形象因素或与之有关的形象因素（如环境、物体等），使其具有独特的形象表现力。

选择选题的形象因素可以考虑以下内容：人物的职业、活动或事物的特点是否具有较丰富的视觉特点；所涉及的场景是否有变化；现场环境是否具有可视性；人物的生活或事物所涉及的面是否丰富多彩。

在这些方面如果具有较好的基础，作品至少在画面形象上是不会单调枯燥的。笔者在创作纪录片《海风吹来我的歌》之前，先实地预访，了解到拍摄对象是一位形象、个性俱佳的农民作曲家，而且他生活的海岛如诗如画。如此丰富的视觉素材，策划起来当然得心应手。

二、真实再现

一般说来，传统的纪录片创作技法主要有四种：现场记录、当事人采访、引用资料、空镜头配解说词。但是，近年来另外一种创作技法开始日益流行：在尊重客观事实的基础上，以人物扮演和场景搬演的方式，表现客观世界已经发生的、可能已经发生的事件或人物心理。这种创作技法被称为“真实再现”或搬演。

“真实再现”之所以为人们广泛使用，可以从两个方面去考量。一是纪实拍摄手法在纪录片创作中的局限性使然。纪实拍摄需要时间，特别是要记录生活中的“故事”和“情节”，编导只能靠耐心去等待“故事”和“情节”的出现，况且纪录片在表现“过去时”的时候出现叙事的“断点”，因此纪录片创作经常存在影像缺失的遗憾。“真实再现”的应用，则在一定程度上打破了纪录片必须用“现在进行时”这个唯一时态的束缚，通过现场重构的方式对缺失的影像和叙事的断点进行弥补，使纪录片更具形象性和可视性。二是纪录片创作的市场化取向使然。以往中国纪录片不太注重故事性、娱乐性，因而可视性不强。讲故事、听故事是人类与生俱来的嗜好，使用“真实再现”的手法，可以把故事片的架构引入纪录片中来，使纪录片更具悬念、矛盾和冲突，这对吸引观众、培养“纪录片族群”无疑具有重要意义。

（一）真实再现的五种方式

纪录片的真实再现，根据再现中涉及的内容可以分为局部暗示、场景重现、戏剧再现、变形表现、模拟历史人物的主观视野等几种主要方式。

1. 局部暗示

局部暗示就是通过选取人物活动或场景的某个、某些局部、部分的细节，而不是完整地呈现人物或场景，以暗示和引发观众的想象进行“再现”的方法。例如，纪录片《顾维钧》中，为了表现顾维钧在巴黎和会上以中方代表的身份入场，画面上不断强调的是这个人物的着装特色：北洋政府时期的官服、民国政府的徽章、胸前一个又一个勋章和绶带，这些有着强烈寓意的道具细节点明了人物的身份与时代特色。观众通过人物的服饰很快能够感受到画面要传达的人物信息：北洋政府时期的一位官员。这个人物在华丽的西式楼梯、大厅中的行进，能够让人们感受到1919年巴黎和会时的场景。

2. 场景重现

场景就是人物活动的空间环境。场景重现是对历史人物生活、活动的环境或者事件发生的空间背景的再现的方法，是在基本符合历史原貌的前提下，通过较大规模的搬演，尽可能地恢复真实的历史环境，重现具体历史场景，让观众感受当时的历史氛围。

场景重现主要有两方面的作用，其中首要的作用是渲染纪录片的历史背景。通过历史场景的重现，纪录片能够顺利地把观众带入所需要的历史时空中。因此，以渲染历史背景为目的的场景重现是其他真实再现方式的重要基础。即使是前面提到的细节暗示以及后面将要提到的戏剧段落重现，都离不开历史背景的烘托，使重现历史成为可能。这种对历史背景的烘托还可以适度融入一些编导的主观想象，让作为背景的历史场景能够表达一定的意蕴，让毫无生气的历史背景也可以增添一些审美意蕴，化“背景”为“情境”，更利于作品展开。例如，在贾维斯的《故宫》里出现的太监、嫔妃等形象就是场景重现。这些扮演的人物不是用来指向历史上某一个具体的人物，而只是作为还原历史真实的符号，反映的是历史环境和特征，重现的是背景式的历史场景而不是某个具体的历史场面，却又把单纯的“背景”化为了“情境”。

场景重现的另一种作用是表现场景的本身，把发生过的大场面做全景式的还原重现。有的纪录片是一些宏大的历史题材，主题是战争、游行等大场面行为，或者纪录片的核心人物在这样的大场面行为中的作为，在这种情况下，场景本身既是背景，也是内容的主体之一。例如，《复活的军团》中，表现上万名秦国士兵运用当时秦人的先进武器攻城略地等大场面就是用场景重现的方式。在这种情形下，场景重现往往与局部细节的再现结合起来，把具体的细节与宏大的场景相结合，达到完整的历史场景重现。但这些细节再现并不等同于局部暗示，它更注重细节的准确性，场景重现则重视场面气氛的渲染。两者的结合便能够完整而具体地再现某一历史场景，使之在宏观与微观两个方面都逼近真实。

纪录片《人民大会堂》有一集是复原人民大会堂所有设计方案。如何真实再现人民大会堂从设计到修建的全过程呢？当时有六个设计思路，创作者找到了这六个思路的设计图纸，但在做三维效果图的技术复原时犯难了，因为他们不知道修建人民大会堂所采用的材质和颜色。后来，经过无数争论后，他们达成共识并形成策划原则：呈现出来的立体模型必须准确表达各种方案，展现每种方案里人民大会堂所在的位置、大小和方位；建筑风格仿照现在的人民大会堂；立面上不用任何材质；风格上靠近工程示意图的感觉；用光效营造设计时的虚拟空间。最终，编导们真实地再现了当年建设者和设计者们的争论，把涉及人民大会堂修建的六个思路都原原本本地展现在片中。观众第一次在纪录片里了解到了人民大会堂修建过程中的六个“可能性”。

3. 戏剧再现

戏剧再现是指通过一段叙事性的戏剧表演，再现一个历史事件的过程或过程中的一个段落的方法。这种真实再现方式与前两种相比，最突出的特点就是真实再现的段落需要具有叙事性。

与局部暗示和场景重现相比，戏剧再现较为复杂，它又可以细分为两种类型。

一种是细节型的。《失落的文明》中表现苏格拉底之死的段落大量运用了细节重现的方式。观众在画面上首先看到的是一只一只的手，这些手在向瓦罐里扔石子，有些扔进这个瓦罐，有些扔进另一个瓦罐，这是首先跃入观众眼帘的细节。此时，随着解说的进入，观众知道，这事实上是雅典居民在进行古老的陪审团投票表决：一个瓦罐代表无罪，一个瓦罐代表有罪。观众在画面中看到了平静的苏格拉底，他主动选择放弃逃亡，接受法律裁定的死刑。这两个细节生动地展现了苏格拉底之死的过程和它背后的意义：这位伟大的思想家不是死于某一个人之手，而是死于一个集体的选择。这位思想家面对死亡的态度也是如此从容平静。演员扮演了苏格拉底与那些陪审团的成员，用最具有戏剧性的细节展现了这个烙印在历史中的时刻，并通过这两个细节之间的内在关系，暗示了编导的意图：雅典人在集体谋杀苏格拉底之时，古希腊的文明就已经开始衰亡。

另一种是情节型的。当需要再现的内容不是一个细节或单个场景，而是一条情节链或是一个比较完整的故事过程时，就需要采用情节型的戏剧再现。情节型戏剧再现侧重于叙述故事，重情节过程的真实，而对场景和人物形象的真实性要求不高，因此往往通过演员在相似的环境中进行扮演，而不顾虑是否出现了演员的正面镜头。《亨利八世》这部人物题材的纪录片不可避免地要展现人物的画面。编导在精心挑选了与亨利八世面容接近的演员之后，就经常利用他来进行一系列的情节段落再现，把亨利八世生平中的许多情节生动地展现在观众面前。

4. 变形表现

变形表现也是真实再现的一个旁支类型。准确地说，经过“变形”的画面已经不再是充分意义上的真实。因此称它为融有主观情感特征的“表现”而非较客观的“再现”。虽然这种方式在一定程度上偏离了历史真实，但在一些特殊情况下却有其独特的作用。纪录片《夏商周断代工程》就大量使用了这种表现方式。

纪录片《夏商周断代工程》是一部严谨的学术题材纪录片。也许正是因为其题材的严肃性，编导才在具体表现中编织了大量娱乐元素来进行调剂。这部作品中经常出现真实再现的段落，但是这些真实再现的段落却是变形的表现。虽然人物仍然由真实的演员来扮演，但一反人物出现在一定的历史情况下的传统做法，加大画面的对比度，让人物出现在高调的亮白色背景中，摒弃了场景重现因素，把人物所处的历史环境一律简化为空白，人物本身甚至也被强烈的对比制作成剪影的效果。人物的动作一律夸张变形，带有强烈的卡通色彩，甚至人物语言也故意使用古怪的方言。

这种做法最终的结果是虚化了历史的背景，突出了主体人物的动作行为。人物动作行为的夸张与卡通化，除了进一步增强了再现段落的娱乐性之外，还有更实际的作用：既然是严谨的学术题材的纪录片，就必须强调片中细节的真实性。但是，由于夏商周年代久远，需要真实再现的情节与细节很多距今已有三四千年，所留下的少量资料也并不翔实、详尽，人们既然已经很难判断出那些事件确切的发生时间，当然更难从中找到当时历史环境景物的确切记载与描绘。尤其这部作品已经告诉观众，夏商周的历史在中国典籍中本来就记载得较为模糊，其中夹杂了大量神话内容，历史与传说混杂，不易区分孰为历史孰为传说。那些材料的真实性本身就是被怀疑的素材，如果采用一般情况下的真实再现拍摄方式，很容易为自己带来这样的困难：如何表现这些远古时代人们的生活环境？制作者既缺乏可信的材料作为再现的参考，又不能过于想象化，否则是在某种程度上误导观众，有悖于纪录片的初衷。对那些研究者自己也无法彻底弄清楚的细节、事件，纪录片应该尽量避免对观众造成误导。

5. 模拟历史人物的主观视野

通过对镜头的设计，即使没有出现任何演员，也可以让空镜头出现真实再现的效果。这就是通过模拟历史人物的主观视野来达到真实再现的目的的创作方式。例如，在《清宫秘档》之《马戛尔尼访华》中，纪录片先介绍了关于英国使团成员因为不愿意对乾隆行三跪九叩礼而与清朝礼部官员发生争执，最终不得已各让一步。纪录片的画面出现了避暑山庄庄严的“澹泊敬诚殿”，有意思的是，纪录片在表现这座大殿的时候，用了这样一组非常规的镜头：

（起幅）大殿宝座上方的屋顶，下摇到地面，上摇到屋顶，下摇到地面，上摇到屋顶，下摇到地面，上摇到宝座正中央（落幅）。

这是一个完全打破一般摄影规则的长镜头，几次上摇下摇，让观众看得头昏脑胀。但是，用这样的方式来拍摄乾隆曾经接见过英国使者的避暑山庄“澹泊敬诚殿”却非常巧妙，它形象地模拟了当年第一次行三跪九叩礼的英国使者的视角，荧屏外的观众可以清清楚楚地感受到，三次下摇到地面，代表了英国使者的三次叩头。这种镜头是后人的模拟，不可能是当时马戛尔尼真实的主观视野，却能够被人们很轻松地认可，认为那就是那一时刻马戛尔尼这位英国使臣叩头时所看到的避暑山庄，是他当年的主观视野。

（二）真实再现的使用原则

真实再现只是众多电视手段中的一种，它本身并不会动摇纪录片的真实性原则。但是真实再现在实际操作中如果被不加限制地滥用，就会影响到纪录片的真实性。问题的关键在于制作者如何使用——对再现分寸的把握才决定着具体作品的真实性。

首先，真实再现说到底毕竟是一种不得已的选择。在拥有相关资料的情况下，能够不用搬演就应尽量不用搬演，切勿把搬演当成是一种投机和讨巧的捷径。

其次，真实再现程度有轻有重，孰轻孰重取决于题材的不同。例如，正常情况下，没有观众相信秦始皇会从秦陵中跳出来参加纪录片的制作。无论演员与人物多么形似、神似，场景搬演多么逼真，观众都能够了解这是在进行真实再现，转而以欣赏真实再现的标准来看待纪录片。

再次，搬演的部分必须用字幕、解说词公开说明本段是“再现”“情景重现”“故事片资料”等，将真实得以建构的过程和方式告诉观众以显示作品的严肃性，尤其不能刻意混淆原生态素材和搬演素材的差别，否则就会被视为欺骗观众。如《裸族最后的一个酋长》，影片开头就通过酋长告诉观众，为了完整记录裸族的生存状态和生活习俗，以便子孙后代了解他们祖先早期的生活，片中酋长的儿童时期、少年时期、青年时期分别由自己的几个儿子来扮演。这种表现方法，观众是能够接受的。

最后，纪录片创作中的搬演和故事片中的表演区别明显，应该坚持“宜虚不宜实”的原则。通常只是写意地表现气氛和意境，而不是写实地再现过程和细节。

第四节 案例分析:《互联网时代》

2014 年，是中国实现与国际互联网的全功能连接的第 20 个年头。20 年间，中国互联网从起步到驶上快车道，网民数量已突破 6 亿大关。同年 9 月 19 日，阿里巴巴在美国纽交所上市，标志着中国互联网创造的商业模式获得了成功。在这个中国互联网走向世界的历史节点上，中央电视台 10 集纪录片《互联网时代》悄然登场，没有做过多的宣传推广，却取得不错的收视率，并获得网络点击率和微博评论数据的不断攀升。如果我们把《舌尖上的中国》看作对纪实美学的一种回归，那么，我们可以把《互联网时代》看作对梦想起航的一种呼唤。笔者认为这部纪录片取得成功的原因主要在于以下三个方面。

一、引领时代，开启民智

一部有影响力的纪录片一定是在不同层面、不同方面起到某种引领作用的，如《故宫》引发国人对历史文化的思考，《大国崛起》引发我们对追寻中国梦的想象。《互联网时代》的思想意义和历史价值可在三个层面上得到体现：

首先是科普层面。互联网，从出生开始，就以一种势不可挡的速度急剧地蔓延到每个国家、每个角落，影响着人类的生产方式、生活方式、工作方式，而我们对它的了解却不是很多。中国要从互联网大国走向互联网强国，国民素质尤其是网络素养很重要，《互联网时代》无疑是作了一个互联网知识的普及教育，深入浅出，形象直观，生动有趣，可以说是一部很优秀的科教片，而且通过中央电视台和互联网等多个平台，进行了十分广泛的大众传播。我们生活在这个时代，首先要了解这个时代各个方面的变化，无论是政治领域、经济领域还是社会领域、科技领域，每个人都无法置身其外。

《互联网时代》将科技中的互联网作为主题，用镜头展现互联网对科技创新、人类的组织方式、商业模式等的影响，在呈现互联网给人类带来的巨大便利的同时，也引领人们思考变化背后的安全危机、隐私问题。《互联网时代》不停留在对新事物的表层描述上，而是进一步思考新时代背后诸多命题；它不止于纪录，更是带有明确的意见性信息的传播，既是知识传播的过程，也是思想启蒙的过程，就像一位网友写道："我们享用着那些伟大创造者们的智慧结晶，却因无知而不能洞察背后的规律和意义。连接世界上每一台计算机的是'共同语言'。互联网，让思想、视野更开放。"

其次是应用层面。互联网不仅仅是新技术，还是新应用、新服务，尤其是它给商业方面带来的变革。中国经济经过改革开放几十年的发展，正在遇到一些瓶颈，亟待改变经济发展模式和增长方式，而互联网经济让我们看到了希望，互联网产业让我们看到新路。《互联网时代》不仅仅是一部科教片，还是一部商业教材。例如第二集《浪潮》，它追溯了网景浏览器、雅虎以及以斯坦福大学为中心的"硅谷"高新技术产业聚集地的最初发展过程，让我们看到孙正义等风投资本家的眼光，“在‘硅谷’崇尚创造力”，“兴趣是创造的母亲”，一直到后来的扎克伯格和乔布斯，都彰显着互联网为商业模式创新提供的空间，这就不难理解为什么《互联网时代》不是由中央电视台科教频道制作，而是由财经频道制作了。

最后是观念层面。在传播科技知识和技术的同时，《互联网时代》还对传播新的思维方式做出贡献。随着中国崛起的脚步，我们面临的困难和挑战也在增加，在现实空间里，传统观念已经形成不少阻碍我们前进的陋习和定势，而虚拟世界却给我们实现中国梦更多的想象力和创造力。笔者认为《互联网时代》最大的贡献还是在思想观念和思维方式层面，也就是现在人们常说的互联网思维，它帮助我们重新认知世界，帮助我们获取新的能量，帮助我们开拓视野。《互联网时代》引领观众更直观地认识互联网带来的社会变革：它解构了传统的特权中心地位，带来自由、分享、平等的交流氛围；它为每个人提供了合作与创新的条件，催生了无数创意，带来了席卷全球的创新浪潮；它创造了全球协作的社群合作新模式，大大提高了生产效率，并促使商业模式发生了变革……这些观点，是在大量的历史资料和专家采访的基础上提出的。

它不是一部单纯的科技类纪录片，而是在引导人们正确地认识互联网时代，尝试用互联网思维思考问题，“它不是或者不仅仅是一种技术思维、营销思维、电商思维，而是一种系统思维、管理思维、创新思维。互联网思维不只适用于互联网企业，也适用于传统企业乃至任何行业和领域”①。互联网为人们营造了开放、平等的氛围，人们可以超越时空的阻隔进行交流与合作，产生思想的激烈碰撞；它颠覆了传统的自上而下的传播结构，形成了“去中心化”的传播方式；它颠覆了物质世界的思维基础，产生了商业模式的创新。正如解说词所说，“互联网形成了一个‘扁平的世界平台’，使得个人现在能够以个人的形式采取全球行动。这就是这个时代的新新事物”（第三集），“互联网让那些以前没有发言权的人发声”（第四集）。《互联网时代》文化顾问兼创作指导麦天枢说：“我们用10集的篇幅，每集50分钟，讲述互联网会给整个人类带来什么。”而科技思维的普及和传播影响的是人们的思维层面，将是最为深刻的。这部片子其实也在不断地暗示观众，互联网浪潮给了中国一个“弯道超车”的机会。

---

① 谭天．“互联网思维”深受推崇背后．人民论坛，2014（16）：54．

二、科学神话，艺术讲述

互联网是人类社会发展进程中创造出来的一个科学神话，用纪录片这种视听纪实方式来进行传播的时候，创作者要考虑如何形象、直观且有艺术感染力地来讲述、来表达，让作为非专业人士的普通老百姓都能听得懂、看得明。这是科技类纪录片创作面临的最大挑战。

作为科技类纪录片，它的功能之一是传播科学知识和科学方法，为了很好地做到这一点，在拍摄前，主创人员做了大量的前期调研和市场论证，从互联网、社会学、伦理学、法学、政治学等学科领域寻找关于互联网发展的系统的知识，掌握了关于互联网发展历史和所创造的成果的丰富资料。在拍摄中，创作人员采访了一批互联网领域的创始人或元老级的专家学者，对互联网发展历程的重大事件从科学的角度进行权威解读，作为纪录片的一个叙述元素融入其中，大大提高了纪录片的科学性和传播力。当然，这个过程也是充满艰辛的：第五集《崛起》的导演赵曦说，“写一句话要看上万字资料”；总导演石强说，“这个题目难度很高，纪录片的准备时间接近 2 年，国内的顾问团接近 40 人，进行了 150 多场研讨”。

我国科技类纪录片不多，除了之前的工程科学技术类纪录片《超级工程》和环境自然生态类纪录片《环球同此凉热》，我国纪录片制作人很少涉及科技这一领域。一方面是因为题材难以把握，技术门槛较高，对科学发现和科技成果的表述不易做到深入浅出、通俗易懂；另一方面是因为科技类题材内容较枯燥，抽象的理论和专业术语很难用画面语言来表达。《互联网时代》在视听表达中有着自己的美学追求，那就是追求可视化和趣味性，同时不乏人文情怀。

1. 内容可视化

《互联网时代》气势恢宏，视听语言表现不落俗套。与传统科普片的呆板、枯燥相比，《互联网时代》的视觉呈现方式更具有画面冲击力。如利用航拍来呈现哈佛大学、杜克大学、斯坦福大学等 11 所全球著名高校的全景镜头；利用绚烂的光影来表现风情万种的夏威夷；众多的快速推拉镜头、快速摇移镜头、组合镜头等，穿插深沉大气的背景音乐，呈现了一种厚重、大气却又灵动的视觉效果。

《互联网时代》内容十分宏大，电视不易直接表达，摄制组独辟蹊径，摆脱纯粹的解释和说理，充分挖掘互联网发展过程中有说服力的典型人物和典型故事，挖掘他们当时的“所思所想”，把散点叙事和焦点架构很好地结合起来。

摄制组精选了大量有分量的经典案例，如世界知名网络公司 Google、雅虎、苹果、YouTube、脸谱网、维基百科等的创业故事；北京暴雨、余姚水灾、韩国百万民众抗议游行等典型事件；贾斯汀·比伯、杰克·托马斯·安佐卡、唐家三少、艾瑞克·惠特克等因被网络挖掘而走红的人物故事等，来进行“情景再现”。通过画面叙事和解说词叙事，人们能更形象地感受到维基百科显示的强大的无组织的组织能力，北京暴雨和余姚水灾展现出的强大的社会动员能力以及互联网平等的环境为贾斯汀·比伯的走红所提供的机遇。

不过，由于纪录片高密度的剪辑率，这些故事不是贯穿于每集的显性的故事，而是由多个小故事拼成的散点叙事，多个故事统一服务于每集的主题。在第四集“再构”中，从北京暴雨到余姚水灾到众多母亲们为癌症妈妈搭建“魔豆宝宝的小屋”，编导们用复调结构串联起这些事例，环环相扣，自然地展现出本集的主题：互联网时代有强大的自组织力量，它往往能凝聚起人们的善意，汇聚成一股力量，去做在互联网时代之前根本不可能完成的事。散点叙事让纪录片的主题变得触手可及、形散神不散。

这种有说服力的故事增强了纪录片的感染力，也在不断变换的故事中调节了纪录片节奏，舒缓观众的疲惫感。如果仅凭理论讲述，互联网的这些特点可能没有人有耐心看下去，或者说看完也不能真正理解。这些故事，为纪录片增加了情节，也更符合人们理解的逻辑，成功地化抽象为形象。

《互联网时代》在进行叙事时，擅长用细节增强内容的感染力，往往能抓住有代表性的某一点进行细致描述和刻画，以此来突出主题。在“北京暴雨”事例中，“百盏车灯”就是重点勾画的一个细节。解说词是这样描绘的：“那迷蒙的灯光许久都没有消失。它丰富了现代人类的都市夜空，丰满了一个城市的精神积淀。雨过天晴，太阳升起，但深夜闪烁的车灯依旧持久照耀着这座城市，从盛夏一直到深秋，都没有消散它的温度，也没有褪去它那抚慰人心的力量。”充满感情的解说加上当时的资料画面，充满感染力。观众看到的是漆黑的夜空下，下着暴雨的北京，一辆辆打着双闪的私家车井然有序地行驶在路上，这是在同胞被困机场几小时之后汇聚成的百辆车队，在暴雨的夜晚，这种“光亮”的细节有着感动人心的力量，也彰显着互联网强大的社会动员力量。

2. 增强趣味性

对于纪录片创作者而言，在内容可视化的同时注重增强传播的趣味性也很重要。电视科技纪录片可以通过设置悬念、增加趣味性故事等创作手段来勾起观众兴趣。“情节为了避免平铺直叙，为了拥有叙事的魅力，常常通过制造悬念和意料之外来吸引观者的注意。”① 片子经常利用互联网时代的顶级人物来刺激观众的神经，点燃观众的兴奋点。在近200位受访者中，有载入史册的人物，如“互联网之父”、阿帕网负责人、万维网创始人、TCP/IP协议创始人等，还有互联网理论的权威学者，如《失控》作者凯文·凯利、《世界是平的》作者托马斯·弗里德曼、《数字化生存》作者尼古拉斯·尼葛洛庞帝、《大数据时代》作者维克托·迈尔－舍恩伯格等。这些互联网大佬的出场不仅吸引了观众的眼球，也带来了一些趣味性故事。比如说，第一集《时代》中叙述了罗伯特·泰勒（前阿帕网信息处理技术办公室主任）讲述他为了邀请到拉里·罗伯茨（前阿帕网项目负责人）到五角大楼工作所经历的故事。观众不知道互联网诞生背后的故事，《互联网时代》为观众再现了当时的情景。于是，将科学知识化为情节，用故事的逻辑讲述，观众接受信息就变得自然而然了。

3. 人文关怀与抒情写意

互联网也是人类社会的一部分，人文关怀在科技类纪录片中也是必不可少的，甚至可以说是它的灵魂所在。《互联网时代》着重渲染的不仅仅是时代巨变和奇观效果，还有互联网时代和人类的命运的紧密相连关系，技术创新所产生的伦理、安全问题。观众跟随纪录片思考它所提出的一系列问题：互联网技术在大规模民用之后是利大于弊还是弊大于利？为什么一些拥有高智商和高科技知识的群体在现实生活中不会犯罪却会在网络上犯罪？未来，隐私将被置于何处？未来是人统治机器还是机器统治人？这些问题穿插在《控制》《忧虑》《眺望》中，正是层层拷问吸引着观众看下去。而这种吸引力，带着思考和对现实本身的观照，它赋予了技术人文关怀，起到增加思辨性、激发兴奋点、提升片子深度和广度的作用。但也可以看到，《互联网时代》虽然在思想和创作方面都有创新，但仍带有中央电视台的传统风格，如大场景、重抒情，从解说词可以窥见一斑。

---

① 宋家玲．影视叙事学．北京：中国传媒大学出版社，2007．198．

三、纪录中国，填补空白

国内纪录片在题材选择上一直有一大偏向，即偏爱历史类、文化类题材，缺少其他类型的题材内容，致使大部分资金和人才都向历史文献类题材集中。从《话说黄河》《话说长江》到《故宫》，历史题材类纪录片成为国内纪录片的主流。缺乏对当下中国社会现实的全面认识和对全球化现实语境的密切关照，不但无法丰富纪录片品种，壮大纪录片产业，最终也会导致中国纪录片在国际上丧失话语权。纪录片要观照历史、传承文化，但不等于纪录片只有文化历史这一种类型，纪录片类型多元化、题材多样化是中国纪录片未来发展的趋势。

优秀的电视科技类纪录片不仅要有深刻的思想，在科学性的基础上不失美感的艺术性表达，还要有先进的技术、创作团队、资金作为支撑，这些方面，是我国科技类纪录片需要提高和加强的。《互联网时代》制作耗时 3 年，拍摄足迹遍及全球 14 个国家，采访到互联网领域的各界精英近 200 人。无论是制作投入还是制作水准都达到了新的高度。其实，与中国人的欣赏习惯不同的是，科技类纪录片在国外有很大的市场。中央电视台纪录频道拍摄的 5 集工程类科技纪录片《超级工程》就深受外国观众的喜爱，该片参加 2012 年春季戛纳电影节，其风头竟然盖过了《舌尖上的中国》。由此可见，科技类纪录片在国际市场上有很大的市场需求，完全可以作为我国文化产品出口的一个重要类别。

2014 年是中国接入国际互联网 20 周年，世界互联网大会在中国成功举办，《互联网时代》有力地呼应了这一主题，作为科技题材的纪录片，它改变了我国媒体纪录片以历史文献为主导的单一类型品种，在科技题材方面有突破，拓展了纪录片的创作空间。在《互联网时代》之前，关注互联网这一时代主题的纪录片只有一部《商战之电商风云》。2014 年 8 月 25 日，中央电视台推出大型纪录片《互联网时代》，不仅填补了“互联网”这一纪录片题材的空白，而且填补了我国科技类纪录片无大片的空白。由于主题宏大而深远，它关注的实际上是全人类生存发展的新时代，实际上也是与每个人都息息相关的社会现实题材。毫无疑问，当下中国已是一个互联网大国，网民数量已经排名全球第一，但就总体而言，中国仍然不是一个互联网强国。第三集《能量》中的一句解说词这样说：“一个国家、民族能为人类生产线提供多少全新的构想，已经在转化为全球民族国家竞争的新的疆域。高低优劣，正是强弱盛衰。”要提升我国的国际传播力和文化软实力，参与国际竞争，进行对外传播，纪录片是一个十分重要的文化出口产品。在笔者看来，《互联网时代》不只是引领我们进入互联网新时代的一部纪录片，而且在昭示着中国纪录片要迎来它的新时代——类型更加多元化、题材更加多样化。对此，笔者大胆预言：中国纪录片春天到来之日，或许就是“中国梦”实现之时。

第五章　栏目与频道的策划

在本章中，我们要讨论的是电视节目策划的三个基本形态，从微观到宏观依次为节目、栏目、频道。20 世纪 90 年代以来，节目精品化、栏目个性化和频道专业化观念逐步确立和成熟，电视节目策划也在这三个层面上逐渐发展和提高。

第一节　节目、栏目与频道

所谓电视节目，就是指电视制作机构制作的、可以表达一些完整内容的、达到播出标准的视听作品。电视节目是电视传播内容和形式相结合的基本单位，同时也是电视台播出的具体项目和单元。随着电视制播改革的深化，节目在交换和销售层面的意义更加凸显。

节目是一个很笼统的概念。电视节目可以分为广义的和狭义的两种，广义的电视节目泛指所有类型的电视节目，是电视节目的集合；狭义的电视节目是指单个的电视节目。单个的电视节目也有两层意思：一是指组成栏目的最小单位，如一条新闻、一期节目，我们称为节目单元；二是相对栏目而言，节目作为完整的作品或产品，包括系列专题、连续剧、连续报道等。如《新闻联播》中的系列报道，《电视剧场》中的连续剧，我们称这些节目为单元节目。我们可以这样定义：凡是同一选题、同一形式的完整节目，我们都可以把它看作一个节目单元，它是栏目生产流水线上的产品，可以分段播出，但是在观赏和评价它的时候，则把它们当作一部完整的电视作品来看待；在制作和播放时，将其作为一个独立的节目来策划。

我们在讨论电视节目的特性和特点的时候，其实也是在讨论电视艺术本身的表现形式的特点和特色，因为电视节目这个概念几乎涵盖了所有我们可以在电视屏幕上看到的表现形式。所以，无论是声画结合的视听特性，还是艺术与信息双重表达的传播特性，都可以说是电视节目的基本特征。

那么为什么要做电视栏目呢？栏目和节目有什么不同？

电视栏目，是广大电视观众最熟悉和最了解的电视节目表现形态了。“栏目”这个概念借用了报纸杂志中的“专栏”，它是将主题相对集中、题材和体裁风格类似的一组或多组稿件放在报纸或杂志的一个版面或版面的局部，以花边的形式与其他稿件相隔并标以统一的标题，使之成为一个相对独立的板块的编辑形式。

我国电视早期的栏目又称为专栏节目，从这个称呼就可以看到对报纸杂志专栏的借鉴和引用。中国电视真正进入“栏目化”阶段始于20世纪80年代初，1983年广东电视台就率先宣称该台自办节目80%实现了“栏目化”，办成了“专栏性节目”。此后，各电视台都刮起了“栏目化”之风，中央电视台更是在1998年之后提出了“栏目个性化”的改革方向，收视率被引入台内的评价体系中，各个栏目之间的竞争进入白热化，一些收视率低、定位不准和跟不上时代潮流的节目被停办和关闭。

电视栏目和电视节目是既有区别又有联系的两个概念。电视栏目是按照一定的宗旨和目的，把一些或一组题材内容或形态相近的小节目纳入一个定期定时的时段中播出，并将这一固定下来的独立时段冠以名称，这一冠名播出的时段节目我们习惯称之为栏目。简而言之，电视栏目就是在固定的名称时段下将若干个内容相似、相近的小板块或子栏目重新包装编辑而成的节目。

了解了栏目和节目的区别和联系，接下来就要搞清楚为什么电视要推行栏目化。

从电视节目制作的角度来看，栏目化使得节目部门的工作有章可循，每天或每周只需按照规定的样式（长度，体裁，甚至一些模式与元素），按部就班地交出节目，“装进”栏目即可。可以说，栏目化促进了电视节目制作的专业化、标准化、工业化的流水线式生产。电视节目的栏目化编排和播出也是电视台播出节目时进行科学有序管理的需要，相比报纸杂志在空间上受限但时间上相对无限的编辑形式，电视大为不同，笔者一直强调电视是时间产品，是时间切割和组合的艺术。相比新媒体视频的时移性发展，电视的传统播出仍然是被时间控制的，要像流水一样播出，它必须按照一定的时间和顺序编排，电视节目的栏目化是电视台节目的编排播出和制作管理的必然要求。

从电视节目播出方面来看，栏目化大大方便了观众的收看，这有利于电视台培育固定的观众群。在电视媒体竞争如此激烈的今天，电视观众选择节目的自由度越来越大。要想使得观众对具体节目形成收视期待和收视惯性，电视节目就须栏目化，因为栏目化的电视节目无疑更便于他们收看和记忆，可以说栏目是电视台与观众的一个“约会”。电视栏目有着规范的节目内容，其时段的固定化、包装的品牌化，都促使电视台为了受众需求而走向栏目化的运作。

但是栏目化也有它本身的缺陷，它使得节目的制作人员变得不爱创新。栏目的固定格式变成“电视八股”，起承转合都有了套路，久而久之令人生厌。栏目化也会使电视人因循守旧、故步自封，令电视节目日趋僵化。栏目化大大减轻了电视播出编排工作的劳动强度，但同时也使得电视台的应变能力降低。栏目化的作用之一是把节目进行整合归类，然后按部就班地准点播出。可是当初电视人从平面媒体学到这一招时，却忘了平面媒体和电视媒体是有很大区别的，电视栏目化对节目编排要求很高，报纸和杂志则相对弹性更大，栏目内部的调整也比电视更便捷。

制片人制度进入中国电视行业之后，各个栏目“画地为牢”的情形更加严重。一个栏目的制片人好比“一方诸侯”，策划人更加需要规范性的播出意识。“电视制片人是电视节目制作的总负责人，负责选定创作题材，组织剧本写作，选择导演、摄像等主要创作人员，制订拍摄计划，负责监督节目制作的进程，协调各方面的关系，直到节目完成后的商业交易。”① 制片人作为舶来品在中国出现是中国电视走向市场化的历史必然，但它在中国须经过本土化改造。制片人先是被引入电视剧生产领域，尔后扩展到其他电视节目生产领域。在我国制播分离一直无法深入实行的现状下，制片人更多的带有行政领导色彩而缺乏商业运作的职能。好的策划人可能并不一定拥有比制片人更高的权限，同时好的制片人可能并不一定就是一个好的策划人。电视栏目策划往往成了“戴着镣铐跳舞的人”，对于新栏目的策划也越来越多地考虑对原有栏目和同类栏目的竞争现状的分析和提出对策。

---

① 赵玉明，王福顺. 中外广播电视百科全书. 北京：中国广播电视出版社，1995. 172.

在这种栏目化发展到瓶颈亟须突破的时期，中国电视“分众”的呼声随着数字电视等新技术的提出及普及而日渐声隆，频道成为策划人新的扩展疆域，观众日渐多元化的收视需求，使得整体性更强的频道策划成为可能。

频道是节目播出和观众收视的平台，也可以说是电视内容传播的重要载体，是一类或几类节目形态的播出和收视窗口。频道有综合频道与专业频道之分，那么它们两者有何不同呢？综合频道和专业频道是根据频道的定位和栏目的内容相对界定与区分的。这里要指出的是，专业频道与频道专业化是不同的概念，频道专业化是指频道运营的专业水平，包括频道制作、专业分工、产业化程度等。随着人们精神生活追求的丰富和电视自身制作水平的提高，各电视台都想做有特色的频道，但目前来看，距离严格意义上的专业频道还有较大距离。

专业频道相比综合频道有何不同呢？它具有以下几个基本特征：一是内容定位专一，二是服务对象（受众）明确，三是制作人员专业，四是整体风格统一，五是市场营销一体，六是经营管理独立。从这几点来看，国内还没有真正意义上的专业频道。即使是中央电视台也因为制作水平等原因而无法达到频道专业化，从自制节目不足、节目源杂乱无序的“影视频道”逐渐改版成为树立专业品牌的“电视剧频道”就是这条发展道路的真实写照。

我们对节目、栏目和频道从历史沿革的角度进行了一次并不全面但有必要的梳理和区隔，目的就是使得年轻的电视策划人在面对具体的策划问题时，能够先从宏观层面清晰地认识到自己的改造对象是什么，无论是微观层面的某一期节目的主题策划，还是一个新栏目的创办策划，甚至是一个频道的专业化策划。电视策划人都要清醒地结合策划流程来实施对真实现状的可行性创新，做到心中有数、心中有谱。

第二节　电视栏目策划

电视栏目的策划，从层面上来讲，是电视策划当中最常见和最频繁应用的策划形式。有人曾经说过，现在好的电视节目与其说是做出来的，还不如说是策划出来的。可以说，策划成功与否直接决定了一个栏目的成败。

中国电视媒体之间的竞争，很大程度上还体现为品牌栏目之间的竞争，像湖南卫视那样将策划做到高度流程化和持续性发展的媒体还不是很多。一个电视媒体想在短时期内打出品牌，创造口碑，栏目的策划是必由之路。而策划的比拼核心是创意的比拼，我们长篇大论地谈创新意识，却从不想老百姓的需求，不把观众作为栏目策划的服务对象，这样闭门造车的"拍脑袋"策划造成的结果必然是栏目无法在市场竞争中取得优势。

在资讯高度发达的时代，我们从很多渠道都能获得资源，也可以说资源尤其是信息资源的垄断越来越不可能，但这也是策划大展拳脚的时机了。同样的资讯和资源，用什么样的形式去表达，决定了栏目是否受到观众的欢迎。作为一个电视策划人，如何去发掘现有资源的潜力，如何去展示已有资讯的魅力，在于策划人能否突破思维定式，能否找出独特的视角，能否迸发出创意的火花。

电视栏目的策划大致与电视节目策划的流程设计类似，但其更需要严谨规范，这主要从以下八个方面来考虑：

一、宗旨

当我们策划一个栏目时，首先应考虑这个栏目的宗旨与目的，或者说栏目应达到的传播目标——政治意义、社会需求、文化品位等。策划一个栏目必须有明确、清晰、恰当的宗旨，因为它决定栏目的方向、内容和风格。中央电视台《东方时空》子栏目《生活空间》的主题语"讲述老百姓自己的故事"，不仅仅是陈虻作为一个优秀的制片人策划出来的口号，更是整个栏目制作人员在日常节目创作中的内心指引，栏目的宗旨作用发挥到了极致。

二、调研

对于栏目宗旨的确定，不是唯领导要求或某些观众的喜好马首是瞻，还要最大限度地了解自身、了解对手、了解市场。调研工作往往不被一些策划人重视，因此往往造成对市场的判断出现失误。这方面，湖南电视台强大的节目研发团队能给我们有益的启示：他们在对一个新栏目的策划立项之前，总是要做大量细致的市场调研，思考栏目为什么要去做、为什么在某一时段播出、为什么要用某种形式做，提出无数问题，然后通过对现状、自身和竞争对手的尽可能多的了解，找到答案。我们总是在感叹为什么湖南台出一个栏目就火一个，却不去深究这种神奇的背后的策划人在前期调研环节付出了多少心力。

三、定位

电视栏目的定位有两个方面：一是内容的定位，二是对象的定位。换言之，就是这个栏目是做什么的，是做给谁看的。定位准确是保证栏目拥有稳定收视群体的前提。如果一个栏目内容包罗万象，就会使得观众一头雾水而失去兴趣，结果是这个栏目试图赢得所有观众而失去大部分观众。在中国电视从大众逐渐过渡到分众的市场阶段，定位准确是一个栏目拥有稳定收视群体的必然前提。对于栏目的定位，应该是稳定性和前瞻性结合的，是基于宗旨指引和调研支撑的综合产物，而不是策划人的主观臆想。栏目定位在日常节目的制作中，对于栏目各项工作的指导作用更加明显和直接，而且也对我们要谈的下一个因素产生了巨大的影响。

四、样式

电视栏目的样式包括栏目的结构、版式、长度和包装。比如这个栏目的长度，怎样开头（栏目版头和开场白），怎样衔接，主持人出镜的方式和次序等等。如果是一个类似于《新闻周刊》那样的杂志式栏目，还要考虑板块的分类和设置。栏目的结构与形态的策划设计，直接决定了栏目的可视性，同时也直接关系到内容选题等栏目其他的核心要素。栏目播出具有很严格的时段化要求，对栏目的架构和形态都有很大的限制，因此要充分考虑栏目样式的开放性和兼容性的统一。有人曾从时间的角度对电视节目做了深入研究，发现节目时长设计最好为 15 分钟的倍数。为什么是这个长度呢？央视—索福瑞（CSM）收视数据表明，2008 年上半年全国电视观众日人均收视段数为 14.1 段，假定观众每段只收看不同频道，则观众指向选择收看的频道最多不过 15 个；数据还表明，2008 年上半年全国电视观众日人均每段收视时长为 14.9 分钟，这表明观众平均的收视注意集中程度为 15 分钟，我们称之为“双 15 现象”。因此，基于 15 分钟收视时长的相对稳定性，可以将这一时长视为构成电视节目生产中的板块设计和节目编排的基本依据，即节目时长设计最好为 15 分钟的倍数。当然，随着数字时代的传播碎片化趋势，也可能会出现时长更短的节目，形成新的收视习惯。而包装是栏目形象设计的直接体现，作为栏目的片头、片尾、过场等内容，都应该力求在 15 秒内展示其个性化和视觉化的文化内涵。

五、管理

策划人并不一定就是电视栏目的制片人，但是策划人在电视栏目策划当中必须要考虑到制片人的组织管理，因为从目前我国电视媒体运营的现状来看，主持人栏目制度和频道统一管理制度都还不完善，策划人往往还要做制片策划工作，因此务必要制定出合理的管理制度，让栏目制片人去调动编导、记者等工作人员的生产能力和工作积极性，利用制度建设来促进栏目的长期可持续发展。制片人领导的栏目团队是一个创作团队，团队中的工作人员必然有不同背景、不同职能和不尽相同的个人脾性。单凭工作能力来安排他们的工作职位既不合理，也不现实。因为工作效能的高低受到影响的因素极多，不能仅仅依据能力，也不能倒退到排资论辈的落后状况，归根结底还是要发挥出每一个创作者的工作潜能，让他们在一个良性互动的环境里为栏目贡献出自己的最大心力。这种制度的设计和调动，同样需要策划人去做大量的调研工作，去了解栏目团队真实的工作能力和工作特点，并大胆引入管理学中的绩效评价考核制度。一个栏目团队从一定意义上来说，就是一个创造产值的媒介组织，制片人依靠策划方案当中建立的运行机制来实施管理，才能使团队中的每个人各司其职，避免摩擦和内耗，减少人为的沟通成本和无谓消耗，使得团队凝聚成为一支高效的队伍以应对同类节目的竞争。

六、宣传

宣传也是栏目策划中十分重要的方面，它为栏目树立形象、创立品牌所做出的贡献在中国电视的历史上有目共睹。凤凰卫视就十分擅长利用各种宣传手段为栏目“造势”，打造出一大批在业内和高端收视群体中有口皆碑的品牌栏目，同时还推出了极具个性的电视节目主持人和电视评论员，从节目、栏目到频道，再到在镜头前说话的人，凤凰卫视皆摆出倾力打造的劲头，由此才树立了凤凰卫视高端品位的整体形象。对于栏目的宣传推介活动，当前国内的策划人还是显得思路较为狭窄，其实，在新媒体强势发展的今天，媒介融合和多媒体的合作为策划人提供了更广阔的施展空间。“酒香不怕巷子深”显然不适用于媒介内外部竞争白热化的今天，往往高效的宣传推广才能使得栏目更易被观众认识和接受。此外，高质量的栏目包装也成为当今电视营销的重要一环。充分运用各种高科技和数字拟像也成为电视栏目宣传推介的重要手段。

七、经营

策划人往往认为栏目的经营更多是制片人的事情，所以对栏目经营工作不够重视，但残酷的市场竞争告诉我们，品质再高的栏目如果不重视成本核算和经营创收，不能形成经济上的良性循环，还是会被市场淘汰的。栏目生存和发展的资金费用要靠栏目本身的时段广告和相关衍生品来承担。因此，电视栏目策划中的市场意识，已成为每一个策划人必备的一种素质。在一些产业化程度较高的栏目管理中要引入专业的财务人才。我们的策划工作要走在前面，就不得不正视和主动去解决栏目经营这个关乎栏目生存的基本问题。

八、反馈

一个栏目从策划立项到正式播出，实际上并不能形成产品的价值链，因为栏目的品牌推广还要依赖后期的开发和不断改进。策划工作也并不是在一个策划文案完成时就终结了，在前期策划上就要考虑到栏目播出之后的矫正和改进机制的设计，任何栏目都会有它的上升期、辉煌期和衰亡期，策划的目的就是要尽可能地加速上升期，延长辉煌期和延缓衰亡期。这些都要靠策划当中建立的及时有效的信息反馈机制，让栏目能够第一时间听到观众和专家的声音，对栏目进行有目的、有意义的改进。在这方面，媒体设立专家智库，栏目进行问卷调查，都是行之有效的方法和措施。只有在节目的策划源头就有改进和发展的意识，才能保证栏目的可持续发展不会成为一句空话。

自重庆卫视《雾都夜话》取得成功之后，各地电视台纷纷开办收视表现好的栏目剧。广东南方电视台各个频道都想去做，影视频道认为这是剧，所以应该在影视频道做；综艺频道认为这属于老百姓的自娱自乐，所以应该在综艺频道做；都市频道认为内容是家庭伦理、爱情婚姻的内容，与都市频道也很贴切；经济频道的定位是民生，他们提出的打造“民生节目集群”的理念得到电视台领导的大力支持，最后台里选择了他们的策划方案。

第三节　电视频道策划

频道又叫信道，频道是信号在通信系统中传输的通道，是信号从发射端传输到接收端所经过的传输媒质，这是狭义频道的定义。广义频道的定义除了包括传输媒质外，还包括信号传输的相关设备。一个电视频道是物理或虚拟通道在其中一个电视台或电视网络的分发。频道可以共享由很多不同的电视台或有线电视分布式视地点和服务供应商渠道。

中国电视事业的飞速发展，使得传统的“四级办电视”泾渭分明的层级结构发生了巨大变化，央视和省级卫视以及省市级电视台的地面频道在收视率上斗得难解难分。随着数字化电视的普及，庞大的电视频道群又增添了不少新的成员。而当今媒介多样化之后，面对来势汹汹的新媒体，传统电子媒体的优势渐消，激烈的竞争呼唤着有风格、有特色的专业化频道的出现。于是，频道的策划就应运而生了。

首先我们必须要明白的是，电视频道策划在电视策划中是相对高层次或者说更宏观的策划行为，因为频道是电视台播出的主要平台，关系到电视台的整体利益和长远发展，电视又是相对新媒体来说稳定性和权威性更高的媒体类型，无论是每一个新频道的立项审批还是原有频道的改版变身，都是牵一发而动全身的事。电视频道策划包括了三大部分：频道的定位、频道的结构和频道的形象。

一、频道的定位

什么是频道的定位呢？国内的电视媒体一般来说从名称就可以看出频道的定位，比如 CCTV1 是中央电视台综合频道，其他的央视频道都直接以内容定位命名；而各省级卫视则是以频道口号或频道宗旨直抒胸臆，比如湖南卫视的“快乐中国”背后就是那一批品牌响亮的娱乐节目；目前还有不少地面频道的定位和命名显得不够专业，这一点从各地的公共频道、经济频道、都市频道因自身实力、台内不协调等多种原因无法走上专业化建设道路就能看出来。

频道的定位有三个依据：媒体自身的基本情况，媒体所处的环境，媒体受众的需要。媒体自身的基本情况包括了它的历史沿革、文化背景、人才结构、设备状况、运行机制、财力物力以及综合实力。由于频道自身条件和拥有的资源不同，各频道定位也应量力而行、彰显特色。

频道的定位是频道面对挑战、应对竞争和赢得市场的战略性决策，所以在策划当中，如果搞不清频道定位的意义，对频道定位失准或目标不清晰，就必然在竞争中处于劣势。有人说“频道的定位是个伪概念”，这话应当从两方面来看，一方面我国电视在分众化走得如此艰辛的现状下，的确有很多“挂羊头卖狗肉”的频道，但另一方面也可以说，正是因为缺乏好的频道策划或者说频道策划无法落实，频道的定位成为纸上谈兵。

在频道的战略性定位策划中要把握好三个问题：

1. 凸现自身优势

频道的自身优势包括：频道所处的地域区位优势，频道所处的区域经济优势，频道所处的区域信息优势，频道所处的区域文化优势，频道所处的区域政策优势以及频道内部机制和人、财、物等优势。这就要涉及我们前文的三个依据当中的前两个，例如，清楚了解了频道所处的内外部环境优势，即使是像湖南和安徽这样的经济相对不发达省份，也可以推出成功的电视频道。

2. 规避竞争风险

有人说不是要竞争吗，怎么又谈要避开竞争呢？这里的规避风险指的是，频道的战略性定位应该是建立在合理分析现状的基础上的，如果某类型的市场已经趋于饱和或者强手林立，那么自身优势有可能一时发挥不出来。就像一个处于训练早期阶段的运动员要避免跟公认最好的竞争者发生直接竞赛一样，电视频道在自己创立或改版的前期也应暂避与最强势对手正面交锋的风险，先培育自己的市场生存能力，后发展自己的市场竞争优势。

3. 实行频道制

频道制是指在电视台或集团一级管理层下，设置以频道为单位的综合管理层，下面再分设部门栏目、编排、制作、广告经营等一整套频道运作所需的完整的管理模式。但目前我国电视台管理有多种类型，有频道制，有中心制，有频道与中心的混合制。频道制也有各式各样，各地电视台可以根据自身情况来进行设计，无须千篇一律。

二、频道的结构

按照汉语词典上的解释，结构是指构成物质各种因素的排列与组合。频道的结构也不例外，它需要对构成频道形象的各种因素进行有机的组合和科学的排列，才能在观众心目中建立起一个电视频道品牌的整体印象，促使他们在特定需求的收视状况下使用遥控器做出基于此印象的选择。

这里引入笔者提出的“时间产品”概念，频道是电视节目播出的最终平台（或许现在已不是唯一平台），频道的结构的直接反映就是对电视节目的编排，例如什么时间、什么时段、观众选择某个电视频道可以看到什么节目，这一切都体现在电视媒体和电视节目的时间特性上。首先体现在电视节目作为时间产品的“时机”和“时序”这两个因素上。时机和时序是电视节目播出的重要节点，也是电视频道构成在传播维度上的时间要素。

时机是指电视节目对制播时间（此处的时间亦可理解为形势和机遇）的选择，是电视频道进行传播活动时的一种策略选择。电视媒体作为意识形态和上层建筑之一，其传播活动明显地要受制于它所处的社会、政治、经济、文化及舆论环境。能否有效发挥电视传播效果，与电视节目制播时机的选择有很大的关系。“应时而动”，适应时下社会环境和形势的要求，那么，电视传播效果便会因此而得到一种外部环境的助推力，就会取得良好的社会效果；反之，如果电视传播与时下的社会及舆论环境相悖，那么，其传播效果必然会受到外部环境的制约，甚至会遭遇停播或禁播。如何准确把握适应外部环境的播出时机，也是对电视节目传播者的政治、文化、舆论等综合素质的考验。

那么，如何才能够在电视节目制播当中选择准确的时机呢？这既需要电视从业者（尤其是决策层和策划人）良好的政治素养，更需要他们敏锐的专业眼光。2008 年北京举办举世瞩目的奥运会时，电视媒体中与奥运主题元素结合紧密的节目大量涌现，综艺节目当中收视率最好的要数湖南经视的《奥运向前冲》（后更名为《智勇大冲关》），这叫“顺势而发”。也有在“时间差”上做文章的，为了避开央视春晚的强档播出，2010 年元旦期间，全国 16 个省级卫视纷纷举办跨年晚会，争夺另一个收视市场。

然而，也有不少电视节目由于播出时机选择不当，不但不能取得良好的传播效果，而且节目效果大打折扣甚至遭受禁播。如在深夜播出少儿节目，在节庆期间播出内容比较沉重的节目。时机选择的参数包括政治、经济和文化诸多因素，既有意识形态的考量，也有媒体运营的考量。制作精良、时机准确的节目如果不能选择在合适的时间播出，同样也达不到预期的传播效果，这就关系到时序安排了。

时序是节目元素、结构等在时间轴上的排列顺序。它包括节目在宏观上的结构编排和微观上节目内部各个元素及环节的排列组合。时序的设计是否科学直接关系到能否让观众完全置身于收看节目的“游戏规则”之中，使其对节目欲罢不能，最终增强节目的传播效果。时序又分为宏观时序和微观时序两种。

宏观时序是根据市场环境的需要、频道本身的资源以及受众特征来对节目结构进行排列组合。结构是一个频道的基础和框架，对节目的结构进行合理科学的构建，目的是追求频道整体收视效果的最大化。观众流理论认为：观众的收视过程是一个流动的过程。流向分为三类：观众持续收看某频道节目称为“顺流”；反之，当观众转向其他频道时，则称为“溢流”；若观众从其他频道转向本频道，则称为“入流”。观众流的核心理论就是保持频道观众流的顺畅流动，最大可能地实现“顺流”和“入流”，防止“溢流”。时序的安排是一种传播策略，它有多种方式：一是“吊床式”，即将一档较弱的节目安排在两档较强的节目之间，以拉抬中间这档较弱节目的收视率。二是“搭帐篷”，即用强档节目拉动其前后节目的收视率。三是“无缝链接”，即在前一强档节目之后迅速播放另一节目，以便前面节目的观众顺利流入下一个节目。如央视在《新闻联播》之后，随即播出《焦点访谈》，这是根据观众对节目需求和收视心理的类似特征所巧妙安排的播出方式，顺应观众的收看兴趣，形成“顺流”。以上三类时序结构均是节目基于时间和受众特征做出的优化捆绑方式，目的是追求频道整体收视效果最大化。

微观时序是指在一个具体节目的制作上对节目内部各个元素、环节和板块等按照时间的先后顺序进行排列，也可说是节目的叙事时序，往往通过悬念设置和限知视角来进行时序上的设计。如真人秀就是通过一套游戏规则使业余的演员（节目参与者）有了专业的演技，让游离的观众变成了忠实的粉丝。其情节扑朔迷离、跌宕起伏，大大满足了观众的收视欲望，其成功与它对时序安排的巧妙把握是密不可分的。

需要特别指出的是，随着数字电视的普及，机顶盒和 DVR（硬盘录像机）

的使用也会打破时序的线性编排，但是时序及运用还是会在一定的程度和范围内存在，至少在节目单元里，叙事时序是一样的。网络传播的碎片化和聚合化是并存的，这种聚合也会形成一种新的时序结构，即非线性网状时序结构。

时机和时序更多的是从微观层面看电视栏目之于电视频道的编排关系和意义。而“时段”和“时效”这两个因素，则是从电视频道经营的整体维度来发掘电视作为时间产品的经济价值和社会效益。

时段是指电视内容在播出时自然分出的一个个时间间隔和段落，它是时长的整体组合和宏观集合。电视台往往根据受众的收视习惯、职业需求、人口统计学状况和作息规律等将24小时的时段分别区分为黄金时段、次黄金时段和非黄金时段。正确的时段选择、科学的节目编排，不仅有利于聚集稳定受众，也有利于电视节目的经营。

时间经营和受众经营的目标是使好的节目在合适的时段内有针对性地传播给目标受众。时段经营不仅可以提高某个节目的收视率，还可以利用各种编排策略拉动强势节目前后的收视率，使弱势节目分享强势节目的收视便利，从而做到整体收视效果的最大化。建立在掌握观众收视规律上的时段开发经营，有利于培养忠实观众，塑造节目和频道品牌，提升竞争力，增强影响力。

美国市场学家温德尔·史密斯（Wendell R. Smith）指出，市场细分是指根据消费者购买行为的差异性把一个总体市场划分成若干个具有共同特征的子市场的过程。市场细分的出发点是消费者需求的差异性，目的是依据消费者的不同需求制定营销策略，从而获得最佳的经济效益。受众是电视节目运营的终端消费者，从传播心理学和社会学两个角度对受众进行划分，可以为经营受众和细分市场提供理论依据，也是电视媒体针对受众制定精准的营销策略的基础。

从社会学角度来说，根据梅尔文·德弗勒的受众社会分类论，受众可以根据年龄、性别、种族、文化程度、宗教信仰以及经济收入等人口学意义上的相似而组成不同的社会群体。在我国学界，目前对电视观众的分类主要采用人口统计学的方法。这一方法与梅尔文·德弗勒的受众社会分类论相近。如央视—索福瑞（CSM）媒介研究数据反映的我国现阶段观众构成的基本信息，也为电视节目的节目编排和受众经营提供了科学依据。

从本质上来说，节目编排便是对节目在以时间为横坐标、受众为纵坐标的坐标轴内所进行的排列组合。科学合理的节目编排，是对时间的合理搭配与组合，更是基于受众心理所进行的电视节目的“排兵布阵”。广东南方电视台经济频道运用“节目集群”的概念来进行时段运营，它们围绕社会民生的节目理念构筑跨节目形态的“民生节目集群”，在每天晚上，把民生新闻报道《今日一线》、民生故事演绎《真实故事》和民生新闻评论《马后炮》编排在黄金时段，从而形成了节目播出的规模优势。培养观众顺势收看的习惯，可以说经营时段就是经营观众。

一般意义上的时效，是指信息传播能够发挥其有效作用及价值的时间范围，如新闻时效、法律时效等，它们都是给某一事物一个发挥效力的时间范围。时效在各类电视节目中的体现也不尽相同，在新闻节目里，主要体现为快捷和有效，蕴含在对新闻价值和传播规律的判断里。但其他电视节目也同样存在时效问题，一般的节目时效是指电视节目在单位时间内承载的有效信息量，即电视节目内容传播的效度，也是观众接收信息的效度，是对时间产品的有效开发和利用，而不是通过增加时间长度的方式来增加信息量。

在媒介技术日益多元化的今天，受众对于媒介的消费也呈现出“快餐式”的文化消费特点。在这个时代，受众更加注重时间的效率，对于媒介产品的消费亦然，信息含量少、价值效用不明显的电视节目已不符合当下受众的收视心理，冗长缓慢的节目尤其是“注水”的电视剧遭到的批评声音越来越大。一个节奏紧凑、时有所值的电视节目能够最大限度地吸引观众的注意力，而一个内容拖沓、节奏缓慢的电视节目则易于造成观众的腻烦心理。因此，传统电视媒体要想抓住受众的眼球，必须使节目每分钟都“时有所值”，充分发挥每一个镜头的时间效用，这便是“时效”的价值所在。

当今电视剧的播出和运营已充分体现电视媒体的产业功能，目前我国电视剧都是按集数来定价的，集数越多，电视剧的价格也就越高，因此片方在制作节目时，故意将节目拉长，最终出现“注水剧”的现象。从电视台的角度来看，电视剧的集数越多，在中间插播广告的机会也就越多，其广告经营收入也会增加。基于此，电视台往往不会拒绝“注水剧”的播放。如43集电视连续剧《我的团长我的团》就有研究者指出“如果压缩成30集肯定是精品，20集就是极品了。与其说是看情节，更像听报告，很多时候两个人的对白加不断的闪回，就是一集。某些愤世嫉俗、举世皆醉我独醒的对白，把整个片子有意思、有意义的东西，解构得七零八碎”[1]。观众也纷纷表示此剧“节奏太慢，剧情不够紧凑，对话太多太繁”，“完全可以压缩一半没用的东西”等。《我的团长我的团》在收视恶战之后的收视疲软，为单方面追求商业利益而出现的“注水剧”敲响了警钟。

时段与时效是互为因果关系的。一个编排科学、结构合理的时段，无疑会提高信息传播和利用的时间效度。而提高时段上每一个节目、每一个单元的信息效度，也就是实现时段价值的最大化。目前，我国电视竞争已进入频道时代，越来越多的频道引入“全时段播送”的新闻理念，力求发掘非传统新闻时段的收视价值，提供给本地观众更丰富的资讯选择。由此可见，时段和时效除了体现在时间轴上的传播特性之外，更多地体现为电视节目的产品属性和电视媒体的产业功能。

笔者围绕这四个相互交织的因素阐述了电视频道在发掘电视作为“时间产品”的价值最大化体现上的脉络，其意义还在于揭示出电视频道策划不是拍拍脑袋开几次会就能解决的问题，电视频道策划应该融入电视媒体日常的运作经营中去，使得策划产生不同凡响的播出效果，在激烈的频道竞争中出奇制胜。

三、频道的形象

现今电视媒体的竞争已经由单个精品节目、单个品牌栏目的竞争发展到整个频道的竞争。把频道作为品牌来进行更高层面的媒体竞争，需要全面导入CI（企业视觉形象识别系统）设计。

20世纪70年代，电视频道本就不多，节目播出模式基本上是“新闻+戏曲片+电影”的简单结构，后来20世纪80年代增加了电视剧、专题片和广告。直到20世纪90年代卫星频道开通之后，在频道竞争的催化下，内地电视台才借鉴港台地区电视媒体的经验，开始注意用呼号台标、栏目片头、形象宣传片、节目导视预告等包装因素来解构频道形象，电视人才开始有了基于形象包装的品牌推介意识。

导入CI，对电视栏目进行全频道的包装是节目包装推介的最高层次。作为频道系统中的子系统的品牌栏目，应当自觉服从频道视觉识别系统的各项要求，执行统一的技术规范，贯彻频道的既定理念，做到频道推举栏目、栏目依托频

① 曲慧.《我的团长我的团》：一部43集电影的失败与伟大. 青年周末，2009－03－26.

道的良好互动局面。

频道包装是电视媒体形象的重要组成部分和直接体现，对于观众来说，除了节目内容，频道包装（栏目包装）是电视媒体形象的关键。频道包装是全方位的节目包装和推介，它包括台标呼号、节目预告、宣传导视、节目间场、主持人形象设计和基本的栏目的片头片尾包装等，这些构成了电视媒体的整个视觉和听觉识别系统。

中国电视从栏目化阶段发展到“制片人制”阶段以后，许多栏目都是各自为政、画地为牢，尤其是省市级电视台的频道 CI 没有跟上，造成了单个来看有些栏目包装制作精良，但是完全看不到频道整体性的影子，频道策划亟须解决这个问题，这也是电视频道策划的失职之处。

电视频道包装其实是一个统一栏目形象和提高观众认知的过程，也就是说更重要的意义是对形式的创新和规范。包装不仅仅是对栏目的简单包装和外观美化，更重要的是体现出有较高品牌特色的频道文化。好的包装对于电视频道具有视觉吸引、价值提升、理念传达和品牌识别这四大主要作用。

频道的个性化推介也是频道包装的要素之一。举办大型的电视频道活动，不仅能提高具体栏目的知名度，对于加深频道在观众心中的品牌印象也十分重要。如凤凰卫视十五年之前的《千禧之旅》就是一次极其成功的大型电视品牌活动，全频道对这个栏目（以系列专题形式播出）的传统宣传力度（预告和导视）本身就强，该频道的其他节目也同步进行配合宣传，新闻、娱乐、谈话等各档栏目循环滚动，都有与之相关的同步报道。观众在观看该频道时，对这一活动的印象一次次被加深，不自觉地产生观看欲望。

电视频道策划当中的包装策划是对频道形象提升改造的环节，形象策划一定要建立在内容定位合理和结构编排得当的基础上，否则即使包装得再令观众惊艳，也无法使观众形成收视惯性和提高对频道的忠诚度。所以说，频道策划是一个系统性很强的策划工程，务必要吃透现状找出真问题，拿出措施发挥真效果。

笔者曾经带领暨南大学广播电视研究中心课题组做过一个“澳亚卫视发展战略与频道定位研究”课题，这也是全国首个面向业界，针对具体的境外媒体的战略策划研究课题，研究的结果得到了学界和业界内外一致的较高评价和热烈反响。下面我们就以这个选题为例来一窥实战当中的电视频道策划，需要说明的是，这是一个为正在求生存发展的具体媒体而做的研究，实践性是第一考量。

案例：澳亚卫视发展战略与频道定位研究

一、课题研究的背景和任务

1. 关于澳亚卫视

澳亚卫视于2004年3月15日正式开播，通过亚洲二号卫星、亚太六号卫星，覆盖世界60余个国家和地区。澳亚卫视于2006年6月1日获准在广东省落地，成为在广东落地的第9个境外电视频道。

澳亚卫视中文台的受众地区是中国内地、港澳台地区及东南亚华语地区，是一个节目定位以新闻信息、娱乐、强档电视剧为主的综合性频道。

广东覆盖人群超过5 600万人，中国全境收视覆盖人群约1亿3 000万人，港澳台地区及东南亚境外累计覆盖人口约为2 500万人，澳亚卫视具有较广泛的地面覆盖。

2. 课题研究的背景

澳亚卫视自开播和落地以来，有了一定的发展，在广东（城域）以及珠三角的市场竞争力偏弱，整体处于市场中下游水平（收视排名在50位左右），但2008年收视比2007年有所提升。同时，澳亚卫视观众层面相对较广。从各方面因素来看，澳亚卫视应具有很大的发展潜力和拓展空间。因此除加大投入和加强管理外，科学的频道定位和发展战略至关重要。

3. 课题研究的任务

本课题主要从宏观战略层面进行研究，解决澳亚卫视发展的策略问题（频道定位和品牌传播）和战略问题（卫视发展战略），以科学发展观实现可持续增长，从而达到把澳亚卫视打造成境外强势媒体的最终目标。需要说明的是，本研究不解决短期的战术层面的策略问题和操作问题。

二、澳亚卫视的发展战略

1. 社会背景

（1）背景思考。

当下中国的和平崛起和社会转型（政治）；

珠三角经济发展和广东产业转型（经济）；

“走出去工程”和华语电视竞合（文化）。

（2）现实思考。

2009 年 1 月 8 日，国家发改委公布《珠江三角洲地区改革发展规划纲要（2008—2020 年）》，纲要提出：

支持粤港澳合作发展服务业，巩固香港作为国际金融、贸易、航运、物流、高增值服务中心和澳门作为世界旅游休闲中心的地位。

到 2020 年形成粤港澳三地分工合作、优势互补、全球最具核心竞争力的大都市圈之一。

保持珠江三角洲地区经济平稳较快发展，为保持港澳地区长期繁荣稳定提供有力支撑。

2. 澳亚卫视的发展战略

（1）包括制定其发展的中长期目标、方针和任务，具体三步走。

第一步主打广东市场。

目标一：通过联合发展，三年内跻身广东境外频道第一集团，同时实施品牌战略和人才战略。

第二步拓展全国市场。

目标二：五年内成为有影响力的境外电视媒体，同时实施新媒体战略。

第三步进军海内外市场。

目标三：延伸港台及海外华语电视市场，变频道运营为媒体运营。

目标四：进军海内外英语电视市场，变媒体运营为产业运营。

（2）发展战略构成。

发展战略构成一：联合发展。

当今传媒已进入竞合时代，澳亚卫视由于缺乏多频道多媒体的产业优势，联合发展具有更为重要的战略意义。

发展战略构成二：品牌战略。

单纯以内容取胜的电视媒体竞争时代已过去，澳亚卫视应建立全面而完整的澳亚卫视品牌战略架构。

发展战略构成三：人才战略。

媒体的竞争就是人才的竞争，澳亚卫视应内引外联并举，积极吸纳台内外策划创意人才、市场营销人才、电视研发人才，并建立评论员队伍。

发展战略构成四：新媒体战略。

澳亚卫视应尽快进入网络视频、移动电视等新媒体领域，通过互联网实现跨区域跨文化传播。

三、澳亚卫视的频道定位

澳亚卫视的频道定位主要包括区域定位、受众定位、节目定位和经营定位。（澳亚卫视的频道定位限于发展战略的第一阶段实施）

1. 澳亚卫视的区域定位

从理论上来看，卫星电视频道虽然可以实现全球部分地区及全国的物理覆盖，但由于受到政治、经济、文化及落地接入等诸多因素的影响和限制，中国内地除中央电视台之外，实际上大多数省级卫视和境外电视只能实现区域性的有效覆盖。

思考：有限落地的内地、全面覆盖的广东、部分进入的港台，澳亚卫视的区域定位选择在哪里?

（1）现状。

境外电视在中国内地的落地区域有两种：一种是进入三星级以上涉外宾馆，一种是进入广东境内有线网，真正有效覆盖的还是后一种。广东境外电视频道的区域定位主要有两个：普通话侧重整个内地，粤语主要在珠三角地区。目前尚无一个境外频道主打广东市场。

就目前实力而言，澳亚卫视不具备香港无线和凤凰卫视的实力，因此难以在内地和香港占据较大市场份额；同时就覆盖资源而言，经济发达和文化多元的广东成为澳亚卫视的受众区域。

（2）结论。

从差异化竞争和落地直接受益来看，当下澳亚卫视的区域定位宜选择以广东为主，兼顾内地、港台及海外。

2. 澳亚卫视的受众定位

澳亚卫视的观众群集中在女性、25～54岁及65岁以上人士，晚间时段集中在55～64岁人士，观众年龄明显偏大，观念相对传统。因此，澳亚卫视的节目定位应与华娱、星空等拉开距离，大众流行、消费时尚等分量不能过多，而需要针对观众特点，以较传统的价值观和增强服务意识赢得观众支持。

凤凰、华娱、星空三个境外频道在广东相对较弱，原因在于定位取向狭窄。就卫视收视市场而言，选择特定受众或特定内容都会影响其收视份额。因此，澳亚卫视的受众定位宜选择多层面、多内容，以中低端受众为主体，同时逐步向高端延伸。

3. 澳亚卫视的节目定位

澳亚卫视应采取新闻与娱乐并重的节目定位。

(1) 新闻方面。

澳亚卫视作为澳门特别行政区的主流媒体，拥有良好的政策优势和不可缺少的政治资源。澳亚卫视理应发出自己的声音，体现自身的价值观，但切不可做成政府喉舌。澳门区域狭小，缺乏强大的经济文化辐射力和足够的节目资源，澳亚卫视在内容生产和信息传播上力量有限，因此电视评论和观点传播是其打造主流媒体影响力的最佳选择。

①澳亚卫视作为澳门的主流媒体，应充分利用其话语权；同时澳亚卫视限于资金投入和生产规模，更加需要以观念传播取胜。一方面当然需要围绕品牌栏目《澳亚新闻》开发系列新闻评论节目，以观点取胜，以深度见长。另一方面，评论又不限于新闻，可以在任何一个领域中延展，如娱乐类评论、财经类评论、文化热点评论、影视类评论等。

②新闻节目一方面应以SNG和“breakingnews”强化对国内外重大新闻和突发事件的报道，另一方面除原有的台湾新闻特色外，应拓展与广东经贸密切的东南亚地区新闻及国际新闻。

③服务珠三角的经济新闻和财经节目也应是澳亚卫视的重要内容。

(2) 影视娱乐方面。

影视剧具有较大的收视市场和频道贡献。

当前，优质电影和电视剧是拉动收视的保障。但目前国内电视剧竞争十分激烈，已形成以独播剧和定制剧为主的大投入大产业的运营模式。澳亚卫视限于资金，可多选择电影和二手名剧，但一定要避免选择质量差、无影响的三流影视剧。

综艺节目在投入有限的情况下，可选择制作简单的益智类博彩节目，同时积极引进国外动画片。一定要避免制作粗糙、格调低下的娱乐节目。

充分发挥澳门文化资源，以休闲旅游等生活服务类节目来丰富荧屏。

优秀的专题节目和纪录片也会有较好的收视。

（3）注意点。

过多的购物节目，质量差的电影、电视剧，格调低下的娱乐节目都会影响收视表现和频道品质。澳亚卫视要通过更新设备，以先进技术来改善节目播出系统，达到境外电视媒体高品质的播出要求。

栏目设置与节目编排也非常重要，澳亚卫视应做到频道设计板块化、节目编排对象化，要根据受众构成和收视习惯组织“播出季”。

动画不能只做节目，要做产业链，应与国内动漫产业基地联手打造动漫产业。

充分利用网站、报纸和其他媒体进行全方位的节目推介和活动推广。

4. 澳亚卫视的经营定位

确立以品牌为核心的广告经营战略，将广告经营目标与节目的品牌影响力（具体反映为节目收视率和影响力）挂钩。应注重发挥名主持人、名评论员的影响力，促其积极参加与目标客户的联谊活动，以期提高客户签约率。

根据澳亚卫视的区域定位，应将广东作为广告经营的重点市场。同时，积极改进经营方式和营销策略，广告营销部门不是营销产品的厂家，而是经销广告的代理商。

澳亚卫视还需积极利用活动经济来拓展平台，增加影响力。2009 年是澳门回归十周年，应抓住这一契机精心策划、参与和组织系列报道及大型活动。（笔者注：研究过程中澳门回归十周年还未到）

四、结语

澳亚卫视应立足澳门、面向全国、服务广东，新闻资讯和影视娱乐“两翼齐飞”，以中低端受众为主体向高端延伸，力争三年内跻身境外电视第一集团。

澳亚卫视的发展战略是先广东后全国，通过联合发展的途径，争取在五年内成为强势境外媒体。

澳亚卫视应积极实施品牌战略、人才战略和新媒体战略，争取成为有广泛影响力的多媒体多领域的传媒产业集团。

迎接挑战，抓住机遇，充分利用境外媒体资源优势，做大做强，澳亚卫视一定拥有美好的明天。

第四节　电视剧编播策划

我国电视频道大多是综合频道，而在综合频道里最主要的节目是电视剧，所以电视剧编播策划也是电视频道播出策划中最重要的一项工作。但电视剧的创作者和生产者一般不是电视台，而是影视公司，因此电视剧策划对于电视台而言，主要是购进电视剧之后的编排和播出，所以这里主要谈电视剧的编播策划。

一、作为时间产品的电视剧

当今电视从“内容为王”向“产品为王”拓展，节目不仅是内容产品，还是形式产品、播出产品和时间产品。胡智锋教授等认为：“电视传媒不仅仅是一个影像空间概念，也是一个时间的概念。电视播出时间与人们日常生活的自然时间具有同步性，所以电视的传媒特质就是‘日常生活的伴生物’。这种特质体现为‘时效性’或‘及时性’，具体表现为时代性、时尚性、时下行、时机性、时段性。”① 笔者认为，“时代”和“时尚”是蕴含在电视节目的文化内涵之中的。在时间产品的视域下，电视节目中的“时间”主要体现为五大要素：时长、时序、时段、时机、时效。而时机和时段是电视剧编播策划中最主要的两个要素。

电视剧编播的时机与时段在前面“频道的结构”一节已论及。这里要注意的是，在电视剧编播策划中还要充分考虑与台内其他频道的协调及与台外频道的竞争关系。

二、差异化竞争的编播策划

从社会学角度来说，根据梅尔文·德弗勒的受众社会分类论，受众可以根据年龄、性别、种族、文化程度、宗教信仰以及经济收入等人口学意义上的相似而组成不同的社会群体。在我国，目前对电视观众的分类主要采用人口统计

---

① 胡智锋，周建新．电视节目编排三论．现代传播，2006（5）：82.

学的方法。这一方法是与梅尔文·德弗勒的受众社会分类论相近的。如中央电视台—索福瑞媒介研究数据反映的我国现阶段观众构成的基本信息，也为电视剧编排和受众经营提供了科学依据。基于收视数据和受众分析的节目编排就是对节目在以时间为横坐标、受众为纵坐标的坐标系内所进行的排列组合。科学合理的节目编排，是对时间的合理搭配与组合，更是基于受众心理对电视节目运营的“排兵布阵”，从而形成了节目播出的规模优势，培养观众顺势收看的习惯，可以说经营时段就是经营观众。问题是每个电视频道的观众群是有差别的，中央台与地方台、卫视与地面频道的受众都是不一样的。

秉承“传承文明、开拓创新”的宗旨，中央电视台在电视剧栏目策划上有着鲜明的民族或国家文化使命意识，特别注重民族意识形态和国家历史意识表述，因此电视剧频道的栏目形式规划严谨有致，节目内涵上承载着深度历史文化和当代社会精神，同时兼顾多元文化，民族性与世界性相结合。反观安徽卫视，由于没有这些强制性的要求，可以寻找属于地方电视台的题材，抓住电视剧的商品属性，以受众为中心进行内容定位，注重电视剧资源与目标经营（目标观众与目标广告客户）的合理结合，通过栏目精心包装将原先的综合频道从受众市场细分的角度逐步进行分众化重组，培育专业时段的“忠实观众”和栏目的“期待数”“满意度”“人气指数”“观众规模”，进而打造地方电视剧专业频道。①

再者，卫视频道与地面频道之间、卫视频道之间、地面频道之间，对电视剧编播的策略也因频道不同而异。有的追求高投入高产出的进攻策略，体现为主频道攻城略地的重任在肩；有的谋求低成本（以二轮剧重播为主）的防守策略，为主频道和名牌栏目保驾护航。电视剧承载着“收视发动机”的职责。电视剧编排策略主要有两种模式：类编排与错位编排。前者是把同类内容集中长时段播出，即集中优势兵力打歼灭战，以形成收视冲击力。后者则相反，采用类似“田忌赛马”的做法，以己之短抗他人之长，以绝对优势来弥补相对的劣势。②

① 冯中强. 安徽卫视“电视剧频道”定位的创新与改革. 大众文艺，2011（12）：195.

② 胡宁. 明道、优术、因势而为——试论地面频道的电视剧编排策略. 当代电视，2008（10）：59.

三、大数据与社会化营销

电视剧编播策划实际上也是一种营销策划。美国市场学家温德尔·史密斯（Wendell R. Smith）指出，市场细分是指根据消费者购买行为的差异性把一个总体市场划分成若干个具有共同特征的子市场的过程。市场细分的出发点是消费者需求的差异性，目的是依据消费者的不同需求制定营销策略，从而获得最佳的经济效益。受众是电视节目运营的终端消费者，从传播心理学和社会学两个角度对受众进行划分，可以为经营受众和细分市场提供理论依据，也是电视媒体针对受众制定精准的营销策略的基础。随着微博、微信等社交媒体的普及应用，如何更好地利用社交媒体进行推送，利用话题进行社会化营销，对于电视剧播出平台也是一项十分重要的策划。“电视剧的宣传方在利用社会化媒体对电视剧进行宣传推广时，首先应该利用话题、活动、小组、关注等方式耐心地在海量的碎片化的信息中寻找属于自己的观众；然后再倚靠社会化媒体平台制造观众感兴趣的话题和活动黏住自己的观众；还应该有效鼓励自己的观众利用口碑传播等方式影响更大范围内的目标受众，进而造成电视剧收视率和网络点播量的增长。”①

虽然电视台不生产电视剧，但观众需求如何，采购什么剧，策划者也要心中了然，才能做到以播定制，以销定产。而大数据正是最神奇的分析工具。美国知名视频收费网站 Netflix 通过在浩如烟海的数据之中，敏锐捕捉到一个从表面上甚至难以发现的“兴趣集合”：通过对其用户的喜好调查，发现喜欢观看 1990 年英国 BBC 版本《纸牌屋》的观众，同样也十分喜欢导演大卫·芬奇的作品，而这些观众又恰好对演员凯文·史派西的演技十分欣赏。于是，出于对数据的信赖，制作方产生了将这三个元素糅合在一起的想法，直接影响了 Netflix 斥重金购买《纸牌屋》的版权，邀请大卫·芬奇来翻拍并担任监制，同时邀请凯文·史派西来出演。“这些数据通过多媒体、多渠道、多终端融合在一起，将更加利于精准把握受众心理、个性、情感等，综合体现多元价值，为电

① 肖维. 社会化媒体时代的电视剧营销传播策略——以《后宫：甄嬛传》为例. 东南传播，2012（10）：99.

视节目的编排管理提供有力支持。”①

从“制播分离”到“制播合作”，从独播剧到定制剧，电视剧编播策划都要根据我国电视生态环境的改变因时因台而变。与此同时，美剧和韩剧的编播和推广方面都有值得我们借鉴的地方。

① 何蔚，吕沁. 基于大数据理念的电视节目编排管理策略探索. 电视研究，2014(6)：59.

第六章　电视节目策划流程

电视节目策划是一个关联性很强、牵涉面很大的多环节过程，我们讲的规范化的这一过程就成了一种程序，策划程序中的每一环节都有明确的目的和要求。如何通过对关联要素及其背后的规律的掌握，来使得策划高效率和有创意，是我们要追求的目标。电视节目策划的流程一般包括节目的立项、策划的创意、文案的写作、论证与审定、实施与调控、总结与拓展六大环节或步骤。

第一节　节目的立项

在实际操作中，电视节目策划的程序并非一成不变，创意和立项往往相辅相成，互为前提，有的是“命题作文”，在立项后形成创意；有的是创意引发立项，有了好的创意才决定做这个节目策划。

正常状态下，电视节目策划的第一步是立项。决定做某个节目或栏目之后，才进行策划，它是电视节目策划的前提和基础。这就要求解决一系列问题：为什么要做这个策划（目标和任务）？要做一个什么样的策划（内容和定位）？如何去做这个节目（创意和设计）？策划的前期准备需要做哪些工作？这些问题其实主要就是两件事：确定目标和搜集信息。

一、立项前的准备

（一）确定目标

电视节目策划首先要确定目标。因为，一来几乎所有的策划都是目标策划；二来它体现了策划的必要性，确定了策划的意义所在。策划人对目标的提出一定是对这个必要性进行论证与强化的过程，这要求我们的策划人带着对现实背景的深切关注和解决问题的意识去思考立项。

在立项这一过程中，我们依然强调要从现实问题出发去确定目标。不少策划往往会由于对结果的过分追求而导致草率地提出一个目标，但是完全不顾这一目标和我们真正要执行的策划方案的关联意义，这会造成我们花费了大量的人力、物力和财力，最后才发现目标发生了偏离，策划的现实反馈不尽如人意。

我们只有将问题简单化和明确化，并能够找出其中的重点和要点，策划才能有一个正确的方向。

在确立目标这一环节当中，首先要找到主要问题，如果你认为每一件事情都是最重要的，结果往往是没有一件事情能够专注地做好。就像如果我们给一个节目定位是6～60岁的观众都要喜闻乐见，在受众意识逐渐凸显的当代传媒环境下，可能哪一类观众都抓不住。对于一个节目的策划目标，将其思维过程提炼一下，就成了“我手里有什么材料”（我的资源，包括我们下面谈到的宏观信息和微观信息），“观众要看什么”（受众期待和市场反馈），“最后我要给他们看什么”（策划目标或者说须解决的主要问题）。

（二）搜集信息

对于资料的搜集，传统的实地观察法、文献研究法、访谈法、问卷调查法、隐蔽采集法等方法都随着网络这一革命性的信息接收方式的出现而退居次席。网络资源先天就符合电视策划当中对信息海量和新鲜的要求，其数量和质量都随着近年来媒介融合的背景稳步快速地提升。但也随之产生了新的问题：哪些信息才是真正有效的和可信的？

首先我们来解决信息有效的问题，信息的采集不是盲目的，它是根据电视节目策划的目标和任务选取范围。一般包括以下两个方面：

1．*宏观面*

（1）政治环境信息。我国媒体的宣传属性决定了我们的电视策划首先要把某个时期中的政治环境信息作为策划节目的时代背景，这并非要求我们简单地去做宣教味道浓厚的“传声筒”，而是对策划人提出了具备保证意识形态正确性和受众需求高度结合的艺术化处理手法的要求。

（2）社会环境信息。大至国内外大事要闻，小至节目传播范围内的社会民生现实，比如当前的社会热点现象与现实问题，往往可以成为电视节目策划中的立项必要性因素。

（3）行业参考信息。电视策划人在立项过程中，一定要置身于整个传媒行业的运行大环境，紧密把握行业的脉搏，占领行业中有利于节目的高点；否则，这一策划方案的具体执行就很容易在竞争激烈的传媒行业现实中遭遇失败。无论是 CSM 一年一度极具权威性的《中国电视收视年鉴》这样面向实务的学术性书籍，还是电视媒体购买的收视数据及有关部门所作的分析报告，乃至国家新闻出版广电总局等行业网站，都是获取有用信息的重要来源。

2. 微观面

（1）自身信息。所谓“知己知彼，百战百胜”，策划人首先要对自己要策划的节目所处的电视媒体有一个从宏观到微观的了解与认识，主要包括人才资源信息、节目资源信息、技术条件信息、管理运作信息等。

（2）市场信息。这一节目面向市场的现实环境是什么？你的主要竞争对手有哪些节目？同一时段有哪些频道哪些节目？这一类型节目的受众构成？这一时段的电视广告市场如何？如此等等。电视策划人对于微观层面的信息的掌握越细致越到位，对于电视策划的后几个步骤的实施就会越发得心应手。

二、信息搜集的原则

信息的搜集还要遵循一定的原则，以下六条原则也能对我们获取信息的有效性和可信性提供很好的帮助：

（1）信息宽度。它是指信息的覆盖面。这里主要是指信息搜集应有的适当范围。范围过宽，自然会降低信息有用性和增加操作难度；范围过窄，又会造成最后信息的可信性不够。

（2）信息向度。它是指信息的搜集方向。没有使用价值的信息叫“冗余信息”。确定信息向度，就是为了获取信息这一过程不受到“冗余信息”的过分干扰。但信息向度就是深度的发掘，与策划人本身的信息辨识能力直接相关。

（3）信息精度。它是指信息的精确程度。“准确是信息的生命”，信息精度如果不够，也就意味着信息不准确，策划也就失去了事实依据。

（4）信息真度。它是指信息的可靠性，反映事物发展规律的程度和真理成分。精确度高的信息未必真实，真相是相对而言的。有时真相也会伴随假象，所以对信息还要作去伪存真的处理。

（5）信息融度。它是指多种信息按其内在联系有机组合的程度。这要求策划人有意识地对信息作交叉分析，尽可能地寻求其内在联系，在其融合的基础上使之产生更有用的信息。

（6）信息速度。它是指信息的时效性。对电视尤其是新闻节目策划人来说，信息的时效性尤为重要，策划的价值要通过信息的时效性来体现。

第二节　策划的创意

在确定节目策划的立项之后，我们就进入了策划程序的核心部分——创意。当下社会对这一词汇的使用已经到了一种泛滥的境地，但是我们仍然可以尽力带读者一道感知作者总结出的创意环节的具体操作。我们只是呈现一种思维模式，并不代表一个绝对正确的标准，更不是唯一的。如果创意都被标准化了，那就不存在创意了。

创意包括两大部分的工作：基本构思和策略选择。这两个过程，又可以看作对“手中牌”的一个梳理的过程。“基本构思”是明确作为一个电视策划人，我“手中有哪些牌”，而“策略选择”则是我“准备如何打这一手牌”。在上一环节当中，电视策划人掌握了大量的资料，但是这些资料并不是简单直接地为电视节目策划服务的，而是需要电视策划人的整理，使得资料真正成为策划人手中的好牌。从另一个角度来讲，即使手里的牌再差，也能通过策略选择这一步骤合理地出牌，使得自身在行业竞争中立于不败之地。

首先来看基本构思，基本构思就是电视策划人在确定了目标和任务之后，在搜集大量信息的基础上，通过自身的创造性思维，形成对所要策划的新节目的独特而又比较完整的雏形思路和框架想法。

在这里，我们要用到电视节目策划的思维形式、基本原则和创造技法。这在其他章节有详细的介绍，这里就不再赘述了。此处要强调三点：一是要最大限度地采取多种形式、手段和方法，激活策划人的创造性思维；二是要明确策划的价值取向，说白了就是这个策划的目的和意义，有侧重有取舍，才能有策划恰当的期望值和合理的定位；三是要有一定的预见性，任何的策划都是关于未来的设想，增强预见性可以规避策划带来的风险。

其次是创意的策略选择，这是创意的灵魂所在。如何让策划人手中如山的资料和信息成为真正为电视节目策划服务的有用信息，对这些信息进行挖掘和重组，从而得到更具独特价值的原创性元素，制作出叫好叫座的电视节目，都要仰仗电视策划人“点石成金”的策略选择。

台湾地区最知名的电视制作人王伟忠（曾一手策划制作了《全民大闷锅》《康熙来了》《超级星光大道》等电视节目）的电视策划创意思维是怎样的呢？在此，我们不妨向其取取经。

首先，他认为“创意不在小说家的香烟或嬉皮士的迷幻药里，创意就在你我身边的生活里”①，这正应和笔者一直强调的对现有资料的发掘和信息的整理；其次，他还认为“好的创意不仅要有好的表演，还要有高度，更重要的是能与社会对话”②，这也与笔者提出的在立项环节对宏观和微观两层信息的选取原则暗合。

王伟忠作为一位有经验的电视人，他总结出的“创意五法则”值得我们借鉴。

1．找到创意起点

面对台湾激烈甚至残酷的电视行业竞争，王伟忠提出了电视创意活动的第一法则——找到创意起点。王伟忠认为，在创意新节目之前，以下因素不得不考虑：①市场要什么？锁定一个收视群体，然后观察他们的行为模式，归纳出他们想看的节目类型。②观察社会上呈现出什么新的流行文化。而其中尚未被其他电视节目注意的空缺，就是机会，也就是创意的起点。③把自己放在这个创意的起点上，仔细去想，如果是我，到底需要看到什么。

2．找出共同体验

其实，要面向观众，最好的方法就是先直面自己。在这里，“个人经历”就是一个很重要的节目素材，要想着自己在类似的情境下，到底会有什么样的

① 王伟忠口述，王蓉采访整理．欢迎大家收看：王伟忠的※◎△#……．台北：天下远见出版股份有限公司，2007．189．

② 王伟忠口述，王蓉采访整理．欢迎大家收看：王伟忠的※◎△#……．台北：天下远见出版股份有限公司，2007．189．

体验。由此而想出的点子，能够更契合特定观众群的需要。事实上，自己越熟悉的事情，才越能够做出味道来。而这样的思考模式，不只是反映了自己的内在，也是触发旁人深有同感的关键。所以，从这个意义上说，好的创意不是“我的”，而是要让观众“认为”节目道出了他们的心声。

3. 根据特色发展

王伟忠以《康熙来了》这档完全依靠两位主持人的脱口秀节目为例，对艺人特色进行了解析：小 S 与蔡康永的搭档是经过精密计算的组合。在他看来，女人需要一个很好的“中性”朋友，因为女人与女人之间的友谊较为复杂。这时，蔡康永的“中性”特质就非常适合。

蔡康永与小 S 这对搭档，两人的想法与反应都很独特，但又不会有搭档之间常见的心结产生，合作起来很自在、很愉快，自然也就迸出了节目的火花。

4. 从受众到社会

在王伟忠看来，电视创意活动还可以从社会变动的大结构发想，从社会中来，反映变动，打动观众的心，回到社会中去。

不论是什么社会问题、现象的电视化呈现，任何的创意方案在成形之后，还要再三讨论方向与细节，并要反复问如下几个“为什么”：为什么要做这个节目？为什么要用这个主持人？为什么要在这个时段播出？为什么观众不看别的节目而来看这个节目？可见，任何电视创意都不是凭空“蹦”出来的，在以上问答中，电视人都会更加厘清想法，更清楚焦点在哪里，也更知道这个节目的“长相”。

5. 为节目取好名

王伟忠很看重“命名”。成功的节目的名称在他看来具有凝聚浓缩的力量。像《全民大闷锅》《国光帮帮忙》这些节目的名称都具有独特的个性，甚至可以说，名字取好了，节目也就成型了。

在以上五个法则之外，王伟忠在他的著作中还很坦诚地讲道：不仅做节目要发挥创意，取名字要发挥创意，任何地方都可以发挥创意，让生活过得更有味道，任何地方也都隐藏着创意，等着你我去发现。

在笔者看来，电视节目策划当中的创意绝不是没有现实依据的灵光乍现，而是需要我们调动创造性的思维方式，去打好手中的“一副牌”。而如何去打，似乎比手里有什么牌更重要，这也就是创意的魅力所在。

近年来，内地有不少的电视节目策划已经超越台湾、香港，如江苏卫视的《非诚勿扰》就是其中的佼佼者。

案例：江苏卫视《非诚勿扰》的创意设计

《非诚勿扰》是2010年1月15日晚上江苏卫视开播的一档婚恋交友真人秀节目，由孟非主持，前期由乐嘉和黄菡两个人分析点评，2013年乐嘉的位置先后由于正、曾子航、宁财神、张嘉佳等接替，2014年又由佟大为、刘恺威、黄磊等影视明星轮番上场。《非诚勿扰》曾连续12周夺得全国卫视周收视总冠军和亚军，并蜚声海内外。2012年该节目插播广告的招标金额达到18.20亿元，这一数额比许多省级卫视整个频道全年的收入还要多。该节目的成功使得其入选哈佛商学院的教材，成为中国电视界首个进入哈佛课程的媒体案例。下面我们来剖析一下《非诚勿扰》的创意设计。

一、社会万花筒

正值婚恋年龄的“80后”或“90后”，是在社会改革开放与文化转型的背景下成长起来的新一代，他们的婚恋观既区别于“60后”的沉默，又相异于“70后”的羞涩，而整体上表现出强烈的个性意识，具有率真、张扬、敢说敢做、“言为心声”等特征。在《非诚勿扰》中，既有物质女的物质渴望，又有情感女的爱情渴求，还有对花样美男的直接表达。“三个女人一台戏”，二十四个女人和四五个男性就成为社会文化的直接缩影。

《非诚勿扰》中的嘉宾大胆直接、语言犀利、个性突出，几乎每期都有惊人的话题或者出位的话语出现，而“宁愿在宝马车里哭，也不愿在自行车后笑”“我的手只给男朋友握，其他人要20万”等，更是成为社会议论的焦点。《非诚勿扰》用近乎原生态的记录将道德家的一块遮羞布完全揭开了，展现出生活的原貌，虽然这些生活真实有些残忍，比如《非诚勿扰》中杭州母子对“农村女”的排斥、“温州男”对“门当户对”的要求、物质女对物质赤裸裸的追逐。但不可否认的是，这几乎完全是社会生活的真实写照，只不过《非诚勿扰》借助传媒的力量将之聚焦、放大了而已。这种原生态的记录契合受众的收视期待，甚至受众也加入转型期社会文化的讨论中，使得节目收视率一路攀升，成为收视冠军。

二、成就在嘉宾

《非诚勿扰》能够在众多电视节目中脱颖而出，成为收视冠军，与差异化的设计密不可分。《非诚勿扰》与众多电视节目特别是婚恋类电视节目相比，最大的差异化在于先期挑选嘉宾上。如何挑选具有故事性、话题性以及善于表达、敢于表达的嘉宾是节目组一直致力的主要内容。节目中的24位女嘉宾年龄跨度大，职业更是五花八门，有老师、私营店主、外企经理、职业模特、服务员等，种类繁多，覆盖面广，甚至还出现母女、双胞胎姐妹等齐上阵的情况。而每期的四五位男嘉宾，也遵循差异化的原则，比如形象、职业、收入、感情经历等等。差异化的选择，使得《非诚勿扰》节目在有限的时间内具有更多可看的内容。实际上，由于嘉宾的年龄、职业、学历等存在层次差异，必然导致审美角度的差异性，甚至出现场上嘉宾与嘉宾、嘉宾与主持人辩论的场景。这也使得每期节目话题不断出现，具有可看性或者争议性，更能够吸引受众的注意力。

三、模式见功力

若干年前，冯小刚的一部电影《非诚勿扰》赢得了观众的口碑。现在，江苏卫视再次以"非诚勿扰"为节目名称，既是借电影《非诚勿扰》之余温达到宣传的效果，另一方面也点明了活动的风格——真诚，赋予了节目很好的价值定位。

首先，节目采用平列式的节目结构，每位男嘉宾的出场到离开即构成一个板块。这样的设计使得节目流程清晰、节奏明快，方便中途收看节目的观众能很快地投入节目中。五个板块平列组成一期节目，在每一个板块内部采用渐进式的结构方式，高潮迭起。如此设计如联体别墅一般，若干扇门在整体上组成一个大别墅，每一扇门后又别有一片洞天。

其次，《非诚勿扰》主持人的设计体现了节目模式的内在创新。主持人是节目的线索，贯穿于每个平列的板块。通过主持人，我们看到了节目编导在控制力上对节目的要求。曾有评价说，《非诚勿扰》是一个非常女权的节目，因为台上的24位女嘉宾掌握着男嘉宾的"生死大权"，亮灯和灭灯往往因为一个表情、一个动作；但笔者以为，虽然节目看上去掌握在女嘉宾的一念之间，但其核心还是被男性力量把握着。孟非和乐嘉一明一暗地控制着节目的流程和节奏，不失时机地分析场上人物的心理，影响男女嘉宾的选择。例如某期节目中，9 号女嘉宾对场上的 2 号男嘉宾亮灯的主要原因是希望男嘉宾能为其一个患病的学长捐款。这时，两位主持人都比较激动地表明观点，认为参加节目的嘉宾的终极目的是来寻找男女朋友的，而不是为了别的理由可以亮灯。如此，在两位主持人堪称罕见的激烈言辞下，女嘉宾放弃了亮灯。由此可见，节目中的两个男性力量对整个节目而言，处于一种领导和核心的地位，时刻把握着节目的进程和价值观的引导，对背离节目初衷的行为坚决制止，力求把一“俗”节目，做出高品位。

四、话题掀高潮

看《非诚勿扰》既像是看连续剧，又像是在看系列剧。整个节目充满了戏剧化的演绎。每个男嘉宾的出场到离场即构成一个板块，每个板块程式化设计明显，节目流程清楚。但是，在这种简单的过程中，又充满了悬念与冲突。节目安排的游戏规则合理准确又充满趣味，这使得整个节目过程中出现很多戏剧性的变数，让整个节目颇有情节剧的味道。每五分钟都有一个小高潮，每十多分钟就有一个中高潮，到了尾声必定有个大高潮，这种节奏把控能力，确实让观众连广告时段都舍不得离开。这样一种悬念迭起的节目形态，如同好莱坞电影的“三幕”结构的设计，在对故事的直接设置、解释、解决的总基础上，通过小段的悬念设置与解答，一步步激发观众的好奇心和求知欲。在《非诚勿扰》中，冲突必定大量地表现为嘉宾间的语言冲突。例如在某一期中，5 号男嘉宾以一种居高临下的态度表达了自己的择偶标准，被主持人孟非称作“像是在选择公司的副总”，女嘉宾则认为是“大男子主义”的表现；男嘉宾后又表示目前正在制订未来的家庭计划，语罢，激起在座女嘉宾的“围攻”，10 号女嘉宾提出问题：“你这么多的要求，你又能给女孩子带来什么？”更有女嘉宾提出：“你的家庭计划应该是在婚后和你的另一半商量着来制订这个计划，不是单方面个人的意愿。”这样一种语言的交锋和对抗在节目中并不少见，它体现了不同人生态度、价值观的碰撞，也正是由于这些冲突的存在，节目才有了不同寻常的意味。

五、人生大舞台

主持人乐嘉曾说："(《非诚勿扰》) 实际上每一个人的呈现都是对社会的缩影，实际上它是一个人生舞台。这个节目如果有朝一日可以做到伟大的地方，就是它是一个人性的舞台，人们可以在这个上面看到形形色色的人对同一个问题不同的看法，来引发出自己对于生活的思考。这个是很有意义和价值的。"对"80 后"年轻人婚恋观的关注和探讨支撑起了《非诚勿扰》的舞台，创新的节目策划以及悬念的营造、差异化的设计又使节目具有了娱乐化的色彩。有专家说，经济不景气的时候，人们坐在电视机前的时间就会更多。那么，当一档娱乐节目能被上升为社会现象、思潮让人们进行探讨和批判时，恐怕已是成功了吧。

相亲节目本是一个较为小众的节目，但《非诚勿扰》却把此类节目做成一个适合大众观看的节目。主持人孟非常把《非诚勿扰》称为大型生活服务节目，其实它的意义已经远远超越生活服务范畴，成为一个极具社会学意义的文化节目。相亲的男女嘉宾大多是适婚年龄的人，但他们背后的父母、家庭和亲友却涵盖社会的各个年龄阶段，不同的文化背景和社会阶层的价值观都会在他（她）们身上折射出来，由此在场上产生各种话题和争论，迸发各种戏剧性冲突。透过这个真人秀的小舞台，我们可以窥见一个人生大舞台。而由主持人和两位评点老师组成的"铁三角"则起到调控、平衡和导向作用，使得整个节目既能波澜不惊，又能寓教于乐；不仅传递正能量，还能形成核心竞争力。"电视节目的核心竞争力不但成为节目取得竞争优势的源泉，而且在这个注重文化产品内核价值的时代，也成为节目和媒体无形的资产。"①

第三节　文案的写作

形成节目策划的创意之后，就要进入具体设计阶段，就要用书面文案的形式具体表述出来，以便实施时有操作的依据。节目策划方案的设计是电视策划从思维活动转化到具体实践的联系性环节，其对于实践活动的直接指导意义不

① 陈胜华. 江苏卫视《非诚勿扰》节目核心竞争力探析. 学术问题研究，2014（1）：33.

言而喻。电视节目策划方案必须形成一个文字的东西，通常叫做文案或策划书，才可以展开讨论、修改、审定和执行。策划文案的编撰和确定是一个需要经过反复修改、严格论证的科学决策过程。一份翔实的策划文案往往可以解决电视策划成为现实这一操作过程当中的很多问题。

一、策划书的写作内容

策划文案又叫策划书或策划方案。编写电视节目策划的文案就是把整个电视节目策划的构思用文字和图表确定并表述出来，形成一份可操作的“施工图纸”。

电视节目策划的本质是为具体的个案服务的，注定了不是可以套公式或者像数理运算那样的逻辑思维。所以，原则上的电视策划书不可能也不应该有固定不变的写作格式或模板。但是一个相对规范的文书样式和要点明确的写作方法也是有必要的。一份通用的电视策划书的构成要素可归纳如下：

（1）What（什么）——策划的目的；

（2）Who（谁）——策划牵涉的组织和人员；

（3）Where（何处）——策划的实施地点；

（4）When（何时）——策划的实施时机；

（5）Why（为什么）——策划的缘由；

（6）How（如何）——策划的方法和实施形式；

（7）How much（多少）——策划的预算；

（8）Effect（效果）——策划结果的预测。

具体内容须作以下考虑：

（1）目的和意义。节目策划文案主要是电视策划人写给节目的相关制作人员看的，在让他们知道如何去做之前，首先要让他们了解为什么要这样做，让他们认识到这个策划要取得的效果和目标是什么。主题要单一，目的要明确，这里要尽可能地用简洁的语句点出来，不要讲空话套话，不要讲让人摸不着头脑的大道理，虽然目的和意义是策划文案中最务虚的一部分，但是文案写作要联系实际，虚中有实。这里所说的“实”是指策划的定位，不要无限地夸大策划的意义，因为所有真正的电视策划都是“可想象的计划”，要在资源信息适当整理的基础上，把它限定在一个实事求是的范围以内。

（2）现状分析。在现今的节目策划文案当中，对节目所处现状的分析占的比重越来越大，其原因一方面是对早期那种“拍脑袋”和“异想天开”等不切实际的节目策划文案的修正，另一方面则是电视越来越面向市场和受众的必然结果。这一部分是对上一部分的补充说明，也就是说它直接用真实的环境分析和合理的市场预期解释了该策划实施的必要性。这一部分切忌过分主观的言论和对收视数据的过分迷信，所有的分析都要建立在对中国电视运作规律的把握之上。

（3）内容和形式。在明白为什么要将这个策划转化为实践之后，就要阐述做什么，让电视策划人淋漓尽致地阐述他的创意，这是策划文案的主体部分。通常的做法是从内容和形式两个方面来介绍这个创意。节目内容包括题材、选题、主题思想、背景材料以及相关内容；节目形式包括节目模式、预计时长、表现手法、制作技巧、技术手段以及特效包装等。

（4）组织机构。知道做什么之后，就要考虑由什么人来做，由哪些单位和部门来实施，怎样分工又怎样合作。比如说，主办单位要做什么，协办单位负责什么，由谁来领导和协调，又由哪些人去具体制作，这些人和领导之间的沟通架构如何。这里最重要的是在策划文案中搭建一个能够为此节目完全贡献力量的工作班底，甚至现在的文案已经将具体人员的奖惩办法写了进去。

（5）实施程序。明确了人员组织和任务分工之后，就可以部署工作安排了。什么时候完成前期准备，什么时候进行拍摄，什么时候进入后期制作，什么时候审查和修改，什么时候在什么平台和时段播出等，要制定一个具体的时间表，使操作者能够准确地掌握策划的实施过程，同时也便于策划者和管理者控制和监督工作。

（6）经费预算。项目的实施和节目的制作都需要经费的支持，这一部分要紧扣策划文案中对市场的分析。合理的经费预算至少一开始就能让相关人员了解节目不会亏损运营，也应该让有广告投放意向的人看到节目的市场预期真实、利好。

（7）效果预测。做完上述文案工作，一份完整的策划文案还应该写入对节目实践后各时期的预计效果收集与反馈机制，无论是与 CSM 这样的机构合作，还是节目自办受众调查活动，都需要取得真实地反映该节目的社会效益与经济效益的量化数据，使得策划书可以不断修改完善，促进节目的可持续发展。

二、策划书的写作技巧

一台戏剧如果情节不错，但剧本写得拙劣呆板，那么这台戏也会索然无味。电视策划书的写作也是如此，唯有形象、生动才能吸引更多人的参与和支持。电视策划书的样式和风格可以各有差异，但在写作技巧上要注意以下几点：

（1）首先设定策划所处状况，尽可能简明扼要地描述；

（2）引人入胜地描述策划主题，使之具有说服力和吸引力；

（3）详细地描述整体形象，展开策划主题，使之具有感召力；

（4）分条细述，按一定逻辑顺序铺开，使之具备可操作性。

三、策划书应内外有别

同样的情节可以写成好几种不同的剧本，同一个策划书也可以依据给谁看而有不同的表述方式。尤其是对不同的对象，按机密程度划分为内部策划书和外部策划书。

内部策划书是具有相对较高的保密性质的，仅供决策者和组织者参考，主要有以下六项内容：

（1）策划实施上的人际关系对策；

（2）策划实施上的相关组织和团体的对策；

（3）策划实施中的资金对策；

（4）策划实施与其他传播媒介关系的对策；

（5）与策划实施有关的政府机构的对策；

（6）与策划实施有关的法律问题。

外部策划书则是供策划的参与者和操作者参考的保密文件，写作时应该注意以下三点：

（1）把握好保密的“度”，在外部策划书中不能透露策划的核心机密，但又必须让外参与者对策划产生兴趣和信心，明确自己在此项活动中的职责与行动方案；

（2）站在对方的立场上撰写，语气和思路都要让对方满意。如尽量做到逻辑清晰，提纲式撰写；

（3）以互惠的态度，写明策划能够给予对方的可预期利益。

案例：中央电视台“大数据新闻”策划文案①

2014年春节期间，中央电视台与百度合作推出了“大数据新闻”，分别在《新闻联播》《晚间新闻》等栏目播出特别报道“‘据’说春运”“‘据’说春节”等。策划文案包括八项内容：一、创意核心概念，是创意最有价值部分的描述；二、节目形态描述，包括节目环节、表现形式以及主持人设计等；三、同类节目竞争分析；四、同时段竞争分析，包括频道契合度、时间段位、目标受众、收视预期等；五、演播室设计构想（附彩色效果图）；六、包装设计构想（附彩色效果图）；七、资金投入分析，包括策划费用、分项制作费用、推广费用、人员成本；八、节目收益分析，包括广告、线下活动等。

<table>
<tr><td>栏目名称</td><td colspan="3">大数据新闻</td></tr>
<tr><td>栏目类型</td><td>新闻类</td><td>栏目时长</td><td>3～6分钟</td></tr>
<tr><td colspan="4">一、创意核心概念
“大数据”是近年来全球媒体和舆论关注的“热词”之一，如何给冰冷的大数据赋予新闻的生命力，让它具有可视性，并让观众能够看懂，是我们一直在思考的。“大数据新闻”就是从大数据中发现新闻，用大数据来解读新闻，运用主持人站播方式和讲故事的方式来解读、表现大数据。这在传统电视媒体领域，是一次创新和突破，开创了“大数据新闻”新形态，新闻品种创新，更是节目形态、表达方式上的创新，显示了大数据技术与传统电视媒体的深度融合，“体现了央视用互联网思维实现自我升级”。</td></tr>
<tr><td colspan="4">二、节目形态描述
3分多钟的节目由数据观察员在演播室以站播的方式播报，将调查内容、相关数据、百度地图LBS定位的大数据网页，用虚拟演播室、大屏幕、双视窗连线、图片新闻、动画示意图等形式，更直观地呈现给观众，真正做到从数据中发现新闻，用数据来解读新闻。
节目首次设置“数据观察员”，数据观察员以轻松的语态，把数据与公众生活联结在一起，既理性分析数据，又讲述感性的新闻故事。数据观察员不仅播报数据，更重要的功能是解读数据，即“软化”数据，为数据注入生命力。
从节目的形式和内容来看，大数据新闻呈现给观众的内容，可视性更强，除了视频、文字、图表、柱状图、春运迁徙热门线路图、景区热力图这样的服务性资讯外，还运用了虚拟演播室的播出形式，使得报道更加新鲜、有趣，更加贴近普通观众的生活和民生，提升了观众对于节目的关注度。</td></tr>
</table>

① 文案由中央电视台综合频道新闻编辑部关玉霞提供。

（续上表）

栏目名称	大数据新闻		
栏目类型	新闻类	栏目时长	3~6分钟
三、同类节目竞争分析 大数据新闻节目是央视顺应大数据时代的新闻产品。与过去传统的抽样统计分析数据不同，大数据是全样本精确分析，数据量大，类型繁多，速度快，时效高，克服了传统新闻依靠统计获取数据、统计难度大、时间长、时效慢的缺点。“央视新闻与百度大数据的合作，是国内观众第一次从电视上接触可视化大数据，而且结合了春运这一社会现象，为大数据的推广创造了有利条件。”用“大数据 小故事”的报道形态，让新闻更加贴近观众，提升了节目的可视性，为电视新闻的创新注入了新的活力。 往年的春运报道，媒体数据主要来自铁路、民航、公路交通等部门，这些部门的数据统计大多比较笼统，而且具有滞后性，这使得过去的春运、春节新闻，针对旅游、返乡、人员流动等，都是大而化之的传统语言的报道，或是个体报道。而这次借助百度大数据，可以给人一种形象、精确、全面、科学、结构化的印象，因为大数据具备“即时统计”的能力。 在信息超载的时代，对信息进行有效处理显得格外重要。《新闻联播》在除夕夜用大数据盘点春运后，再次运用百度大数据盘点春节长假，一方面通过数据了解观众正关注的话题，另一方面用数据来解读这些话题。 大数据新闻节目首次设置“数据观察员”，数据观察员以轻松的语态，把数据与公众生活联结在一起。大数据新闻开创出一种全新的台网交融的新闻传播方式，改变了记者采访、主播解说的陈旧模式。			
四、同时段竞争分析 “‘据’说”系列报道，都是契合频道特别节目而做的，播出的时段为《新闻联播》《晚间新闻》，频道白天播出的大部分都是故事类、消息类的新闻，而在晚上播出的“‘据’说”系列的节目，则运用大数据来解读和分析一些热门话题，用直观的可视化图表、图片，解读春运、春节、两会、APEC等最热门、最前沿的信息和话题，开创出一种全新的台网交融的新闻传播方式，再加上数据观察员通俗、简明的讲解，让新闻变得更加生动、吸引人，提升了节目的可视性，拉升了收视率。 2014年1月25日，央视《晚间新闻》“‘据’说春运”特别节目首次播出后，观众对这种运用数据可视化技术来播新闻的新颖方式非常感兴趣。互联网行业人士中更是一片叫好之声，他们认为“‘据’说春运”既体现了央视的“转作风、接地气”，也是向公众普及大数据概念的有益尝试。正是因为“‘据’说春运”获得了观众和业界的认可，《晚间新闻》又推出“‘据’说春节”特别节目，每天用数据来解读回娘家、恐聚族等春节期间的热门话题，成为许多观众每天追看的单元。而《新闻联播》也在除夕夜和大年初七两天重点播报了基于百度大数据的“数据说春节”，引发巨大关注。 “‘据’说两会”特别报道在贯彻“‘据’说春运”经验的基础上，继续用“大数据小故事”的报道形态，全面升级数据源、分析方法、包装系统、传播策略，从民众关注的简政放权、环保、单独两孩等民众关注的热点入手，实现“民有所呼，呼有所应”。从2014年3月3日开播以后，平均收视率为0.915%，较上月环比增长18%，较去年“两会”报道同期增长28.5%，收视份额有明显增长，实现“民有所呼，呼有所应”。			

（续上表）

栏目名称	大数据新闻		
栏目类型	新闻类	栏目时长	3~6分钟

2014年11月6日《晚间新闻》推出了"'据'说APEC"，不同于其他的APEC新闻，"'据'说APEC"不再是报道APEC会议的情况、内容，也不是提供一些有关APEC会议期间的服务类信息，而是通过大数据公司亿赞普提供的数据，搜索出APEC成员最关注的事情与和APEC相关的一些热门信息，以及APEC给百姓生活带来哪些影响和变化，有些是不为人知的，有些是没有人去梳理和关注的，而"'据'说APEC"节目通过数据观察员的讲解，用大数据让观众了解了一个真实的APEC。

五、演播室设计构想

3分多钟的节目，数据观察员在演播室以站播的方式播报。演播室用大屏幕、虚拟演播室、双视窗连线、图片新闻等形式，展示迁徙流量图、热门线路图、部委数据柱图、社会调查图、政府工作报告数据、动画示意图等内容，丰富了电视表现方式，以可视化效果呈现在电视屏幕上，给观众带来最直观的感受。APEC会议期间推出的"'据'说APEC"节目，利用搜索引擎等人们熟知的平台作为窗口，主持人如同置身于一个现代化的APEC数据世界之中，一举一动都操控着数据，甚至与虚拟人物互通，同时音效以及3D效果都配合得恰到好处，观众在这些"活起来"的数据中，以最简单、最直观的方式去了解APEC。整个虚拟演播室的设计设置，希望将与APEC相关的大数据构建成一个能带给人们奇幻未来的空间站，人们在数据背后逐渐了解到APEC对于自身生活的重要影响，对于APEC的关注热情也会随之升高。

（续上表）

栏目名称	大数据新闻		
栏目类型	新闻类	栏目时长	3 ~6 分钟

六、包装设计构想

在线包装上，视觉艺术编辑部根据大数据公司、百度网站等提供的数据和内容，用图表、柱状图、动画示意图等形式，将枯燥、难懂的数据和信息变得直观、清晰、易懂，目的是增强可视性，拓宽受众范围，从而拉升收视率。“‘据’说 APEC”节目，通过虚拟演播室的形式来呈现，和之前的数据观察员站在大屏幕前做分析的形式相比，虚拟演播室能让主持人更好地与数据相融合，互动效果好。“‘据’说 APEC”整体包装大气、国际化，与 APEC 会议的基调相契合。整个虚拟演播室的设计设置，希望将与 APEC 相关的大数据构建成一个能带给人们奇幻未来的空间站，人们在数据背后逐渐了解到 APEC 对于自身生活的重要影响，对于 APEC 的关注热情也会随之升高。

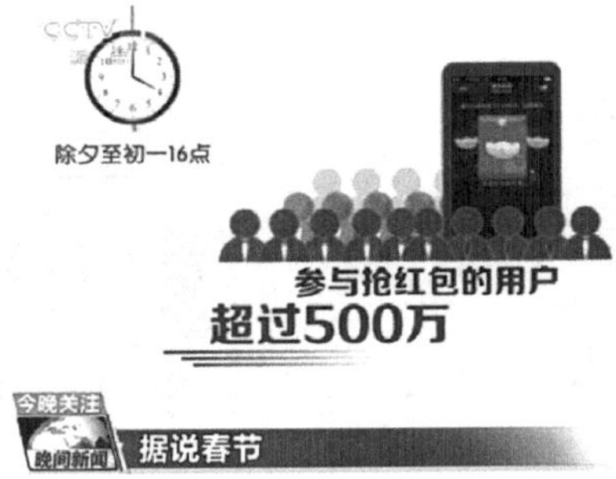

（续上表）

<table>
<tr><td>栏目名称</td><td colspan="3">大数据新闻</td></tr>
<tr><td>栏目类型</td><td>新闻类</td><td>栏目时长</td><td>3~6 分钟</td></tr>
<tr><td colspan="4">

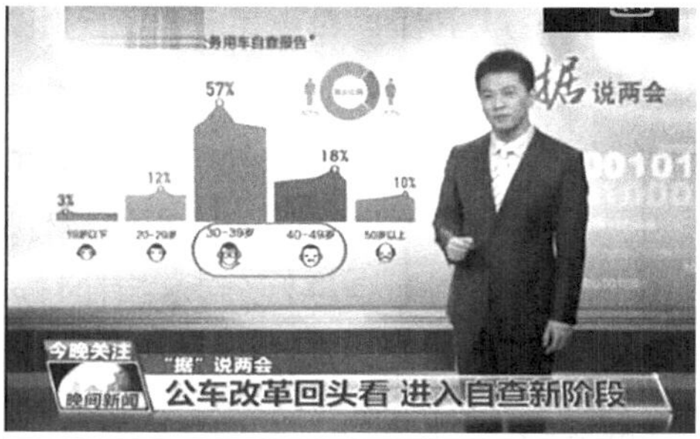

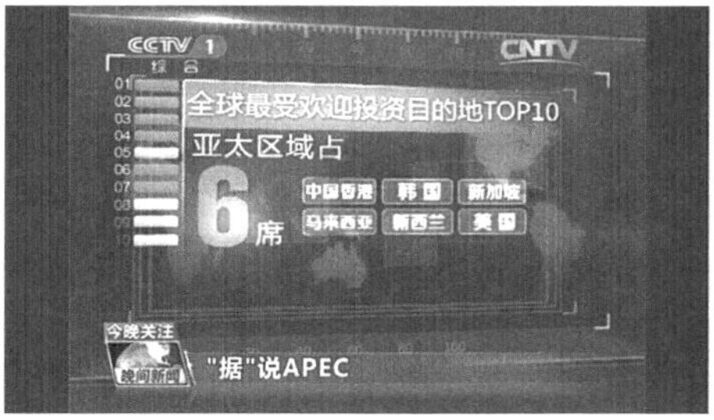

</td></tr>
<tr><td colspan="4">七、资金投入分析（略）</td></tr>
<tr><td colspan="4">八、节目收益分析（略）</td></tr>
</table>

第四节　论证与审定

电视节目策划文案编制出来之后，还要经过科学论证和领导审定两个环节才能最终确定下来。目前不少电视机构都制定了集体评议、专家参议、领导审定的评审制度，力求做到科学决策。

一、论证

电视节目策划文案编制完毕，还可能有许多不完善的地方，需要进行科学的论证并通过主管者的审定，即通过论证决定取舍，通过审议进行修改，最后达到最优化和完成审批程序。可行性论证包括以下几个方面的工作：

（1）对目标系统进行分析。即分析目标是否能够实现，实施策划的把握程度如何，目标是否明确，围绕实现目标的各个环节的关系是否协调。

（2）对限制因素进行分析。有时候会出现这样的情况，即把节目策划方案孤立起来分析是完全可行的，但是与外部条件结合起来分析会发现受某些外部条件的制约，例如现行政策法规的规定，以致策划的某些方面内容，甚至整个策划都无法实施。这时候就需要对策划作局部或全面的调整，甚至在不得已的时候放弃整个策划方案。

（3）对潜在问题进行分析。即预测策划在实施时可能发生的潜在问题和障碍，寻求预防和补救的办法。比如现场直播要考虑刮风下雨等不可抗拒的因素，而一些特别报道要考虑特殊环境下的预备工作是否细致到位。

（4）对预期效果进行评估。即对节目的社会效益和经济效益进行全面评估，权衡节目策划是否真的如策划方案当中讲的具有实践的必要性。

二、审定

节目策划方案经过充分论证之后，还要经过主管领导的审核和批准。这一环节在当今中国媒体的现实环境下是不可缺少的，而且还涉及具体节目从策划到实施的成败。所以，节目策划在设计环节就要照顾到所有可能对这份方案施加影响的人员的阅读意识。

需要注意的是，在现今媒介内部与外部竞争都日趋激烈的情况下，电视节目策划方案的审定，也逐渐走上了专业化的道路，从之前由行政力量主导，到现在各电视台纷纷成立“智库”类的机构，决策团队对于增加电视媒体的思维深度和拓宽传播广度的作用都日益凸显，电视学科的专家学者和资深的从业者们在审阅电视策划文案时，既能够从学理的高度审视，也能依靠长期的从业经验不断拷问方案的可行性。

总之，对于一份电视策划方案的审定，需要决策者们一针见血的思维能力和把握行业全局、预见节目未来的功力。从策划人的角度出发，就是要在之前三个环节当中时刻把握“立项是基础，创意是灵魂，设计是蓝本”的原则，在策划案当中合理恰当又有艺术性地呈现出策划的重要性、必要性和可行性，并尽可能提供有说服力的提纲佐证。

第五节　实施与调控

从策划理论的角度来讲，一个策划经过立项、创意、设计及最后的审定，这个策划的历史使命就算完成了。节目策划也就变成了工作计划，成了实施的依据。就像建筑设计师完成了他们的设计蓝图之后，就把它交给施工部门去按图施工，设计师们又去忙别的设计任务了。从这个意义上看，策划的完成就是一个策划过程的终结和一个实施过程的开始。

但是，一个节目的策划只有通过顺利的实施、成功的运作才能看到它的最终成果。从这个角度来看，实施又是策划的延续，是策划的“物化”过程，是整个节目策划的一个有机组成部分。况且，健全的策划机制也赋予了策划人监督、指导、实施的权力和责任，这是因为电视策划是一个动态的过程，在实施过程中总会遇到这样或那样的问题，需要电视策划人的解释和指导；总会有实际与计划不相符的地方，需要电视策划人进行必要的微调。就好比产品的售后服务，电视策划人把电视节目策划这个产品“卖给”节目部门，还要进行跟踪服务，让节目部门用好这个产品。因此，电视节目的策划实施需要做两方面的工作：任务分解和过程调控。

一、任务分解

任务分解是指策划被编制成具体计划并经过审定之后，进而细分出不同的项目、不同的岗位目标和责任，以便计划的操作和任务的落实。任务分解需要考虑两个方面的问题：

（1）尽可能充分地把计划展开来想，即避免任务的疏漏，又方便对工作做出合理的安排。电视节目的综合性决定了节目策划执行的系统性。有些大型节目（或活动）的策划方案往往提供的是总体策划，在分解任务的时候还要进行具体的专项策划。尽管综合的范围和难度大小有所不同，系统的复杂程度也会不同，但都需要靠系统内部各个环节的通力合作，才能把计划完成，把节目办好。“合作”的前提就是“分工”，因此要充分把计划展开，并根据展开的计划分配好工作任务，避免出现漏洞，影响计划的推进和目标的实现。

（2）尽可能严格地明确岗位责任，既要避免职责不明，又要方便具体操作。在一个运作的系统里，没有明确的分工是不行的。倘若分工不明确，工作就会打乱仗，就会引起扯皮现象，这都会影响工作的效率和质量。但是，只作一般的分工是不够的，分工的含义不仅包括了工作任务的分配，还包括了明确目标、要求、时限、权限等各项内容。

二、过程调控

过程调控包括对各项分解任务进行有效的指挥、协调和监控，以保障目标的实现和取得满意的效果。为了实施对全过程的控制，要采取如下措施：

（1）建立和健全组织领导机构。根据节目策划和实施的需要，要临时建立一个精干高效的组织领导机构，以保证对节目策划的实施进行指挥。如果是特定的大型活动，还要成立组委会，下设若干工作部门。

（2）编制具体的工作日程表。时间是节目策划、实施的一个重要依据，因此当务之急是编制一个具体的工作日程表，一方面使得各部门的工作运行能够心中有数，能够自行安排；另一方面有利于监督和协调各分解任务的工作进度，保障计划的如期完成。在时间紧迫的情况下，为了敦促工作人员加快工作进度和提高工作效率，往往还会使用倒计时公告的方式。

（3）建立和健全工作会议制度。过程控制的主要手段有两种：一是检查汇报，属于“下情上传”；二是情况通报，属于“上情下达”。如何保障“上下左右”的经常沟通呢？除了相互之间的个别联系外，最重要的还是采用各种类型、各种范围的工作会议，通过各个方面的有关人员的及时磋商与沟通，随时随地发现并解决存在的问题。

第六节　总结与拓展

任何一项策划都有它的开始和结束，但是从整个电视行业和电视节目制作来看，策划又是永无止境的。一项策划的结束，往往又是另一项策划的开始。重视实践经验的总结，对于丰富策划者在节目策划理论方面的认识，提高队伍的整体素质和实际操作水平，无疑具有十分重要的意义。在这个阶段大致有三方面的工作要做。

1．信息反馈

首先要搜集节目播出后所有的反馈信息，了解这个节目的策划是否成功，成功在哪里，不尽如人意或者失败的地方又在哪里，观众是怎么样看待的，专家又是如何评价的。这些信息可以通过收视调查、观众来信、专家座谈等方式来搜集。对这些反馈信息的分析，还要尽量做到有真实数据的支撑，要用数字证明观点。

2．总结研究

在搜集大量反馈信息的基础上，就可以进行全面的总结了，可以是个人总结，也可以是集体总结，不管是哪一种，都应该找出成功的经验和失败的教训，目的是把下一个策划做得更好；可以是工作总结，也可以作为业务探讨，为了推动整个策划水平的提高，还可以进入理论研究的层面，撰写论文或进行研讨。值得注意的是，这一步工作往往也是最容易被忽略的。许多策划完成以后，电视策划人大体上知道它成功了，又开始进入下一个策划。其实，全面评估和及时总结上一个策划的得失，无论是对于具体策划人的策划水平还是对于整个电视策划水平的提高都是大有裨益的。

3．拓展增值

如果这个节目策划做得相对成功的话，可以利用总结、研讨、评论、评奖等多种形式来扩大其影响，还可以通过开发该策划节目的衍生产品和相关节目，给这个策划增加附加值，带来更大的社会效益和经济效益。可以说，上一个策划的成功往往是下一个策划的开始。

案例：中央电视台“大数据新闻”实施总结

开创“大数据新闻”时代①

2014年2月6日，中央电视台综合频道《新闻联播》推出的《数据说春运（节）》，《晚间新闻》推出的《“据”说春运（节）》报道收官，《数据说春运（节）》报道在《新闻联播》共播出2期，《“据”说春运（节）》在《晚间新闻》播出12期。同时，《数据说春运（节）》也在中央电视台新闻频道多档栏目滚动播出。

特别报道运用全球最大的中文搜索引擎——百度提供的数据，解读春运和春节，这种报道方式引发国内外媒体网络大量转载。截至2月7日，BBC、CNN、《华尔街日报》《国家地理》等16家海外著名媒体转发或采用相关报道，新浪网、网易新闻、腾讯网、搜狐网、凤凰网、新华网、人民网等主要网站均在首页转载，“据说春运”成为网络搜索热词，拥有5 000万用户的央视新闻微博、微信、客户端等新媒体持续转发。

《“据”说春运（节）》报道从大数据中发现新闻，用大数据来解读新闻，运用主持人站播方式，故事化表现大数据，这在传统电视媒体领域，是一次创新和突破，开创了“大数据新闻”新形态，是新闻品种创新，更是节目形态、表达方式上的创新，显示了大数据技术与传统电视媒体的深度融合，“体现了央视用互联网思维实现自我升级”（中国人民大学新闻学院副院长喻国明语）。

创新一：用大数据解读春运、春节，开创“大数据新闻”新品种

“大数据时代究竟是什么？要让普通老百姓都能明白大数据的价值和意义，是一件不容易的事。”中国传媒大学电视与新闻学院教授沈浩表示：“央视新闻与百度大数据的合作，是国内观众第一次从电视上接触可视化大数据，而且结合了春运这一社会现象，为大数据的推广创造了有利条件。”

以春运为例，36亿人次短时间的迁徙，传统电视新闻很难呈现全貌，但2014年春节期间，百度公司根据2亿部智能手机用户每天发出的50亿次定位请求，实时绘制出这部分人的动态迁徙图。再由节目组解读大数据，通过人群的迁移判断出趋势，以可视化效果呈现在电视屏幕上，给观众带来最直观的感受。

---

① 本文由中央电视台综合频道新闻编辑部关玉霞、李忠提供（略有删减）。

首先，大数据的及时性与电视新闻直播相结合，产生春运、春节“快”新闻。过去的春运报道，媒体数据主要来自铁路、民航、公路交通等部门，这些部门的数据统计大多比较笼统，而且具有滞后性，这使得过去的春运、春节新闻中针对旅游、返乡、人员流动等的部分，都是大而化之的传统语言的报道，或是个体报道。而这次借助百度大数据的新闻，可以给人一种形象、精确、全面、科学、结构化的印象，因为大数据具备“即时统计”的能力。20 世纪 60 年代的精确新闻报道是经过结构化调查、民意测验等调查得到的，它的及时性和数据的全面性是不够的，而现在拥有的百度大数据，它本身就有这种及时性和相对全面等特点，且建立在现代信息处理技术的基础上，所以与传统的精确新闻报道相比，上了一个台阶。

其次，从数据比对中发现新闻。节目组用数据比对、交叉印证等多种方式发现新闻。数据比对产生初步结果。栏目组通过数据比对发现，成都往返北京的路线，一直在热门线路前十名，有十天甚至冲到了前两名，而前几年，热门线路一直是北京往外地走的线路，成都到北京为何如此火爆？栏目组通过对这组异常数据的分析发现，“逆向流动”已成为春运新热点，过去的过年回家，变成了父母来京陪孩子过年。比如说科技行业，除夕还有联想收购的新闻发生，很多科技行业的从业人员都在随时待命，不能离开北京。这时，父母来京陪孩子过年，就成了团圆的主题，也成了“逆向流动”的根本原因。数据交叉印证分析结果，而大数据分析结果在春运一线进行印证。节目组联系成都火车站一线工作人员，工作人员表示，2014 年出发的人群中多了不少老人的面孔，这在以前并不多见，老人挤进春运大军，很多都是要去儿女打工的城市过年。这也印证了之前的大数据分析，那就是“逆向迁徙”正在改变着今年的春运。节目中的这一发现，对于消费者如何避开人流抢到车票，甚至未来商家的商业选择，其实都有参考价值。

再次，数据分析过程直观印证人口迁徙趋势。比如说，2014 年 1 月 26 日是春运的第十一天，在百度提供的春运迁徙动态图上可以看到，截至 26 日晚七点，排在最热门迁出城市前三位的是北京、上海、重庆，而最热门迁入城市前三甲则为北京、重庆、上海。北京、上海稳居出入最热门城市，这其实并不意外。不过，上海到滁州为何如此热门？滁州地处安徽省东部，苏皖交汇地区，堪称江苏省会南京的江北门户，也是长三角地区人员出入上海的主要中转地之一。上海到滁州，乘高铁最快仅需一个半小时。这条短途线路的变热，在一定程度上也说明，短距离迁移打工，不必远离家乡，或许会成为一种趋势。

最后，大数据分析趋势为政府决策提供参考。百度公司表示，铁道部门在了解到迁徙图、热力图后，进行接洽，希望能将百度迁徙图、热力图数据纳入日常监测范围，为铁道部门调节运力提供数据支持。中国社会科学院人口与劳动经济研究所副所长张车伟认为，如何解析大数据结果，即使是国家有关部门，目前也没有成熟的办法。因此，央视大数据新闻的推出，在一定程度上为有关部门解析大数据提供了工具。

创新二："大数据　小故事"，"数据观察员" 触动心灵

给冰冷的大数据赋予新闻的生命力，体现新闻编辑部的功力。《"据"说春运（节）》首次设置"数据观察员"，数据观察员不仅播报数据，更重要的功能是解读数据，即"软化"数据，为数据注入生命力。

首先，设置入情入理的"数据观察员"。数据观察员以轻松的语态，把数据与公众生活联结在一起。数据观察员有几个特征：①他们把数据与人们日常生活勾连在一起，数据像天气一样决定人们的行为方式。"景区热力图"既能够显示实时的景区人流量热度，也能够查看历史数据对比。②有理有据，既显示客观和深度，又有实用价值。"景区热力图"依托百度地图海量用户，以及大数据挖掘的前沿技术，能够较为准确地体现出景区热度，而这样的技术虽然易懂，但实施起来却有相当的门槛，就像天气预报卫星一样需要纵览全局然后浓缩到一点，有前沿科技作为播报依据，无论对于出游还是经商，都极具参考价值。③数据观察员的"可视化"也是重要一环。既新鲜又能常态化发展，既通俗又有相当的获取难度，既理性分析数据又讲述感性的新闻故事。清华大学新闻与传播学院副院长史安斌指出，《新闻联播》首推数据观察员，将中国人欢度春节的大数据转化为生动的故事和易懂的洞见，多屏联动让春运话题更具延展性，让《新闻联播》形象更年轻。

其次，大数据展示理性，小故事触动感情。根据大数据统计，节目发现了既理性又有趣的新闻。除夕晚上《回家的礼物：给丈母娘的礼物》居搜索第一，节目配以《男朋友成为回家礼物》，引发观众会心一笑。2014 年 1 月 31 日《百姓年夜饭　虾鲍扇贝最受宠》配以《加班小夫妻发年夜饭照片过年》的故事，让观众品尝爱的味道，都引发网络广泛转载。2014 年 2 月 3 日《过年陪父母　竟然比不上玩手机》触动很多父母的心，因为这个统计结果，节目组联合央视新闻微博发起了晒晒全家福的征集活动，200 万多名网友都发来了全家福照片。2014 年 2 月 6 日，这些全家福照片成为《新闻联播》片尾，引起观众强烈共鸣。

最后，视觉新技术提升节目表现力。数据观察员顾国宁在演播室以站播的方式播报，这也是新闻联播节目中，主持人第一次以站播方式出现。数据表现上，节目将百度地图 LBS 定位的大数据网页，用大屏幕、双视窗连线、图片新闻等形式，展示迁徙流量图、部委数据柱图、社会调查图、春运现场照片等内容，丰富了屏幕内容。美国普林斯顿大学大数据科学家薛凌洲（华裔）认为，大数据新闻是富矿，《数据说春运（节）》基于大数据的迁徙图具有科技感、时代感，在美国还没有类似的可视化，体现出节目制作者对科技前沿的探索与融合，这也是 CNN、BBC 等国外媒体竞相转载报道的原因。

创新三：台网融合迈上新高度

《“据”说春运（节）》首次使电视新闻与互联网形成深度交融，将合作领域从传播拓展到内容策划与创作。近几年，电视与互联网的融合趋势越来越明显，很多电视节目通过互联网的二次传播得以影响更多观众，但这种台网互动的模式，主要体现在传播层面。

1. 台网实现选题策划与创作深层合作

《“据”说春运》《“据”说春节》调用百度的大数据，将其融入新闻内容的策划与创作过程中。我国移动终端用户数已经突破 5 亿，移动终端用户和电视观众这两个群体是高度重合的。百度是全球最大的中文搜索引擎，百度指数、百度风云榜、百度迁徙图都是反映最新网络热点的产品，可以说百度最了解国内网民目前最关注什么。《“据”说春运》《“据”说春节》报道利用基于百度大数据的这些结果，一方面通过数据来了解观众正关注什么话题，另一方面用数据来为观众解读这些话题，这样贴近观众的新闻自然更加受欢迎，践行了“新闻从民意中来，到民意中去”的理念。

2. 台网合作传播进入更深层次

节目播出后，中央电视台与百度公司合力在互联网推动内容传播，双方融合传播产生叠加效应，引爆大数据报道热潮。国际方面，16 家境外媒体第一时间自发引用，BBC、CNN、《华尔街日报》《国家地理》等海外权威媒体转发相关报道。国内方面，截至 2014 年 2 月 7 日，央视新闻微博、微信、客户端，新华网、人民网等主要媒体及网站、新媒体转发超过 1 280 万篇（条），其中新浪网、网易新闻、腾讯网、腾讯新闻客户端、搜狐网、凤凰网、虎嗅网、中新网、新华网、人民网、Donews、Techweb 等主要网站均在首页转载和重要位置推荐，覆盖国内超过 5 亿网民，“据说春运”成为网络搜索热词，进入百度百科。

创新四：大数据新闻打通两个舆论场

《新闻联播》《晚间新闻》栏目《数据说春运（节）》报道在互联网口碑表现优异。中国传媒大学互联网信息研究院统计显示，《数据说春运（节）》报道播出后，网民反响积极，正面及中性评价占 97.59%，在以负面及中性表达为主的微博等新媒体中突围，成功打通了传统媒体与互联网两个舆论场，极大扭转了网友“边看电视边吐槽”的局面。

2014 年 2 月 18 日，中央电视台综合频道新闻编辑部召开大数据时代的新闻制播创新暨 2014“两会”策划研讨会，中国传媒大学互联网信息研究院在会议中披露的数据显示，普通网友和专业领域“大 V”，如@ 龚文祥、@ 微软数据视界等纷纷发声，力挺中央电视台试水大数据新闻，这在以往极为少见。《财经》杂志主编何刚认为，《数据说春运（节）》系列是整个传媒界非常前沿的探索，融合大数据与传统新闻，打通电视与互联网两种传播渠道，兼具科技与现代感，“大数据新闻”将是一个很好的新闻品类。

对如何用大数据方式做好“两会”报道，专家建议从“大数据、小切口、深挖掘、可视化”四个层面入手，把大数据报道推成一种基本的新闻样式，为“两会”新闻报道的创新注入活力。总编室节目研发部，新闻中心播音部、经济部、策划部及网络新闻部，电视台发展研究中心，综合频道、财经频道的有关负责人参与了研讨。

第七章　电视节目策划方法

策划，已成为当今新闻传媒业竞争的常规武器，策划能力也成为当今新闻类、影视类专业学生能力培养的一个重要内容。那么，电视节目策划到底有没有章法可循？有没有一些创新技法可用？优秀的电视节目策划应当具备什么样的思维？经过长期的实践和经验的整理，我们已经研究出一些常用的主要的电视节目策划方法供大家参考。

第一节　策划思维与创新技法

人类社会发展的历史就是一部不断创新的历史，就是一部创造性思维实践与创造力发挥的历史。策划思维是创新实践，是创造力发挥的前提。

一、策划思维

电视节目策划是一项创造性思维活动，思维科学的研究发现，创造性思维是由两种基本形式构成的，即发散思维和收敛思维。

1. 发散思维

发散思维，又称辐射思维、放射思维、扩散思维或求异思维，是指大脑在思维时呈现的一种扩散状态的思维模式，它表现为思维视野广阔，思维呈现出多维发散状。不少心理学家认为，发散思维是创造性思维的最主要特点，是测定创造力的主要标志之一。发散思维还包括逆向思维、侧向思维、想象、联想、灵感、直觉、假说、系统思维等具体表现形式。

发散思维是一种突破式的、预见式的思维方法。发散思维立足于客观事物的发展规律，分析事物的发展规律，解释事物的发展规律。它不仅仅停留在事物表象的思考层面，更善于透过事物的表象进行潜在的制约因素的分析。

纵观成功的电视媒体、电视节目，不难发现，它们的成功都基于一个共性的思考方式，即创新思维。新颖性、时代性和开放性是电视策划人创新思维的本质特征。创新是以新思维、新发明和新描述为特征的能为人类社会的文明与进步创造出有价值的、前所未有的全新物质或是精神产品。电视节目策划的创新是要创作出在创作主题上有开掘、形式上有新招、风格上有新意等的电视节目。

其中，新颖性是电视节目创新的标志，观点的新、理念的新、表现手法的新能够使优秀节目脱颖而出，这种“新”是符合社会发展方向的。艺术的生命力、策划的创造力来源于社会生活，电视策划所反映的是时代的风貌和社会的要求，在电视节目的制作中必须紧扣时代的脉搏，体现时代的精神，满足时代的要求。电视编导掌握电视节目的时代性，能够满足观众的心理需求，推动电视节目的发展。电视节目的封闭就意味着故步自封、画地为牢，而开放则能推陈出新、开拓发展。在电视节目的创新中，我们不但要吸收国内外电视节目的精华，还要借鉴其他领域的知识，使电视节目能够展现新的境界。

2. 收敛思维

收敛思维又称聚合思维、求同思维、辐辏思维或集中思维。其特点是使思维始终集中于同一方向，使思维条理化、简明化、逻辑化、规律化。收敛思维的具体表现有多种形式：抽象与概括，分析与综合，比较与类比，归纳与演绎。

收敛思维是相对于发散思维而言的。它与发散思维的特点正好相反，它的特点是以某个思考对象为中心，尽可能运用已有的经验和知识，将各种信息重新进行组织，从不同的方面和角度，将思维集中指向这个中心点，从而达到解决问题的目的。这就好比凸透镜的聚焦作用，它可以使不同方向的光线集中到一点，从而引起燃烧一样。如果说发散思维是“由一到多”的话，那么收敛思维则是“由多到一”。当然，在集中到中心点的过程中也要收敛思维。收敛思维与发散思维，如同“一个钱币的两面”，是对立的统一，具有互补性，不可偏废。

注意吸收其他思维的优点和长处。收敛思维的另一种情况是先进行发散思维，越充分越好，在发散思维的基础上再进行集中，从若干种方案中选出一种最佳方案，同时注意将其他方案中的优点补充进来，加以完善，围绕这个最佳方案进行创造，效果自然会好。如洗衣机的发明就是如此，首先围绕“洗”这个关键问题，列出各种各样的洗涤方法，如用洗衣板搓洗、用刷子刷洗、用棒槌敲打、在河中漂洗、用流水冲洗、用脚踩洗等，然后再进行收敛思维，对各种洗涤方法进行分析和综合，充分吸收各种方法的优点，结合现有的技术条件，制订出设计方案，然后再不断改进，最终就会成功。

发散思维、收敛思维只是创造性解决问题的两种思维方法，应与横向思维、纵向思维以及正向思维、逆向思维形成互补，形成交错，而不能只用单一的思维过程去解决一个综合性的实际问题，因为“创造性思考本身是一种复杂的、多元思维的整合”。我们的任务是教会学生正确运用创造性思维解决实际问题的基本方法，在某种意义上，这比知识本身更重要。

电视节目策划就是一个思维“发散—收敛—再发散—再收敛”多次循环的过程。突破思维定式有两条路径：有意识地通过发散思维的方式打破思维定式，促使知识结构跃迁到更高层次；无意识触发的灵感突破思维定式，促进知识结构跃迁到更高层次。

思维的习惯性是人们在长期的认识活动中逐渐养成的、经常使用的思考问题的方式。通常，习惯性的思维都是单向的，思路狭窄，方向或者角度单一，这种习惯性对思维产生消极的影响，也可能产生积极的影响，而关键就在于能否与创造性的思维相结合。

创造性思维是多方向、多角度、多层次的思维过程，它的特点就在于大胆假设，寻求多种答案和途径。在电视创作中，如果我们能够经常有意识地将习惯性思维和创造性思维相结合，使其相得益彰，那么我们的思维结构就趋于合理，创新能力将不断加强。

二、创新技法

电视作为当代大众媒体，对当今社会意识形态、思维方法、文化结构和政治变革等都有着重要的影响。而作为电视媒体的子系统，电视节目以其不同的栏目定位、节目宗旨、表现形式和实现手段作用于观众，形成了各自特有的风格和受众群体。在电视节目策划过程中，从市场调查到内容选题，从制订方案到实施方案，每一个环节都是紧密相连、环环相扣的。这一过程离不开电视节目策划者别出心裁的思维方式和独具匠心的创新技法，唯有如此才能促进电视节目创优，提高电视业务水平，协调各项工作，促进媒体运营，加强传播效果，获得理想的社会效应和市场效应。

策划案例：

《天天向上》是由湖南卫视打造的大型礼仪公德脱口秀节目，2008年8月4日首播。节目的主持阵容由汪涵、欧弟、田源、钱枫、俞灏明、矢野浩二、金恩圣七位天天兄弟组成。该节目采用全国第一个男子偶像主持团体的概念，用各种形式来传播中国千年礼仪之邦的礼仪文化。节目氛围欢快轻松幽默，受到广大观众的好评，取得了较高的收视率，已经成为湖南卫视的品牌节目之一。

首先，《天天向上》首创了国内第一个男子偶像主持团体——“天天兄弟”，而事实也证明这一策略的确起到了奇效。2009年3月，新锐杂志《新周刊》将“2008最佳娱乐秀节目主持人”这一奖项颁给了《天天向上》主持群。在《天天向上》主持群中，七位主持人分工明确，各司其职，有人主导节目的流程，有人专门负责搞怪，有人负责发问、引话，有人充当被攻击的目标，每个人的潜能都汇聚在群体的合力中，最终呈现出“快乐同学会、专业大课堂”的表现形式。

其次，在传播内容上，《天天向上》更是摒弃了一般娱乐脱口秀的题材选择标准，而是独辟蹊径，选择了以公德礼仪为节目主题，以让人既熟悉又陌生的嘉宾职业秀为节目内容，通过嘉宾访谈与表演等形式，让观众了解各种行业中所蕴含的文明礼仪，探寻行业背后鲜为人知的故事。资深配音演员、熟悉的广告明星、亚洲花样跳绳团体赛冠军成员、中国第一支帅哥级列车乘务员、沙画高手、跑酷团队等嘉宾纷纷做客节目，让观众对那些平日里既熟悉又陌生的职业有了全新的认识。总之，节目突破了以往电视娱乐脱口秀节目的制作模式与操作理念，既笑料百出、轻松幽默，又不失文化内涵与丰富的知识，传递给观众积极的人生观、价值观、道德观，开辟了电视娱乐脱口秀节目新的试验田。

此外，专门拍摄的情境教学短片——中华文明礼仪系列也避免了空洞的说教，而是采用了幽默情景剧的形式，通过真人表演，用故事传递传统文化，用影像阐释功德礼仪，将知识和娱乐融为一体，让观众在寓教于乐中学习礼仪、接受熏陶。

《天天向上》之所以取得巨大的成功，与其背后强大的策划团队有密不可分的关系。策划团队对《天天向上》进行了卓越的创新，对节目形式、主持阵容、背景音乐等多种因素进行了创造性的策划，无论是在形态设计还是在内容建构方面，都给人很大的启发。

（1）形态创新：不拘一格打造复合型节目形态。

《天天向上》在形态上的创新在于虽然是以娱乐脱口秀为主导形态，但是融合了其他众多节目的表现元素，在形态设计上不拘一格：节目的开场如同大型晚会的开场歌舞，主持人与嘉宾载歌载舞，在全场观众的欢呼与尖叫声中出场，整体上营造出一种热闹、欢乐的氛围；节目进行过程中除了访谈之外，还会穿插着歌唱、舞蹈、情境表演、与场内观众互动等，着力彰显秀的特点；而体验化传播又在“沙画高手”“汉唐乐府”等部分单元中成为主要的表现形式，主持人或亲自上阵，动手体验沙画的魅力并进行比拼，或穿上汉代的服饰，在虚拟的时空环境中体验着歌舞风华。总之，在一种节目形态中，融合了多种节目的类型与元素，集多种特点于一身。

（2）内容创新：营造“熟悉的陌生化”效果。

节目的主题固定为世界礼仪知识，节目本身包含了公益性、教育性、知识性和脱口秀固有的娱乐性。《天天向上》在传播内容上做足功夫，尤其是嘉宾职业秀的推出，营造了典型的“陌生化”传播效果。在节目中，唐乐府创始人陈美娥女士、四川缙云山绍龙观的李一道长通过传布各自专精的中国汉唐乐府礼仪以及道教养身文化，使观众对中华礼仪的内涵和外延有了更加具体的认识；世界YOYO球大赛少年组冠军通过为大家表演YOYO球——世界上花式最多最难、最具观赏性并已风靡全球的手上技巧运动，传递出这一发源于希腊且有着1 000多年历史的古老运动背后的竞赛礼仪；特型模特则通过兼具美感以诱发观众无限想象的形体展示，让观众在熟悉却又“陌生”的形体审美中感知到身体的职业化塑形和呈现也是一种礼仪。为了体现节目对于传播中华文明礼仪的诉求点，节目更是邀请了中国手影大师沈晓、中国沙画艺术家大宝、全国普通话泰斗级人物张颂、国内著名服装设计师计文波、著名民族歌唱家李谷一等名家，通过他们的精彩演绎，诠释出节目在传播中华文化以及道德礼仪过程中的意义和价值。

（3）品质追求：深入浅出，寓教于乐。

《天天向上》在寓教于乐方向进行了有益的尝试，节目避免了只追求纯粹的感官刺激功能、游戏功能与娱乐功能的窠臼，而是借助脱口秀、情景剧等本身具有娱乐因子的形式，围绕着嘉宾职业秀、中华民族礼仪等内容，从我国优秀的传统文化中汲取资源，巧妙地将大众文化与传统文化进行整合，使传统的文化资源在同文化产业的运作与互动中重新包装开发，把文化中的认知功能、教育功能以及审美功能充分发挥出来。这一表现形式与内容非常受观众青睐。

（4）节目制作团队强大。

《天天向上》由《越策越开心》制作团队原班人马打造。《越策越开心》以其王牌主持的绝对实力、市井话题的艺术占领、快乐电视的独特表达，在竞争激烈的湖南电视圈中，几年来，其收视曲线一直攀高，牢牢占据湖南电视台收视前列，成为湖南观众最喜爱的节目之一。《越策越开心》从2002年5月开播以来已雄踞湖南本土电视收视率王牌位置四年，连年获得全国电视百佳及全国电视节目评比综艺类一等奖的殊荣。《天天向上》有一个非常优秀的节目制作团队，制作团队对于脱口秀节目有非常好的把握和拿捏。

（5）超强“男人帮”主持阵容。

《天天向上》共有七位男主持人，打造了中国第一“男人帮”主持群。从成员和人数上看，堪称内地主持超强超豪华阵容，矢野浩二和金恩圣的加入让节目本身更加国际化。清一色的俊男，虽然缺乏美女的陪衬，但在女色当红的娱乐圈，具有相当大的突破和挑战。制片人张一蓓直言不讳地说，“我们打造的就是男色系”。以汪涵为首的班长，带领一班同学学习文明、学习礼仪。《天天向上》的洋气体现在日本籍明星矢野浩二和中国台湾著名主持人欧弟的加入，使整个班级“洋气十足”。

（6）特色音乐。

《天天向上》虽然为脱口秀节目，但综合了歌曲、舞蹈等元素，营造了一种整体热闹、欢乐的节目氛围。节目制作方根据情境的不同配置不同的特色音乐，优美动听的背景音乐为节目增色不少。

虽然电视节目类型多种多样，但是作为一项创造性思维活动，它们都有自己的共性。共性还通过不同的创新技法和创作个性表现出来，而这些共性和个性都离不开我们总结出来的以下各种策划方法。电视节目的策划是一个集思广益的过程，离不开管理学、运筹学、创造学的思想。常用的电视节目策划方法一般有列举法、类比法、组合法、设问法、智力激励法（头脑风暴法）等。一个电视节目策划的完成，往往是以上各种方法的结合。

第二节　列举法与信息交合法

一、列举法

列举法又叫因素排列法、检核表法，是最基本的思维活动之一，人称“创造技法之母”。列举法是一种通过对一具体事物的特定对象（如特点、优缺点等）从逻辑上进行分析并将其本质内容全面地一一罗列出来，再针对列出的项目一一提出改进的方法。由于它是以分析为基础的，所以又叫分析创造法。列举法的基本类型有：

1. 特征列举法

特征列举法是由 Crawford 于 1954 年提倡应用的思考策略。特征列举法是偏向对物性、人性的特征进行思考，主要强调在创造过程中观察和分析事物的属性，然后针对每一项特征提出可能改进的方法，或改变某些特质（如大小、形状、颜色等），使产品产生新的用途。特征列举法的步骤是条列出事物的主要想法、装置、产品、系统或问题的重要部分的属性，然后改变或修改所有的特征。其中，我们必须注意一点，不管多么不切实际，只要能对目标的想法、装置、产品、系统或问题的重要部分提出可能的改进方案，都是可以接受的范围。

2. 希望点列举法

希望点列举法是偏向理想型设定的思考，是通过不断地提出“希望可以”“怎样才能更好”等理想和愿望，使原本的问题能聚合成焦点，再针对这些理想和愿望提出实现的方法。希望点列举法的步骤是先决定主题，然后列举主题的希望点，再根据选出的希望点来考虑实现方法。

3. 优点列举法

优点列举法是一种逐一列出事物优点，进而探求解决问题和改善对策的方法。其步骤是：首先，决定主题；其次，列举主题的优点；再次，选出所列举的优点；最后，根据选出的优点来考虑如何让优点扩大。

4. 缺点列举法

缺点列举法是偏向改善现状型的思考，通过不断检讨事物的各种缺点及缺漏，再针对这些缺点及缺漏一一提出解决问题和改善对策的方法。缺点列举法的步骤是先决定主题，然后列举主题的缺点，再根据选出的缺点来考虑改善方法。

根据电视节目的特性，主要可以从电视节目的元素入手，比如主题、规则、参与者、情境、舞美等等。例如：

（1）广州亚运会开幕式现场直播：题材创新。

（2）北京电视台“红楼梦中人”全球华人选秀活动：表现内容创新。

（3）《超级女声》：规则创新。

（4）《舞林大会》：参与者创新。

（5）《幸存者》：情境创新。

（6）《莱卡我型我秀》：舞美创新。

另外，我们常听说的 SAMM 法（属性改善排列矩阵法）、功能目标法等，都是列举法的延伸应用。

二、信息交合法

信息交合法又称“要素标的发明法”或“信息反应场法”。这是一种在信息交合中进行创新的思维技巧，即把物体的总体信息分解成若干个要素，然后把这种物体与人类各种实践活动相关的用途进行要素分解，把两种信息要素用坐标法连成信息标 X 轴与 Y 轴，两轴垂直相交，构成“信息反应场”，每个轴上各点的信息可以依次与另一轴上的信息交合，从而产生新的信息。

信息交合法是华夏研究院思维技能研究所所长许国泰副教授于 1983 年首创的。提起该法的创作，还得从一段小故事讲起。1983 年 7 月，中国创造学第一届学术讨论会在南宁召开。研讨会除了有国内诸多学者、名流参加外，还邀请了日本专家村上幸雄。村上先生给大家作了精彩的演讲，演讲中，他突然拿出一把曲别针说：“请大家想一想，尽量放开思路来想，曲别针有多少种用途?”与会代表七嘴八舌议论开了：“曲别针可用来别东西——别相片、别稿纸、别床单、别衣物。”有人想的要奇特一点：“纽扣掉了，可用曲别针拉长，连接东西。”“可将曲别针磨尖，去钓鱼。”归纳起来，大家说出了 20 多种用途。在大家议论的时候，有代表问村上："先生，那你能讲出多少种?"村上故作神秘地莞尔一笑，然后伸出三个指头。代表问："30种?"村上自豪地说："不！300种！"人们一下子愣住了，真的！村上先生拿出早已准备好的幻灯片，展示了曲别针的诸种用途。

与会代表中就有许国泰，看着村上先生颇为自负的神态，他心里泛起浪潮：在硬件方面，或许我们暂时还赶不上你们，但是，在软件上——在思维能力即聪慧上，咱们倒可以一试高低！与会期间，他向村上先生说："曲别针的用途，我能说出三千种、三万种！"人们更惊诧了："这不是吹牛吗?"许国泰登上讲台，在黑板上画出了图，然后，他指着图说："村上先生讲的用途可用勾、挂、别、联四个字概括，要突破这种格局，就要借助一种新思维工具——信息标与信息反应场。"他首先把曲别针的若干信息加以排序，如材质、重量、体积、长度、截面、韧性、颜色、弹性、硬度、直边、弧等，这些信息组成了信息标X轴。然后，他又把与曲别针相关的人类实践加以排序，如数学、文字、物理、化学、磁、电、音乐、美术等，并将它们连成信息标Y轴。两轴相交并垂直延伸，就组成了"信息反应场"。只要我们将两轴各点上的要素依次"相交合"，就会产生人们意想不到的无数的新信息来。比如，将Y轴的数学点，与X轴上的材质点相交，曲别针可弯成1、2、3、4…… +、－、×、÷等数字和符号，用来进行四则运算。同理，Y轴上的文字点与X轴上的材质、直边、弧等点相交，曲别针可做成英、俄、法等各国字母。再比如，Y轴上的点与X轴上的长度相交，曲别针就可以变成导线、开关、铁绳……看，这是一个多么阔大、多么神奇的思维空间。

信息交合法的应用原则包括三个定理和两个公理：

第一个定理：心理世界的构象即人脑中勾勒的映象，由信息和联系组成。该定理表明：①不同信息、相同联系所产生的构象。比如轮子与喇叭是两个不同信息，但交合在一起组成了汽车，轮子可行走，喇叭则发出声音表示"警告"。②相同信息、不同联系产生的构象。比如，同样是"灯"，可吊、可挂、可随身携带（手电筒），也可做成无影灯。③不同信息、不同联系产生的构象，比如，独轮自行车本来与盒、碗、勺没有必然联系，但杂技演员将它们交合在一起，构成了杂技节目这一物象。

第二个定理：新信息、新联系在相互作用中产生。这个定理则表明：没有相互作用就不能产生新信息、新联系。所以“相互作用”（即一定条件）是中介。当然，只要有了这种一定条件，任何信息均可以进行联系。比如，手杖与枪是风马牛不相及的不同信息，但是，在战争范畴（条件）内，则可以交合成“手杖式枪支”。

第三个定理：具体的信息和联系均有一定的时空限制性。

两个公理：第一个公理，不同信息的交合可产生新信息；第二个公理，不同联系的交合可产生新联系。例如广州亚运会开幕式策划，“水”元素（自然属性）与文化元素（社会属性）的信息交合构成整个开幕式丰富而极具特色的视听内容。

第三节　类比法

类比是将一类事物的某些相同方面进行比较，以另一事物的正确或谬误证明这一事物的正确或谬误。这是运用类比推理形式进行论证的一种方法。与其他思维方法相比，类比法属平行式思维的方法。与其他推理相比，类比推理属平行式的推理。无论哪种类比都应该在同层次之间进行。

亚里士多德在《前分析篇》中指出：“类推所表示的不是部分对整体的关系，也不是整体对部分的关系。”类比推理是一种或然性推理，前提真结论未必就真。要提高类比结论的可靠程度，就要尽可能地确认对象间的相同点。相同点越多，结论的可靠性程度就越大，因为对象间的相同点越多，两者的关联度就会越大，结论就可能越可靠；反之，结论的可靠性程度就会越小。此外，要注意的是类比前提中所根据的相同情况与推出的情况要带有本质性。如果把某个对象的特有情况或偶有情况硬类推到另一对象上，就会出现“类比不当”或“机械类比”的错误。

类比法是通过两个事物进行比较而获得创造性设想的方法。类比法的特点是“先比后推”。“比”是类比的基础，“比”既要比共同点也要比不同点。对象之间的共同点是类比法能够施行的前提条件，没有共同点的对象之间是无法进行类比推理的。类比法可以分为以下两种：

（1）直接类比法。这是最常用、最简单的，如果用得不好就会形成节目同质化的“克隆现象”。

（2）特征类比法。这是应用最广的策划方法，它包括：①功能模拟；②技术移植；③象征类比法；④因果类比法；⑤综合类比法。

类比法就是创造学中的移植创新法，是指把某一领域中已经发展相对成熟的原理、结构、材料等移植到新的载体上，用以变革和创造新事物，使其脱颖而出。作为创新者，如果善于异域走马，往往比局限在自己所处的领域冥思苦想更能获得意想不到的收获。那么，在电视节目创新中，如何应用移植创新法呢？这里介绍三种方法：

（1）现实—节目：结构移植。结构移植是指将某种事物的结构形式和结构特征向另一个事物移植，以产生新的事物。比如招聘类节目《绝对挑战》。

（2）活动—节目：原理移植。把经济界的“财富论坛”移植到电视节目上，中央电视台就策划出电视高端访谈节目《对话》。

（3）节目—节目：系类移植。例如广州亚运会开幕式的点火仪式就是移植了中国民俗的“过年放烟花”。

第四节　组合法

组合是客观世界中十分普遍的现象。小至微观世界的原子、分子，大至宇宙中的天体、星系，到处都存在组合的现象。组合的结果是复杂的，组合的可能性是无穷的。

从人的思维角度来看，想象的本质就是组合。心理学研究表明，创造性想象可以借助不同的手段去建立不同的表象。中国古代的“龙”就是以蛇为主体，结合兽脚、马头、鹿角、鱼鳞等其他特征的超现实想象。人面狮身的斯芬克斯和传说中的美人鱼都是人类组合思维的杰作。

组合有广义与狭义之分。广义的组合是指不受学科、领域限制的信息的汇合、事物的结合、过程的排列等。例如，儿童的积木游戏、饮食中的烹调、产品新功能的设计、文学艺术形象的创作、建筑学和电影中的“蒙太奇”等。狭义的组合则是指在技术发明范围内，将多个独立的技术因素（如现象、原理、材料、工艺、方法、物品等）进行重新组合。它不是一种简单的罗列、机械的叠加。

组合法是指按照一定的原理或功能、目的，将两个或两个以上独立的因素通过巧妙的结合或重组，来获得具有统一整体功能的新创意的思维方法。因此又叫组合创新法。

组合法主要有四种类型：

1．捆绑式组合

这是将两个或两个以上的节目类型和模块捆绑在一起的方法。在电视节目策划中，有以下三种组合方式：

（1）跨媒体形式组合。如凤凰卫视《有报天天读》：电视＋报纸；凤凰卫视《网罗天下》：电视＋网络。

（2）跨节目形态组合。如真人秀：纪录片＋综艺娱乐；江苏卫视《名师高徒》：明星娱乐＋“民星”娱乐。

（3）跨艺术形式组合。如中央电视台《百家讲坛》：社教节目＋说书；重庆电视台《拍案说法》：法制节目＋说书；东方卫视《非常有戏》：娱乐节目＋戏剧。

2．内插式组合

内插式组合是以某一特定对象为主体，通过置换某些模块或插入其他元素达到创新的方法。例如，广州亚运会开幕式现场直播中插入城市行为艺术的视频片断《绿色一分钟》。

3．辐射组合

辐射组合是以某一新元素或令人感兴趣的内容为中心，与其他因素结合起来，形成元素辐射的创造技法。

4．焦点组合

焦点组合又叫焦点法或强制联想法，它以一个特定对象为焦点，然后与其他乍看起来无关的事物强行结合在一起，从而达到创新的方法。

第五节　设问法

提出疑问对于发现问题和解决问题是极其重要的。创造力强的人都具有善于提问题的能力。有人说，提出一个好的问题，就意味着问题解决了一半。以提问的方式发现解决问题的线索，寻找发明的思路，这类创新技法叫做设问法，常见的设问法包括奥斯本检核表法、和田十二法。

一、奥斯本检核表法

奥斯本检核表法是根据需要研究的对象之特点列出有关问题，形成检核表，然后一个个地来核对、讨论，从而发掘出解决问题的大量设想。它引导人们根据检核项目的思路来求解问题，以求比较周密的思考。

奥斯本检核表法的核心是改进，或者说，关键词是改进，通过变化来改进。其基本做法是：首先，选定一个要改进的产品或方案；其次，面对一个需要改进的产品或方案，或者面对一个问题，从下文所列角度提出一系列的问题，并由此产生大量的思路；最后，根据第二步提出的思路，进行筛选和进一步思考、完善。

（1）可以引入吗？是否能够从其他领域、媒介产品、方案中引入新的元素、新的理念、新的造型、新的工艺、新的思路，以改进现有的方案或产品，如和互联网结合。

（2）可以替换吗？是否能够用其他东西替代现有的节目板块、方案或其中一部分。

（3）可以添加、增加、扩大吗？是否能够增加一些元素，或者使现有的元素的数值增加，比如新的板块、音乐、同期声，甚至广告等。

（4）可以减少、缩小吗？是否能够通过缩小某一要素的数值，比如播出时间、持续长度、内容的信息量，或者减少一部分成分，以实现改进。

（5）可以引出吗？是否能够将该节目或方案的原理、结构、叙事方式、思路等用于其他地方。

（6）可以改变吗？是否能够改变该节目的名词、动词、形容词属性和特征，以实现改进。

（7）可以逆反吗？是否能够在制作程序、节目结构、播出时间、持续长度等方面逆反，以实现更好的效果。

（8）可以组合吗？是否能够把现有的节目或板块，与其他节目或板块组合起来，以形成新的节目。

（9）可以用于其他领域吗？本节目或板块，是否能够用于其他节目样式，增加长度，或者稍作变化后用于其他栏目。

（10）其他任何提问，如是否能够扩展、是否能够改变功能、是否能够放弃或舍去等等。

利用奥斯本检核表法，可以产生大量的原始思路和原始创意，它对人们的发散思维有很大的启发作用。当然，运用此方法时，还要注意几个问题。它还要和具体的知识经验相结合。奥斯本检核表法只是提示了思考的一般角度和思路，思路的发展还要依赖人们的具体思考。此外，还要结合改进对象（节目或方案）来进行思考。此外，还可以自行设计大量的问题来提问。提出的问题越新颖，得到的主意越有创意。

奥斯本检核表法的优点很突出，它使人们思考问题的角度具体化了。它也有缺点，就是它是改进型的创意产生方法，你必须先选定一个有待改进的对象，然后在此基础上设法加以改进。大多数时候它不是原创型的，但有时候也能够产生原创型的创意，如把一种媒介的原理引入另一种媒介，就可能产生原创型的创意，如将网络上的超链接技术引入电视新闻的报道。

二、和田十二法

我国学者许立言、张福奎在奥斯本检核表法的基础上，借用其基本原理，加以创造而提出了一种思维技法——和田十二法（和田创新十二法），又称“十二个聪明的办法”。它既是对奥斯本检核表法的一种继承，又是一种大胆的创新，而且这些技法更通俗易懂，简便易行，便于推广。按“和田十二法”中方法的顺序进行核对和思考，就能从中得到启发，诱发人们的创造性设想。该创新方法在电视节目策划方面同样适用。

（1）加一加。可在这个节目上添加些什么吗？需要加上更多的内容、更长的时间或者更多的播出次数吗？把这些东西跟其他东西组合在一起会有什么结果？这个节目能不能加上主持人？中央电视台的《话说长江》，就是第一次加入主持人，一改过去电视片声画分离“两张皮”的陈旧呆板样式，才使节目给人一种耳目一新的感觉，显得生动活泼许多。

（2）减一减。可在这个节目上减去些什么吗？可以减少些时间或播出次数吗？可省略或取消什么？如《东方时空》就是把《音乐电视》这个子栏目忍痛去掉，从而强化了“电视新闻杂志”的定位。《生活空间》刚开播时是一位女主持人坐在那里讲述“老百姓自己的故事”，后来干脆撤掉主持人，采用长镜头和同期声，让老百姓自己讲述自己的故事，使得节目完全成为记录生活“原生形态”的纪录片。

（3）扩一扩。使这个节目或者某一部分放大、扩展会怎样？在新闻节目中碰到一个群众普遍关注的热点问题，那么是否可以把这个问题做大做深做细？可以追踪采访，也可以做连续报道，还可以做成特别节目。这就是人们常说的把它“炒热”。

（4）缩一缩。把一个节目压缩、缩小也许效果会不错。随着人们生活节奏的加快，一些节目缩短了长度，加快了节奏。如中央电视台的《地方台 50 分钟》改成《地方台 30 分钟》，《新闻调查》也从原来的 45 分钟缩短到现在的 30 分钟。

（5）改一改。一个新的栏目一定会有不尽如人意的地方。那么，它还存在什么缺点呢？还有什么不足之处需要加以改进？比如主持人的表现、节目的表现手法以及节目的包装等。改进是提高节目质量的主要手段。

（6）变一变。栏目都有一定的生命周期，经过长时间的播放，需要有新的变化和大的变化，而不仅是修修补补的改动。比如，换一个主持人或者在形式或内容上进行种种创新。实在不行，经过调查研究后干脆从栏目名称到栏目定位来一个大的转变，重新闯出一条新路来。中央电视台的《正大综艺》就已多次更换主持人，也多次以新的子栏目替换旧的子栏目。

（7）联一联。某个事物的结果，跟它的起因有什么联系？能从中找到解决问题的办法吗？把某些东西或事物联系起来，能帮助我们达到什么目的呢？如今的电视文艺晚会没有过去那么火爆了，什么原因呢？是当今社会娱乐方式多样化的缘故，还是当今观众对这类晚会缺乏热情？联想一下现在什么节目最红火？哦，原来现在红火的是《星光大道》之类的选秀节目和赵本山的小品。于是导演就把“毕姥爷”和赵本山请到晚会里来，这样一来，观众增加了，收视率也提高了。让周杰伦和宋祖英来合唱流行歌曲，也起到了这样的轰动效果。

（8）学一学。有什么东西可以让自己模仿、学习一下的吗？20 世纪 80 年代的广东电视台模仿、学习香港电视那种轻松通俗的平民风格，于是成了内地最红火的电视台。可惜到如今，或许由于学习不够，或许由于没有自己的创新，广东电视台便逐渐沉寂下来。模仿也是一种学习。江苏卫视的《非诚勿扰》、东方卫视的《幸福魔方》都或多或少地模仿了境外的某些电视栏目。

（9）代一代。有什么东西能替代另一东西？例如，一场气势磅礴的陆海空三军大会演的电视直播，舞台太小，能不能用体育馆里的球场来代替？三军大合唱能不能就在观众席上进行？这样一来就多了几个舞台和演播区，效果可能会更好。

（10）搬一搬。把这些东西搬到别的地方，还能有别的效果吗？这个想法、道理、技术，搬到别的地方也用得上吗？比如，一些参与性节目的现场，如果把它从演播室搬到户外，搬到车间，搬到广场，甚至搬到海上（船上），更容易实现双向交流，更容易营造现场气氛。

（11）反一反。如果一件东西、一件事物的正反、上下、左右、前后、横竖、里外颠倒一下，会有什么结果？比如，在文艺节目里来个明星角色大反串，让笑星唱歌，让歌星跳舞，虽然艺术性不见得有多高，但娱乐性一定会增强，因为它让观众看到了他们熟悉的明星的另一面，让他们感到新奇，感到有趣，也感到亲切。例如 2010 年春节联欢晚会上让董卿去当“托儿”，2011 年春节联欢晚会上让林志玲去表演魔术节目，这样的角色反串起到了事半功倍的效果。

（12）定一定。为了解决整个问题或改进某件东西，为了提高节目质量和防止可能发生的事故或疏漏，需要规定什么吗？比如，一般的新闻节目为了确保报道的客观公正性，都对采编人员进行纪律约束，如规定记者不得吃请，不得接受当事人和单位的招待等等。同时，电视节目策划中的导向、效益等基本原则都是必须坚定执行的。

第六节　头脑风暴法

智力激励法也叫头脑风暴法，它是由美国创造学家 A. F. 奥斯本于 1939 年首次提出、1953 年正式发表的一种激发性思维的方法。头脑风暴法出自“头脑风暴”一词。所谓头脑风暴（Brain-storming）最早是精神病理学上的用语，指精神病患者的精神错乱状态，现在转而指无限制的自由联想和讨论，其目的在于产生新观念或激发创新设想。头脑风暴法开始主要用于创造发明学上，后来逐步被引进策划领域，成为重要的群体策划方法之一。

英国大文豪萧伯纳崇尚思想交流，他说：“倘若你有一个苹果，我也有一个苹果，而我们彼此交换这些苹果，那么，你和我仍然只有一个苹果。但是，倘若你有一种思想，我也有一种思想，而我们彼此交流这种思想，那么，我们每个人将各有两种思想。”

品味萧伯纳的名言，发明创造者有何感想？与萧伯纳思维同出一辙的创造学家和 A. F. 奥斯本，则直接向发明创造者大声疾呼：“让头脑卷起风暴，在智力激励中开展创造!”

那么，到底什么是“头脑风暴”？什么叫“智力激励”？它是怎么被提出的？我们还是先看一个有趣的故事。有一年，美国北方格外严寒，大雪纷飞，电线上积满冰雪，大跨度的电线常被积雪压断，严重影响通信。过去，许多人试图解决这一问题，但都未能如愿以偿。后来，电信公司经理运用奥斯本发明的头脑风暴法，尝试解决这一难题。他召开了一场能让头脑卷起风暴的座谈会，参加会议的是不同专业的技术人员，要求他们必须遵守以下四项基本原则：

第一，自由思考。即要求与会者尽可能解放思想，无拘无束地思考问题并畅所欲言，不必顾虑自己的想法或说法是否“离经叛道”或“荒唐可笑”。

第二，延迟评判。即要求与会者在会上不要对他人的设想评头论足，不要发表“这主意好极了”“这种想法太离谱了”之类的“捧杀句”或“扼杀句”。至于对设想的评判，留在会后组织专人考虑。

第三，以量求质。即鼓励与会者尽可能多而广地提出设想，以大量的设想来保证质量较高的设想的存在。

第四，结合改善。即鼓励与会者积极进行智力互补，在增加自己提出的设想的同时，注意思考如何把两个或更多的设想结合成另一个更完善的设想。

按照这种会议规则，大家七嘴八舌地议论开来。有人提出设计一种专用的电线清雪机；有人想到用电热来化解冰雪；也有人建议用振荡技术来清除积雪；还有人提出能否带上几把大扫帚，乘坐直升机去扫电线上的积雪。对于这种"坐飞机扫雪"的设想，大家心里尽管觉得滑稽可笑，但在会上也无人提出批评；相反，有一工程师在百思不得其解时，听到"坐飞机扫雪"的想法后，大脑突然受到冲击，一种简单可行且高效率的清雪方法冒了出来。他想，每当大雪过后，出动直升机沿积雪严重的电线飞行，依靠高速旋转的螺旋桨即可将电线上的积雪迅速扇落。他马上提出"用直升机扇雪"的新设想，顿时又引起其他与会者的联想，有关用飞机除雪的主意一下子又多了七八条。不到一个小时，与会的 10 名技术人员共提出 90 多条新设想。

会后，公司组织专家对设想进行分类论证。专家们认为设计专用清雪机，采用电热或电磁振荡等方法清除电线上的积雪，在技术上虽然可行，但研制费用大，周期长，一时难以见效。那种因"坐飞机扫雪"激发出来的几种设想，倒是一种大胆的新方案，如果可行，将是一种既简单又高效的好办法。经过现场试验，发现用直升机扇雪真能奏效，一个久悬未决的难题，终于在头脑风暴会中得到了巧妙解决。

从上例可见，所谓头脑风暴法，实际上是一种智力激励法。这种方法的英文原意是 Brain-storming，直译为精神病人的胡言乱语，奥斯本借用这个词来形容会议的特点是让与会者敞开思想，使各种设想在相互碰撞中激起脑海的创造性"风暴"。

头脑风暴法是一种专家会议形式，目的是进行决策预测和策划方案设计。这种专家会议是在一种非常融洽和轻松的气氛下进行的，人们可以畅所欲言。头脑风暴法是一种通过集体自由联想而获得创造性设想的方法，它可以创造知识互补、思维共振、相互激发、开拓思路的条件，因此，可收到思维流畅、思考领域扩大的效果。

这种方法适用于电视节目策划，相关人员可以从中产生出新思想、新观念、新方法、新成果。但这种方法受与会者主观素质条件的限制，整理分析要花相当长的时间，甚至会延误决策，这是这种方法的局限性。

掌握头脑风暴法的原则是成功运用头脑风暴法的关键，其原则如下：

（1）互不批判原则。为了消除每个与会者的心理压力，创造一个融洽、自由、轻松、活泼的气氛，保证思维的发散性和流畅性，会议上对任何人提的任何设想不得有丝毫批判的意思，任何人也不得做出判断性结论。为了确保互不批判原则的彻底实行，在会议上也禁止吹捧、溢美之言。互不批判原则是头脑风暴法中最重要的原则，是其他各项原则的前提和基础。

（2）自由奔放原则。就是使人的主观想象力得到充分的发挥，让与会者的思维保持在自由奔放的状态，以便与会者提出各种新奇的构想，突破各种束缚和障碍，形成富有创造性的设想和方案。

（3）数量最大化原则。会议上所提出的各种设想不在乎质量的高低，其目的在于获得最大数量的设想。这要求鼓励与会者自由地、大胆地展开想象，踊跃发言，提出的方案越多越好。在各种设想大量增加的条件下，各种优质设想就会蕴藏在其中。

（4）借题发挥原则。就是鼓励与会者善于结合别人的意见来提出自己的设想，目的是鼓励与会者对他人的设想加以改善或将他人的设想加以结合，巧妙地利用他人的设想，从中提出更加新奇的设想，这就是要促成思维的连锁裂变反应。

头脑风暴法的具体运作程序大体有以下几个步骤：

1. 会前准备

会前准备有四个环节：

（1）确定会议主题。也就是确定策划所要集中解决的问题。

（2）选择主持人。主持人关系到会议的成败。主持人必须十分熟悉会议的主题，熟练掌握头脑风暴法，同时要求平易近人、头脑灵活、健谈幽默，善于启发和提示，善于制造气氛和保持气氛。主持人不一定是群体中的最高权威者或最高领导者，可以是群体中地位、资历、学识居于中等水平但符合以上标准的人员。

（3）组成专家小组。小组成员可以是各方面的人员，一般以 8 ~ 15 人为宜。专家小组的人员选择有三个原则：

第一，如果参加者相互认识，要从同一职位（职称或级别）的人员中选取，领导人员原则上不应参加，否则可能对参加者造成某种心理压力。

第二，如果参加者互不认识，可从不同职位的人员中选取。这时，不论成员的职称或级别的高低，都应同等对待。

第三，参加者的专业应尽量与所讨论的策划的中心问题相一致，同时专家组中最好包括一些学识渊博、对所论及的问题有较深理解的其他领域的专家。

头脑风暴法专家小组应由下列人员组成：①方法学者——策划领域的专家；②设想产生者——专业领域的专家；③分析者——专业领域的高级专家；④演绎者——具有较高逻辑思维能力的专家。

（4）确定会议时间。经验证明，头脑风暴会议的最佳时间要控制在20～60分钟。

2．会议召开

会议的程序大体上有四种：

（1）会议开始，主持人宣布讨论课题，申明四项原则。

（2）自由发言。必须把自由和集中统一起来。自由指会议气氛轻松，大家言论无拘无束；集中指要有重点的针对性问题，而不是漫无边际地夸夸其谈。此时如果出现冷场，主持人可抛出事先准备好的设想，以达到抛砖引玉的作用。

（3）随时公布方案。应有两名记录员参加会议。一人做书面记录，另一人随时整理发言，利用黑板或投影仪反映出来，以相互启发、相互激励。

（4）适时宣布休会。会议已达到预期效果或已超过预期时间，宣布散会，同时请大家继续思考，有了新的构想，予以补充。

3．加工处理

会议结束后，会议主持人和记录员要及时把会议讨论的问题归纳分类，进行全面的技术性分析、可行性论证及评估和系统化处理，有的方案还可以建立数学模型，然后一并送策划者优化选择。

发明创造的实践表明，真正有天资的发明家，他们的创造性思维能力较平常人要优越得多。但天资平常的人，如果能相互激励，相互补充，引起思维“共振”，也会产生出不同凡响的新创意或新方案。俗话说，“三个臭皮匠，顶个诸葛亮”，这就是奥斯本头脑风暴法的“中国式”译义，即集思广益。

集思广益，这并没有什么高深的道理，问题在于如何去做到这点。开会是一种集思广益的办法，但并不是所有形式的会都能达到让人敞开思想、畅所欲言的效果。奥斯本的贡献，就在于找到了一种能有效实现信息刺激和信息增值的操作规程。难怪奥斯本在20世纪30年代发明这种集思广益的创造技法后，马上在美国得到推广，日本人也相继效法，使企业的发明创造与合理化建议活动硕果累累。我国华北地区铁道学会在一次有关新型车辆转向架设计方案研讨会中，头两天的中心发言尽管很热烈，但从记录中可总结的新创见并不多。后来，会议组织者试用头脑风暴法再次研讨，结果很快获得30多条有创见的新设想，得到了令人满意的答案。

随着电视节目策划活动的复杂化和策划涉及技术的多元化，单枪匹马式的冥思苦想将变得软弱无力，而“群起而攻之”的发明创造战术则显示出攻无不克的威力。

头脑风暴法经各国创造学研究者的实践和发展，至今已经形成了一个发明技法群，如反向头脑风暴法、三菱式智力激励法、默写式智力激励法、卡片式智力激励法等等。

（1）反向头脑风暴法。

头脑风暴法有利于充分发挥个人的想象力，有利于各种意见、设想的不断提出、修改、补充和完善，它能在较短的时间内，获取质量较高的策划方案。但它会受到与会者经验、知识、思维能力等多方面的限制，往往会议整理也比较困难。人们为了克服其不足，通常把头脑风暴法与反向头脑风暴法结合起来运用。

反向头脑风暴法，又称质疑头脑风暴法。它的做法是在召开头脑风暴法会议的基础上，召开第二个专家会议，其议题只对第一个会议提出的各种设想进行质疑性评估。它要求与会专家只对已经提出的设想、意见提出各种疑问或评论，不允许对已提出的设想做确认性的论证。

反向头脑风暴法的程序是：第一步，对已经形成的设想、意见、方案提出疑问，其重点是研究有碍设想实现的问题。第二步，把质疑和评论的各种意见归纳起来，进行全面的分析、比较和评估。在这种极其严厉的批评之中，修改各种方案，使之达到完善程度。该方法所遵循的原则与直接头脑风暴法一样，但禁止对已有的设想提出肯定意见，而应鼓励提出新的可行性设想和建议。

实践表明，通过头脑风暴法和反向头脑风暴法的结合使用可以排除折中方案，所论问题经过客观的连续的分析后，可以找到一组切实可行的方案。近年来，这一方法在各种类型的策划实践中得到了广泛的应用。

（2）三菱式智力激励法。

奥斯本智力激励法虽然能产生大量的设想，但由于它严禁批评，这样就难以对设想进行评价和集中，日本三菱树脂公司对此进行改革，创造出一种新的智力激励法——MBS 法，又称三菱式智力激励法。策划活动进行时，首先要求出席者预先将与主题有关的设想分别写在纸上，然后轮流提出自己的设想，接受提问或批评，接着以图解方式进行归纳，再进入最后的讨论阶段。

（3）卡片式智力激励法。

卡片式智力激励法也称卡片法。这种技法又可分为 CBS 法和 NBS 法两种。CBS 法由日本创造开发研究所所长高桥诚根据奥斯本智力激励法改良而成，特点是可以对每个人提出的设想进行质询和评价。NBS 法是日本广播电台开发的一种智力激励法。

（4）默写式智力激励法。

无参照扩散法的一种。由联邦德国创造学家荷立创造。其特点是用书面畅述来激励智力。具体做法是：每次会议由 6 人参加，每人书面提出 3 个设想，要在 5 分钟内完成，所以又称“635 法”。开会时，会议主持人宣布议题，并对与会者提出的疑问进行解释。接着每人发 3 张卡片。第一个 5 分钟内，每人针对议题在卡片上填写 3 个设想，然后将卡片传给右邻的到会者。第二个 5 分钟内，每人从别人的 3 个设想中得到新的启发，再在卡片上填写 3 个新的设想，然后将设想的卡片再传给右邻的到会者。这样，半小时内可传递 6 次，一共可产生 108 个设想。“635 法”可避免因许多人争相发言而使设想出现遗漏的弊病，其不足是相互激励的气氛没有公开发言方式强。

目前我国电视业对它的应用表现为借用“外脑”的形式。“外脑”主要是指非本单位的智囊人物，它主要是充分发挥“外脑”的策划作用与电视人的专业制作水平，密切配合，争创效益双收。最典型的例子是《实话实说》。《实话实说》栏目自 1996 年开播以来经久不衰且期期出彩的原因，除了崔永元的主持魅力与管理体制外，还有一个很重要的因素，就是它有一个很好的策划班子。这个策划班子直接由崔永元担任主持，同时聘请了几位不同年龄、经历、专业、性别的“外脑”一起出谋划策。如社会学家杨东平、学医出身而后从事广播事业的赵西苑、学影视的赵一工、学生物的丛朋、军人出身的海啸以及少数民族的乌儿汗等。他们专门负责节目选题的策划，与节目制作的编导、导演、主持人一起精心策划每一期节目。

在电视节目策划的实践中，往往多种策划方法综合运用。正如企业营销策划一样，既然电视节目已商品化，那么电视节目就要寻找节目卖点。许多栏目、节目之所以定位不准，不能抓住观众，最大的误区就在于没找准卖点。在寻找节目卖点时不妨先用列举法列举出栏目播出时间、节目内容、自身实力、竞争对手等各个策划选项，然后就各个选项运用设问法进行提问、分析和回答，依次考虑如下：

一是栏目播出的时间。在这一时间里有几个观众乐于观看的节目，仔细研究，找出它们的弱项，然后在自己栏目里发挥变成强项。

二是节目内容是否代表大多数观众强烈的心理诉求。即节目内容与其他栏目是否相似，报道角度、出发点是否一样。

三是自身栏目的实力分析。本栏目的节目制作水平、财力、物力是否能与其他同类栏目抗衡，有没有超出的可能性。

四是同类型栏目不具有的。如主持人的独特风格、报道题材、包装手段等。

卖点一旦找准，就要极力突出卖点，其他包装手段、制作技巧、结构安排都要围绕卖点来展开，为其服务，渲染卖点，因为留给观众印象最深的也就是你“卖”给观众的那一“点”。

第七节　互联网思维

电视是一个技术媒体，电视节目制作与传播离不开新技术。从虚拟演播室到3D动画，从数字技术到网络视频，随着电视与新兴媒体的融合，互联网思维在电视节目策划中的作用日趋凸显。什么是互联网思维？有许多种表述，笔者认为互联网思维有三大要义：颠覆性创新、开放中博弈、合作中共赢。这与我们一直倡导的“开门办电视”是一脉相承的，只是在互联网时代要求我们做得更好。以央视春晚为例，笔者曾写过两篇随笔，现抄录如下，大家可以从中领悟互联网时代的策划新思维。

冯小刚的春晚贡献

马年有一著名电影导演在网上被吐槽被骂得最厉害，我不说大家都知道，自然是执导2014年中央电视台春节联欢晚会的冯小刚。冯导执导的春晚创下央视春晚十年最低收视率，冯导在春晚中挟带了不少私货……冯导在接受某杂志采访时透露了心声："你说让老百姓满意，这句话是一瞎扯的话，你让老百姓满意的前提是你必须让领导满意，因为领导不满意，老百姓看不见，对不对？我说我对春晚的改造，如果能有10%的话，春晚对我的改造是100%。"冯小刚累了，春晚之后被教授追着问责，还被网友大骂"史上最差春晚"。央视烦了，下令不许说冯小刚春晚，强调只有央视春晚！

其实，我觉得有必要总结一下央视春晚外聘导演这事，不论成败，它也是一种积极的尝试，也是一个创新的探索。或许大多数人认为冯小刚执导央视春晚是失败的，但我不这样看，冯导之于央视春晚，仅对春晚而言或许是不成功的，但就整个央视来讲，我认为是功大于过的。"冯小刚执导春晚"为央视贡献了一个全年全民可以议论的话题，大大提高了公众对春晚乃至央视的关注度，大大增强了央视春晚及相关节目的二次传播，对央视相关频道、时段和节目都有不同的收视贡献，同时也刺激了央视的节目改革和传播创新。我们不能用传统媒体思维来看冯氏春晚，而应用互联网思维来看待它，没有吐槽何来传播？没有试错何来成功？因此，我觉得央视没必要对冯氏春晚禁言，大可以以更加开放的心态来讨论它，至少应该在内部进行科学评估和全面总结。在新媒体时代，不是优质内容才有传播力，而是热点话题更有传播力。当然，影响力和正能量也是需要考虑的，其实，回归生活、娱乐大众不正是央视春晚创办时的初衷吗？

2014年马年春晚表明：在互联网时代，节目策划不仅仅在于某个节目的收视率，而在于相当长一段时间内对频道的注意力贡献。

春晚总导演马化腾

说起央视春晚的总导演，中国人都知道，马年是冯小刚，羊年是哈文。错！地球人都会说，羊年春晚的总导演是马化腾！或许有人会说，你不是胡扯吗？各位看官且听我慢慢道来。没错，央视任命的羊年春晚总导演是哈文，但她的地位与作用很快就被背后的那位帅哥（腾讯CEO马化腾）代替。实际上，在今年的红包大战中，央视搭台，微信唱戏，观众边看电视，边摇手机，边抢红包，电视观众瞬间变成了互联网用户。我们来看看马导的成绩：

大年三十晚十点半央视春晚送红包，微信“摇一摇”总次数72亿次，峰值8.1亿次每分钟，送出微信红包1.2亿个。除了分导演哈文那三十多个节目，分导演张小龙的春晚微信创作了六大“惊喜”，还有微信朋友圈中的各种吐槽，在这个移动社交终端，人人都是演员，个个都是导演。某高校老师还伴随春晚演出同步进行吐槽直播，开辟专栏“我去，春晚”。不管春晚好不好看，能给大家带来欢乐就是硬道理，而这种欢乐不一定就是看节目，也可以是抢红包、秀交情。羊年春晚导演分工明确，哈导负责节目，马导负责传播。

转自朋友圈：今晚，腾讯把阿里送去了20世纪！今晚，移动互联网让PC成了化石！今晚，孩子们一定会记住那个一家男女老少围坐拿着手机“摇一摇”摇不停的大年三十！今晚，鹅厂注定被载入史册。

转自朋友圈：中国今天出现一个人民币交易市场，交易量极大，每笔交易极少，流动性极高，风险极低，交易者心态极好，空头与多头不顾一切地向对方发钱，完全属于人类历史上前所未见的和谐盛世啊！

办了三十多年的央视春晚，到今天，无论是内涵还是外延都发生了很大的变化。从内涵来讲，春晚恐怕是为吐槽而存在，为红包而活着。从外延来看，春晚摇红包或许会颠覆八大行业：电视业、收视调查业、广告业、餐饮业、零售业、电视购物、广播业、电影制作。

有人把2014年称为“媒体融合年”，其实真正的融合在今年。央视春晚与腾讯微信的合作无疑会成为2015年的经典案例。也许有人会担心央视春晚的未来，红包会不会把它砸坏？互联网会不会把它毁了？我觉得不必担心，旧的不去，新的不来。一个传统媒体时代的春晚必将死亡，一个互联网时代的春晚已经诞生！

2015年羊年春晚表明：进入移动互联网，电视与新兴媒体是一种互动共生关系，谁也离不开谁，而此时观众变成了用户，看电视变成了玩电视。互联网时代，新型电视会有更多的玩法，节目策划也会有更大的想象空间。

第八章　电视节目经营策划

随着电视产业化的推进和市场化程度的提高，电视节目经营也日渐显得重要，电视媒体如何做到投入少产出大，电视节目需要更多更好的经营策划。电视节目经营策划主要包括四个方面：电视广告策划、发行与版权交易策划、产业链的策划、品牌活动策划。

第一节　电视广告策划

顾名思义，电视广告就是一种以电视媒介为载体的广告形式，正因其融合了电视与广告的特点，电视广告的策划呈现出二重性，即电视策划与广告策划的完美统一。电视广告在极其狭小的空间里，展现出巨大的想象力和创造力，电视广告策划就是一项富有挑战性的智力竞赛。

一、电视广告的特点

电视广告有三大类：第一类是商业广告，包括新产品广告、形象广告及广告专题，这是电视广告的主体和电视台的经济支柱；第二类是公益广告，如环境保护、扶贫助残、关怀弱势群体等社会公益宣传，我们把此类广告看作以广告形式出现的社教节目而纳入电视节目策划里；第三类是为电视自我宣传的广告，如节目预告、栏目推介和频道形象广告，我们把它列入节目包装策划和电视台形象策划。在此我们主要讲商业性电视广告的策划。

在各种传统广告载体中，电视广告是后起之秀。1978 年 1 月 28 日（农历正月初一），上海电视台播出的《参杞补酒》是我国第一条电视广告。虽然起步比西方发达国家晚，但经过 30 余年的发展，中国电视广告显示出巨大的发展空间和策划潜力。与其他媒体广告相比，电视广告有以下特点：

1. 表现形式多样化

电视广告具有极其强大的视听冲击力，有着形象、直观、生动的艺术感染力，就连不识字的妇孺也能通晓。它综合使用视觉符号、听觉符号、语言符号及非语言符号，使得信息的传递带有较强的记忆效果。尤其是广告信息传播的非语言符号，对于营造意境、增强感染力有着促进作用。因此，电视广告往往画面生动丰富，文案却少而精。

2. 传播范围广泛

2010 年 7 月，由 NGB 总体专家委员会编制的《中国下一代广播电视网（NGB）自主创新战略研究报告》正式发布，报告数据显示中国广播电视综合覆盖率已经超过 96.95%，成为世界上覆盖人口最多，公众信息传送量最大，有线、无线、卫星等多种现代技术手段并用的广播电视网络。因此，电视广告借助电视媒介的广泛传播影响力被上亿受众收看。但由于受众范围过大，电视广告的传播效果也难以评估。

3. 传播瞬时性

由于电视广告大多长度有限，大多将时间控制在 30 秒左右，在如此短的时间内，要尽量全面地展示产品信息，使用多种传播符号，以求最好的表现效果。电视广告播放完毕便稍纵即逝，无法重看，即使之后可能会再次重复播出，但仍受到广告经费的限制。

4. 信息传播的强制性与不可控性

大多数电视受众并不愿主动接收广告，往往是在收看电视节目或电视剧的过程中被迫接受广告。个别厂商采用“病毒式营销”的方法，在短时间内多次重复广告内容，引起观众极大的反感，如脑白金品牌广告、恒源祥生肖广告等。但是，观众也可以通过换台，或在广告播放时去做其他事情等方法来避开广告，因此传播效果具有不可控性。

5. 制作复杂，费用昂贵

电视广告是所有广告媒介中成本最高的，制作与播出费用都比较昂贵，尤其是在黄金时间播出，成本更加昂贵。如美国“超级碗”比赛（Super Bowl，国家美式足球联盟的年度冠军赛）堪称美国商业价值最高的职业比赛，插播电视广告收费为 30 秒 300 万美元。

二、广告播出策划

1. 电视广告策划的原则

电视广告策划是广告策划和电视策划的“双重奏”，要求有极高的协奏技巧。鉴于电视广告的以上特点，在其视听语言运用上，策划者要把握三个原则：

（1）最短时间内流通最强信息的原则。此处强调的是最强的信息，而不是最大量的信息。如巴黎欧莱雅系列广告，无论推出该系列的何种广告，都会在广告的末尾展示一句相同的广告语：“你值得拥有。”让人印象深刻，起到画龙点睛的作用。

（2）简洁与载负容量的统一原则。由于电视广告的长度有限，所以它要重点突出一种信息，不能面面俱到。电视广告追求单纯中求丰富，简洁中求变化，努力将买方最关心的和最有价值的信息运用简洁动人的视听语言表现出来，以达到简洁与载负容量的高度统一。

（3）时间与空间的重新组合原则。电视广告具有空间思维的独特性，其创作应使观众通过有限的画面空间联想出更为广阔的画外空间。电视广告时空运动有无限的自由，可以通过时空转换、交错、压缩、变形以及虚拟来拓展其表现空间。

电视广告策划的优劣决定着电视广告运作的成败，一般委托拥有专业人才的广告公司承担。广告的制作目的、预算规模、发布时间等元素都必须在策划中确定。

2. 电视广告的定位

电视广告的策划分为两部分：电视广告制作的策划和电视广告发布的策划。

整个策划过程分三个阶段进行：策划准备阶段，主要解决电视广告的定位问题；策划创意阶段，主要解决电视广告的创意及表现方式问题；策划实施阶段，主要解决电视广告制作或发布的操作问题。

电视广告的定位包括市场、产品、品牌以及受众定位。定位是一个心理接受范畴的概念，是承认顾客心中已有的对各种产品、品牌、市场、利益的知觉和印象等现实，在这种已有的知觉现实的基础上，寻求广告诉求的产品品牌的位置。电视广告的定位主要包括三大内容和步骤：第一，沟通客户，明确方向；

第二，市场调查，收集信息；第三，受众分析，确定策略。

为此，电视广告的定位需要经过以下准备工作：

（1）以超前意识预测市场环境。

（2）透彻地了解消费者群体的最新情况，确定自己的消费群。

（3）考察本产品的独特销售重点。

（4）树立明确、单一的定位思想。

（5）表现商品的重要优点，而不是明显优点。

（6）掌握最能促使人们产生购买欲望的承诺和保证，保证是广告的灵魂。

（7）收集人们谈论该项产品的言辞，以期用于电视广告的解说词中。

（8）参阅同类产品的竞争性广告，避免雷同沿袭，力求胜其一筹。

定位的任务就是确定电视广告诉求和规定电视广告的表现空间。电视广告的策划者就是在这个框架内展开他的创意和智慧。

3. 电视广告的发布

电视广告的发布（播出）要考虑播出时间、目标受众和传播方式三个最重要的因素。

（1）播出时间。

电视广告的主要特征是将所有传达的信息存放在时间的流程中，离开了时间因素，信息就无法传递。电视广告中的时间有三个含义：一是指电视广告的实际长度；二是指表现时间；三是指观众的心理感受时间。因此，要选择合适的播放时机、广告时段和投放密度。

在新产品推出之前和之中，适时进行一定密度的广告投放，可以取得“先声夺人”的效果。在激烈的商品竞争和广告竞争中，“机不可失，时不再来”应该成为广告策划人把握实际的警言。

（2）目标受众。

电视广告要取得最佳传播效果，就要选择合适的频道和时段，一般来说，节目的收视率与广告的收看效果成正比，但也不尽然，如下午6:30播出的动画片虽不在黄金时段，但十分适合儿童产品广告的播放。广告时段的选择更要具体分析时段特定的观众群体，他们才是广告诉求的真正对象。

（3）传播方式。

策划者可根据广告客户的要求和市场营销的需要来选择合适的方式或形式。

如系列广告，即同一个电视广告，可根据不同需求剪成30秒、15秒，甚至5秒的广告，还可制作成不同版本，满足多种需求；针对电视广告稍纵即逝的特点，可实行多媒体的广告组合和跨媒体的广告联动，与其他媒体结合起来投放；电视媒体的“广告套餐”原指采取价格优惠的形式，将广告黄金时段与非黄金时段结合起来的捆绑式销售手段，但这未必能满足广告主的具体需求，应多频道、多时段、多层次、多形式综合投放。

三、植入广告策划

为播出需求的生产与为发行需求的生产的不同之处，就是其投入成本回收渠道狭窄。因此，要么低成本制作造成质量无法保证，形成恶性循环；要么增加成本，而这种自产自销的方式又无法保证收回成本，更谈不上盈利了。美国的肥皂剧都在白天播出，却占了电视网三分之一的收入，因为肥皂剧是最适合植入广告的。他们的广告植入完全抵消了制作成本，还没播出就已经收回了成本，播出再冠名和其他广告就是净收入。

广东南方电视台栏目剧《真实故事》有一个5集的节目——《京珠北》，它是以2008年2月份南方冰雪灾害为背景做的一个连续剧。这个栏目剧是讲一辆大巴翻在了京珠北（京珠高速公路粤境北段）上，车上有14位乘客，包括孕妇、逃犯、医生、疑似“非典”病人、三角恋人等都被困在这辆车上，10天在这样一个封闭的空间中发生的事情，按照3万元/集的经费制作，用一个月时间来创作。他们将此剧定位为时事栏目剧，该剧在全国栏目剧联会上被评为全场唯一大奖。他们用了15万元的投入，但看起来像是用了200万元的投入，虽然都是群众演员，但效果却像是专业电视剧。其中还有一个很成功的实践，就是中国移动植入了30万元的广告。

现在很多电视台的制作与经营都是分开的，制作方不关心经营，经营方不关心制作。广东南方电视台的实践成功之后，台里广告部就成立了植入广告科，他们看到了这个植入广告的潜力。目前，植入式广告已经被许多电视台广泛采用，但如何策划得更好还是一个新课题。当然，植入广告也有一些弊端，如植入过多或植入生硬。

《丑女无敌》是由湖南卫视和响巢国际联合制作的大型栏目电视剧。该剧由风靡全球100多个国家的都市喜剧《丑女贝蒂》改编而来。《丑女无敌》第一季在“口水战”中迅速蹿红，夺得同一时段全国收视第一，累计观众达到2.42亿人。剧中丑女林无敌在有多芬LOGO的电脑屏幕上写日记，男主角费德南办公桌上的办公用品中有一瓶博士伦眼药水，剧中穿着印有多芬LOGO的布娃娃是联合利华并未在中国上市的产品，办公环境中的工作人员都离不开立顿茶的陪伴，概念公司的广告发布会发布的产品是联合利华的新产品清扬。此外，话题营销也通过其他媒介给该剧做了很好的立体广告。剧中的人物以一种夸张的表演引发人们在茶余饭后的议论，单百度贴吧就有近7万个帖子，同时“山寨剧”“雷人”“观剧指南”等网络词汇也迅速集结在《丑女无敌》第一季上，主流报刊、门户网站均对此剧抱有极大热情，网络聊天、博客、嘉宾视频访谈、户外广告等传播形式将剧集相关信息不间断、立体化、全面化地进行传播。

第二节 发行与版权交易策划

一、节目发行策划

电视剧作为观众最喜爱的一种节目类型，是电视台获得观众规模和广告收入的主要手段，也是各电视台投入重金、争夺激烈的宝贵资源。本书没有专门介绍电视剧生产策划，有兴趣可以学习另一门课程——编剧。这一节以电视剧经营为例来讨论电视节目的发行策划。

电视节目的售卖方式主要有两种：一种是（播映权）直接卖给电视台，这种方式叫做发行；另一种是通过播出置换广告进行经营，叫做“二次售卖”。此外，还有一种是把两者结合起来，即采用“贴片广告”的方式进行发行。电视剧经营策划主要也是这两种方式，一种是以满足市场发行为需求的经营策划，另一种是以满足本台播出为需求的经营策划。

《外来媳妇本地郎》自2000年开播，现已成为广东电视台影响最大、知名度最高、效益最好的品牌剧集。该剧每年直接投资700万元，广告收益却达到1亿多元。

电视剧运营的成功很大程度上取决于运营者对当下中国社会和文化变迁的正确认识和准确把握。影视频道运营策划的一个重要依据就是对收视数据的分析，基于这个分析，频道对整个收视市场和电视观众有了一个清晰的判断和基本的认识。在我国，没有纯粹的商业电视，电视除了承载娱乐功能和产业功能之外，还承载喉舌功能和文化功能。电视台在进行经营策划时要牢记着他们的社会责任和文化使命。一方面，他们要按照相关政策规避播出一些过于低俗、色情和暴力的影视剧；另一方面，他们也在积极策划、投拍和播出一些反映主流价值观的优秀电视剧。

在激烈的市场竞争下，广东南方电视台在短短八年的成长中，已经成功将其影视频道打造为广东“第一影视频道”。2008 年底，由广东南方电视台和东阳青雨影视文化传播有限公司联合出品的谍战剧《潜伏》浮出水面，由此引发了至今不减的舆论热潮。《潜伏》用电视剧手法艺术地阐述了信仰的力量和崇高的价值，是对社会主义主流价值观的经典传播，这些价值观不会随着时间推移而消失，《潜伏》也必将散发长久魅力。《潜伏》播出后不仅几乎拿到了当年中国所有的影视艺术大奖，而且在全国乃至世界各地华人圈中产生了巨大影响，在成为社会公共文化现象的同时也成为广东文化品牌的代表之一。

总结和梳理广东南方电视台的影视剧发展战略，可以归纳以下四点成功经验：

（1）作为电视媒体，注重和投入内容产业建设，不仅是社会文化建设的需求，也是广播电视事业发展的需求，还是媒体的社会职责所在，对于扩大媒体品牌的知名度和社会影响，提升媒体品牌的文化含金量和文化品格有着重大的作用。在影视剧等内容生产领域，在尊重艺术规律、尊重市场规律的同时，要讲导向、讲格调、讲文化品位。

（2）广东南方电视台对于电视剧，不是为播出而投拍，而是提升到品牌打造、品牌提升和品牌拓展的高度来认识，将其作为媒体发展战略的重要组成部分，从而形成一种高度的自觉。

（3）广东南方电视台在内容产业建设上有明确的发展目标和清晰的发展思路，并结合自身的发展战略进行立体综合布局。广东南方电视台的内容生产的未来布局除了电视剧、短剧、电影、动漫产品、纪录片、专题片、音像制品之外，也重视在图书出版、舞台剧、新媒体内容等方面落子，以期达到传播立体化，形成效益最大化，从而提升广东南方电视台的传播力和影响力。

（4）打造学习型的运营团队，培养人才，探索符合自身实际的运营模式和机制，注重经验的积累，成为广东南方电视台不可复制的核心竞争力。广东南方电视的电视剧运营团队不过几人，但凭借其专业水准和专业策划而成为广东南方电视台内容产业建设中最重要的核心竞争力。

面向播出市场，以“合”为主；面向发行市场，以“分”为主。能否将这两个市场兼顾起来呢？广东南方电视台进行了积极的探索，那就是采用类似套拍的形式，把短剧当长剧卖，实现将播出市场资源向发行市场转移的良性互动。众所周知，为播出需求的生产与为发行需求的生产不同，前者的投入成本回收渠道狭窄，因此要么低成本制作导致质量无法保证，形成恶性循环；要么增加成本，而这种自产自销的方式又无法保证收回成本，更谈不上盈利了。但广东南方电视台却在实践中找到一种新的盈利模式。

他们的栏目剧《跟红顶白三大元》有一个创新的地方，即短剧当长剧卖。从一开始策划时他们就决定两集当一集卖！但不是简单地把两集合并成一集，他们的剧本从策划时就想好了，合起来之后也要有悬念，要有故事性和延展性，所以现在是按栏目剧来拍，但是故事是按常规的系列电视剧来编排的，这样一做，价值马上就翻番了，在全国市场它基本可以卖到单集50万元。剪两个版，栏目剧在自己的频道播，销售的时候按连续剧来卖，就是说从策划、创作、生产到销售，都是按两个版本、两种方式来进行。这有点像套拍，但如果前期不策划的话，后面是没办法合的，因为故事要有延展性，要连贯，要像连续剧一样去做。

二、版权交易策划

版权交易指作品版权中的全部或部分经济权利，通过版权许可或版权转让的方式，以获取相应经济收入的交易行为。它属于许可证贸易范畴，是无形财产权贸易。电视节目的版权交易与发行不同，节目发行交易的是节目的播映权，版权交易的是节目的所有权。拥有电视节目的版权就等于拥有电视节目经营中的全部或部分经济权利，无疑能够获得更多的收益，因此，版权交易也日益成为电视节目经营中的一个重要的策划活动。例如，英国BBC制作的纪录片很棒，但由于他们是公共电视，不擅长商业开发，而美国国家地理频道和Discovery都有十分成熟的商业模式。于是，美国纪录片运营商就找英国人合作，双方商定英国的版权归BBC，英国以外的版权归美国人。美国片商依托其强大的全球营销网络获得了更大的经济权利，实际上等于英国人为美国人打工。而后，BBC 也开始进军海外市场，他们找到 CCTV 合作，双方商定中国的版权归 CCTV，中国以外的版权归 BBC，相当于中国人为英国人打工了。

《故宫》的市场营销不仅标志着中国纪录片市场开发跃上了一个新台阶，而且标志着我国电视节目经营进入版权交易的广阔市场。它的市场开发分为国内和海外两个市场三大部分：央视播出的广告、海内外播映权的销售（美国国家地理频道负责海外市场，把它卖到 100 多个国家）、音像制品销售。如今纪录片的版权交易已经不是成品交易，而是提前到节目制作的前期策划中，在策划方案出来之后就洽谈合作方式和版权交易，变现货交易为期货交易。引入与国际接轨的纪录片交易形式，让制片人和买家面对面直销。版权交易的策划，一方面有赖于电视节目的创意，另一方面依托庞大的营销网络和强大的播出平台。

第三节 产业链的策划

电视产业有一个双重产业链：一是基于节目价值的产业链，包括节目制作、节目交易、节目播出、节目传输等；二是基于受众价值的产业链，包括受众形成、广告经营、付费电视、衍生产品经营、其他受众经营等。当今电视业呈现节目价值向受众价值转移的趋势，这就给电视节目策划提供了更大的空间。

一、价值链策划

价值链的概念由美国哈佛大学教授迈克尔·波特于 1985 年在其所著的《竞争优势》一书中提出："价值活动是竞争优势的各个相互分离活动的组成。每一种价值活动与经济效果结合是如何进行的，将决定一个企业在成本方面相对竞争能力的高低。每一种价值活动的进行也将决定他对卖方需要以及差异化的贡献。"

产业链是指在产业活动中从产品的生产到消费不断创造价值的一条相互衔接、环环相扣的价值链条，一般包括研发、生产、交换、消费等环节。当这一产业链在市场经济中高速运转时就会不断地实现增值，从而成为一条完整的产业价值链。

电视内容产业价值链的策划要充分考虑其所处的媒介环境，包括影响其生存和发展的外部因素，主要是政治、经济和文化因素。在国际传媒业，长期以来，竞争、垄断、管制、多样化四大问题彼此制约，难解难分。在美国，其内容产业是高度商业化的，以市场为主导；欧洲则相反，以政府管制为主导。在美国文化霸权和内容产品的强势入侵下，西欧国家也有所改变。出于文化安全的考虑，欧洲国家在内容产业政策方面还是有保留的，即使在欧盟各国签署的WTO文件中也有对本国文化产业保护的条款。这就制约了一个国家的电视内容产品进入他国，制约了产业链向国际市场的拓展和延伸，但是优质的内容产品还是可以通过各种渠道进行渗透的。

根据纳什均衡理论，在政府和产业博弈之间需要寻求一种均衡，这种均衡是不断变化、不断被打破和不断发展的均衡。产业政策就是一国政府根据本国国情、经济发展的历史阶段以及产业发展规律的要求而实现社会资源最优配置的政策体系。产业政策正是按照成本最小化的原理，将市场机制与政府调控进行优化组合，使市场力量与国家作用在一种新的条件下实现平衡，成为发挥两者有机组合功效的成功途径。对于我国电视内容产业来说，目前最大的障碍是人为地割裂产业链。以播放平台的改制、融资政策为例，播放平台一直是政府管制的重点。目前，电视对系统外资金，特别是民营资本参股产业相关性较高的播放平台仍采取严格的限制政策。由于播放平台体制不顺、机制不活，无论国有还是民营体制的内容生产企业都无法真正经营好，要获得更大发展就更为不易了。因此，产业链的打造就在于如何在现行政策的限制下进行打通产业链的策划。

打造电视内容产业链还要理清内在机制。要打造强大的内容生产力，首先要解放思想，转变观念。当务之急是把意识形态相关性高的事业板块和产业相关性高的企业板块分开运营。确定我国发展电视内容产业的战略方向：发掘优秀民族文化，瞄准海内外传媒市场，进军数字内容产业，加快电视内容产业建设步伐。基本目标如下：

（1）电视内容产业成为社会经济发展和文化产业集群中的支柱产业；电视内容建设形成较为完整的产业链和建立完善的市场体系，塑造新的投资主体并实现投资渠道的多元化。

（2）在电视内容产品产销中，要大幅提升销售比例，尤其要打开海外市场，打造出集投资、研发和产销于一体的中国电视内容产业集群。

（3）建立区域性影视生产基地，同时积极推进社会化生产；大力扶持明星民营影视企业；大力扶持数字媒体内容供应商。

（4）搭建海内外两大节目交易平台；建立全球性电视内容产品交易网络及配套服务体系；形成若干中国电视节目交易的集散地，积极推进两岸三地华语电视节目的交流合作。

（5）借助境外的先进理念和高校的智力资源，建立我国电视节目研发机构和影视专业人才培训基地；提高中国电视内容原创力并使其创新赶上国外先进水平。

二、少儿节目策划

近几年来，随着我国对少儿电视的重视，少儿频道逐渐建立起来，但是其收视份额普遍不高，基本上是收视率较低的几个频道之一。据调查，少儿频道在70%的时段缺乏竞争优势，广告创收艰难。广告创收普遍成为少儿频道的最大压力。制约少儿电视发展的瓶颈除了制作理念上的误区外，恐怕还要从产业功能与经营开发上找原因。

少儿节目作为一种电视内容产品，具有两种属性。一种是意识形态方面的属性，另一种是产业方面的属性。这两种属性决定了少儿节目具有两种功能：教育功能和产业功能。我国少儿电视内容产业的整个产业链尚未形成，在电视内容产品生产与销售这两个主要利润区的增值并不大。如何做强我国少儿电视节目？从产业角度来看，一要转变观念，充分认识少儿节目的产业功能；二要大力扶持，加大少儿节目的投入；三要不断提高少儿节目的制作水平；四要多元开发少儿节目的营销网络。从策划角度来看，要努力拓展少儿节目的衍生产品。

策划或研发环节是我国少儿电视内容产业中的一个薄弱环节，而这一环节又恰恰是产生利润的源头。按照国际惯例，动漫产业70%以上的利润来自音像出版和衍生产品。据统计，美国儿童节目80%的收入来自衍生产品开发，可见产品研发的市场潜力是很大的。重视对研发环节的开发可以提高整个少儿电视内容产业的水平。

我国少儿电视产业在进行衍生产品的开发中也具有与国外电视不同的特点。美国迪士尼儿童频道主要注重上游产品的开发，而我国三辰公司的蓝猫系列则重点通过开发下游产品来赢得市场。日本的动画产业链从漫画开始，而我国的动画产业链则从玩具开始。此外，我国少儿电视节目也可以探索多行业的整合开发，少儿教育类节目的衍生产品 DVD 既可以作为学校课堂教育知识性教材，也可以作为多媒体教材，甚至可以采取同学校或者教育培训机构联合开发的形式等等。

电视内容产业链可以向纵向和横向两个方向拓展和延伸，产业链纵向延伸，研发—生产—销售—衍生产品开发，如动漫产业；产业链横向延伸，电视—网络—移动媒体等跨媒体经营。动画是少年儿童喜爱的电视节目，如《喜羊羊和灰太狼》不仅被做成电视动画片，还被做成动画电影，不仅可以开发各种衍生产品，还可以进行品牌授权经营。

第四节　品牌活动策划

电视品牌活动策划主要有三大类别：媒体（频道）品牌策划、节目（栏目）品牌策划、活动品牌策划。

一、电视品牌策划

中国的电视发展到今天，品牌已经成为一个不可回避的话题和现象，从大量借鉴甚至相伴而来的节目模仿，到现在逐渐摸索和结合频道乃至电视媒体整体运营的品牌建设，中国电视策划的黄金时代其实还没有真正到来。从题材到类型，大量的同质化竞争，缺乏法律和行业规则的保护，使得我们的电视节目策划经常陷入“火什么做什么”的克隆窘迫之中。大量的例证说明：附加价值是价格和利润最主要的部分，而品牌是创造附加价值最主要的源泉。品牌一旦建立，就可以带来巨大的经济效益，而在媒体竞争当中，品牌还包含了巨大的社会效益和影响力。

何谓品牌呢？一个品牌不仅是用以区别不同制造商品的标签，还是一个复杂的符号，代表了不同的意念和特征，最后的结果是变成商品的公众形象、名声或个性。品牌中的这些特征比产品中的技术因素显得更为重要。品牌不仅是名称和象征，而且是重要的资产——无形资产和可积累资产。品牌是客观价值和主观价值、产品形象和企业形象、有形资产和无形资产的统一体。比如电视节目创新走在行业前沿的湖南广电、江苏广电等媒体，旗下往往拥有强大的研发机构，其媒体整体定位和形象构建也是同业当中的佼佼者，想到湖南电视台我们就会想起《超级女声》《爸爸去哪儿》等一批关注度超高的娱乐节目，而这些节目背后则是“快乐中国”和“芒果台”清新欢快的娱乐品牌。

需要指出的是，品牌塑造不是简单的媒体整体性包装，更不能简单地理解为拍摄宣传片，而是要把媒体的中长期定位思路贯彻到从宏观到微观的各个层次的电视策划活动当中去，让观众切实感受到具体的电视艺术带给他们的电视媒体的不凡品质和独特魅力，才能说真正地塑造品牌，培育受众忠诚度。重视和强调品牌是一个以消费者为中心的概念。品牌的价值体现在品牌与消费者的关系之中。没有消费者，就没有品牌。消费者对品牌的感觉成为现实，品牌资产就会等同于消费者对它的期望。

如今的电视频道越来越多，在眼花缭乱的情况下，消费者如何在最短的时间内找到清晰的，与自己有关联的，符合自己的文化、地位、品位、喜好的电视频道和节目？“差异性”是指品牌与一般产品的不同之处和不可替代性，是使品牌脱颖而出、成功的第一步。“相关度”是指品牌与消费者相互关联的程度。如果品牌和消费者不相关，就无法吸引消费者去使用品牌。“有相关度的差异性”是品牌的原动力。“评价”是消费者喜欢该品牌的程度，通称美誉度。如果电视台或电视频道或电视栏目的节目能够持续建立“有相关度的差异性”，观众就会给予这个品牌高度评价。评价越高，忠诚度就越高，品牌的价值也就越高。这种评价是可以通过收视率和美誉度以及广告的价格反映出来的。“认知”代表品牌知名度和消费者对品牌意义的了解与认同，是品牌建设的起点和终点。

品牌作为一种具有“内在价值”和“交易价值”的无形资产，本身即是财富。品牌虽然是一个商业产物，却包含着丰富的文化意蕴。影视产业中的好莱坞、CNN、Discovery 等品牌更是美国“文化入侵”的代表。因此，在国际市场上，每一种品牌都代表着一种文化——不是民族文化，就是企业文化。中国电视肩负着建构和传播国家形象的重任，电视品牌策划就可以体现这一文化软实力。

“电视媒体品牌的一个重要特点就是：主持人、现场记者既是电视产品的制造者，也是电视产品的一部分，还是电视产品的传播者。”① 早在1998年，笔者就在《中国电视呼唤名记者——兼论电视新闻记者的角色定位》一文中提出名记者、名主持的明星生产线：记者—名记者—主持人—名主持人。笔者认为：“中国电视新闻改革的当务之急，就是培养和造就大量的优秀的电视新闻记者，尤其希望看到更多的名记者!”② 这些理论为后来凤凰卫视的名记者、名主持、名评论员的“三名战略”所实践。在电视节目品牌策划中，不仅是节目（栏目和频道），还有主持人、记者、编导、演员和节目公司等，都可以创造自己的品牌。节目品牌的经营策划实际上就是对节目这一无形资产的创造、开发和利用。当然，节目品牌经营策划如果不当，如过分的“商业炒作”和急功近利，也会自毁形象，砸了自己的牌子，这种缺战略眼光的品牌策划也就成了一种“泡沫策划”。

当今企业的市场营销已不是靠单一的广告，而是通过整合各种营销渠道和手段来获取更好的传播效果，而“活动营销”也成为企业喜爱的品牌传播方式。各式各样的大型电视活动也成为打造电视品牌的重要平台，此类活动主要通过仪式传播来实现品牌建设。如中央电视台的“感动中国”、广东南方电视台的“南方盛典”等电视年度庆典活动，都逐渐形成有社会影响力或行业影响力的重要品牌载体。

二、系列品牌策划

如今，电视媒体的竞争态势已经进入品牌影响力竞争的时代。广东南方电视台通过其“南方盛典”系列的策划与经营做“内容的制造商”，即用自己的行为制造媒体可挖掘的新闻素材，使得自己再一次成为媒体聚焦的对象。“南方盛典”系列包括“南方时尚盛典”“南方阅读盛典”“南方百花盛典”“南方短片盛典”“南方·华人慈善盛典”“南方影视盛典”，这六大盛典逐一登场亮相，引发话题、卖点不断达到高潮。由于这一系列活动较为高端，广东南方电视台也成为其他媒体聚焦的目标，使得广东南方电视台能迅速占领高端，辐射全国，

---

① 靳智伟，华明，卢锋．南方博弈：全球化语境下的电视竞争策略．广州：南方日报出版社，2006．173．

② 谭天．中国电视呼唤名记者——兼论电视新闻记者的角色定位．电视研究，1998（8）：55．

引领潮流，为具有南方特色的文化搭建了一个辐射全国的合作交流平台。

“南方盛典”作为广东南方电视台的品牌活动，是广东南方电视台的品牌标签，而“南方盛典”各品牌活动的标签，又会进一步提升品牌的影响力。由此，注意对“南方盛典”家族的成员冠以不同的标签，使品牌在不同领域中产生强烈反响，形成品牌的核心竞争力，则显得至关重要。

1. “南方时尚盛典”——时尚品牌

“南方时尚盛典”原本单纯指“南方新丝路模特大赛”，是广东南方电视台携手新丝路模特机构打造的南中国享誉盛名的时尚模特赛事。从2002年至2010年已成功举办了九届，成为广东南方电视台品牌活动的一个时尚品牌。为改变观众对电视上泛滥的“选美”产生严重审美疲劳的现状，“南方新丝路模特大赛”走了一条不同于一般的“选美”之路，汇集全国各大媒体、时尚品牌、顶级设计师、知名设计院线，形成完善成熟的赛事流程，升级为一场集服装、妆容、举止乃至观念都引领时代潮流的时尚盛典。2002年底，吴英娜荣膺“世界小姐”后，被聘任为广东南方电视台和“南方新丝路”的形象代言人，一年后，第53届“世界小姐”关琦也成为其中一员。“世界小姐”的加盟成为一种符号，为“南方盛典”的时尚品牌锦上添花。

2009年9月3日，真正以“南方时尚盛典”命名的第一届典礼正式举办(The 1st TVS Fashion Awards)。第一届“南方时尚盛典”即第八届“南方新丝路模特大赛”。这一次盛典上，除了按往常模特大赛奖项设置外，还设置了时尚星光奖、时尚摄影师奖、时尚造型师奖、年度时尚品牌、年度民族文化时尚奖等等。2010年，第二届“南方时尚盛典”即第九届“南方新丝路模特大赛”推出“新世纪十年时尚风云志”名单及时尚先锋论坛，盘点了21世纪伊始十年来时尚界的风云标杆人物和机构，确立了“展示中国时尚名品、推介中国时尚人物、倡导中国时尚潮流”的理念，完成了时尚品牌的升级。

2. “南方阅读盛典”“南方百花盛典”——文化品牌

2009年9月11日至10月23日，广东南方电视台启动第一届“阅读盛典”。盛典由广东南方电视台主办，联合广东各大购书中心、人文书店、国内主流网络书店、各类主流读书网站，以盘点年度图书出版、创作为主题，以广东地区观众为主投票产生的年度图书排行榜。该排行榜强调“大众阅读”，力图促进

“全民阅读”风潮。恰逢新中国成立 60 年，2009 年阅读盛典活动将 60 年作为主题，以“开启 60 年阅读记忆”为口号，对 1949—2009 年的中国读者阅读历史进行梳理，并以“致敬”方式，综合利用电视、文字等手段予以表达。同时对 1999—2009 年新世纪阅读 10 年的图书出版、创作进行评奖，并推出 2009 年度图书及作家排行榜。阅读盛典举办期间，广东各大购书中心、人文书店同时推出作家读者见面会、两岸三地书店对话、数字阅读专场、图书漂流等各类地面活动，形成为期一个月的快乐阅读嘉年华。2010 年，阅读盛典以“华语的世界，世界的华语”为主题，并利用微博等新媒体评选读者最喜爱的书店。

广东南方电视台借助“南方阅读盛典”的推力，于 2011 年开办阅读类电视节目，搭建电视媒体的阅读平台，形成与品牌活动良好的互动关系。任何一个企业都要拥有自己的核心文化，电视台的文化活动品牌更要体现人文关怀与思考。

除了“南方阅读盛典”，由广东南方电视台、上海东方电视台、北京电视台、深圳电视台等 17 家省市电视台联合主办，广东南方电视台承办的“南方百花盛典 · 盛世中华 2010 年春节戏曲晚会”，邀请了包括尚长荣、李维康、茅威涛、丁魁智、李胜素、李仙花、丁凡、倪慧英、欧凯明、李淑琴、陈玲玉等在内的多位戏曲界名伶，为观众呈现一台精彩纷呈、如诗如画的戏曲盛宴。借助这个平台，广东本土的粤剧突破了语言差异导致难以传播的问题，进一步提升了粤剧在全国戏曲界的地位，推动了戏曲文化的大众传播。

“南方阅读盛典”以及“南方百花盛典”打出两张文化牌，让“南方盛典”的文化品牌形象进一步深入人心，又彰显品牌活动的深度性。

3. “南方短片盛典”——多媒体品牌

“南方短片盛典”即“南方多媒短片节”（Southern Pocket Film Festival，简称 SPFF），创办于 2009 年，由广东南方广播影视传媒集团主办，广东南方电视台承办，是中国第一个“多媒”短片节。“南方多媒短片节”面向所有影像创作者，征集以多种媒介手段制作而成的片长为 5 分钟以内的短片，并经由国际的艺术评委对短片进行评选，旨在推动中国短片的发展。本活动由影像竞赛、公众活动、影像联展、颁奖盛典、学术研讨五大部分构成。

2009 年 7 月 15 日，“南方多媒短片节”正式启动，以“我 · 我见”为主题，旨在进入多媒体时代，使生活中的每一个人都可以用镜头去捕捉与感受真实生活，用自己的视角和全新的记录方式去认知与思考我们生活中的社会。打破传统的摄像机、相机与电视的单一模式，拓展至DV、手机、电脑等多媒体形态。

这是广东南方电视台向新媒体拓展的一个尝试和努力。“南方短片盛典”注重与新媒体的合作拓展。参送短片跨媒体传播展示——广东南方电视台三大电视频道、优酷网、ITVS全程展播，开拓出影像展示方式的多元化与复合化，促进了广东南方电视台多媒体品牌的发展。

4. “南方·华人慈善盛典”——公益品牌

品牌活动不但要扩大企业的知名度，同时还要提升企业的美誉度，以达到知名度高、美誉度高的最佳状态。广东南方电视台为了提升媒体社会责任感和企业影响力，打造了“南方·华人慈善盛典”的品牌活动。2008年11月29日，第一届“南方·华人慈善盛典”启动，推出“改革开放30年，华人慈善30人”的评选活动。2009年的慈善盛典以“家族传承”为主题，弘扬慈善文化，传播慈善风尚，传承慈善信念，设有慈善人物奖、慈善纪念奖、慈善集体奖、慈善明星奖四大奖项，着重褒扬那些几代人都持续做慈善的家族。2010年，盛典继续高扬“善泽南粤·侨爱中华”的主题，用慈善事业改变“穷广东”的面貌。慈善盛典立意较高，不但符合广东侨乡的实际，还暗合社会的慈善心理需求。这一品牌活动促进了社会对公益事业的关注。

5. “南方影视盛典”——颁奖品牌

被誉为“中国电视剧华南风向标”的“南方影视盛典”是华南地区最新锐、最恢宏的影视盛典。它以收视率为基础，盘点年度电视精华，将全年收视率位列前茅的影视剧和明星纳入候选名单。自2004年至今，已成功举办了七届。“南方盛典影视颁奖典礼”是广东唯一由电视台发起的影视及品牌影响的颁奖典礼。收视率代表的就是观众的选择，这是“南方盛典影视颁奖典礼”区别于其他影视颁奖典礼的核心竞争力。

“南方盛典影视颁奖典礼”倡导的“大众电视，大众评选”的判断方式所创造的价值，不仅仅局限于为广东南方电视台赢得一场晚会的热闹，从更深层面上说，在于对影视行业尊重市场的鼓励、对电视人以观众为本的引导。

第五节　窗口化策略

一、节目“变现”的行销模式

在媒介经济学中，有一个被外国电视产业广泛运用的行销模式理论，包括BBC在内的众多国外知名媒体都曾依靠它成功地实现了电视节目内容的“变现之路”，这个理论被称为“窗口化策略”。

传媒产业的普遍特征之一在于对“范围经济”的应用，即把某一媒体产品重新改变形式后放到另一市场销售，从而实现节目价值的最大化。“窗口化策略”在某一程度上和“范围经济”相似，其内涵在于节目供应商通过把一级、二级、三级的电视观众看成不同的“窗口”，将同一电视消费品投放到不同市场进行销售，以此最大限度地开发、利用节目，实现供应商的收入最大化。

窗口化策略包括两大部分。第一，一个电视节目开发的“窗口”越多，相应地需要投入更多资金和制作元素，从而增大对各个“窗口”的吸引力，节目带来的收益也随之更高。例如，在某一节目中邀请某一明星加入，可以增大对喜爱该明星的受众窗口的吸引力。第二，节目供应商利用节目版权和其他产业合作制作相关附加产品，从而开发不同的附属市场，形成多级销售，从而增加收益，扩大该节目的影响力及提升知晓程度。

窗口化策略通过向不同的发行窗口销售电视播放权获得收入，以及利用版权开发附加商品从附属市场中赚取利润。如此通过节目的多重出售，既刺激了节目制作者的创造力，也活跃了电视节目制作市场。

由于窗口化策略的核心在于将单一传媒产品投放到多个不同“窗口”市场进行销售，因此在投放过程中，随着对不同窗口需要的满足，单一节目产品的投入增多，其规模亦随之扩大，节目生产的边际成本随之变小，这也就是“规模经济”的独特魅力。通过增加受众窗口，将生产配置合理化，增加重要元素的投入，扩大节目生产或运营规模，使得节目生产商在尽可能获得最大经济效益的同时，也能够提高产品在同类产品市场中的竞争力。

二、美国真人秀节目《急速前进》

《急速前进》（*The Amazing Race*）是美国 CBS 制作的一档竞技类真人秀节目，从 2001 年开始按季播出。在节目中，参赛者必须按照信息提示周游世界、进行竞速比赛。《急速前进》自开播后收视率节节攀升，在全球电视荧屏上产生巨大影响。相关资料显示，《急速前进》通过版权的多重出售，已被中国、加拿大、芬兰、菲律宾、新加坡、拉丁美洲等多个国家和地区引进播映，并制作发行了各地区版本的《急速前进》。该节目还曾于 2010 年与游戏公司合作，推出以节目为蓝本的游戏 *The Amazing Race*，售价 29.99 美元。在 2003 年到 2011 年之间，凭借超高的影响力，《急速前进》连续拿到 7 届艾美奖黄金时间最佳竞赛类实境节目的殊荣。《急速前进》的窗口化策略分析如下：

1. 满足不同“窗口”的需要——实现受众最大化

美国电视节目多为制播分离，因此降低了其交易成本，但是对于节目制作公司来说，制播分离就要求其制作出来的节目更具有竞争力，否则便会被市场淘汰。无论是美剧、脱口秀，还是真人秀节目，电视台基本都采用试播制，即一档节目在推出时，根据其一个月或前五周的收视情况，决定是否继续播出。在新一季节目推出之前，也会根据之前的收视数据决定是否继续购买播出权。因此通过窗口化策略实现受众最大化，增加其节目竞争力和提高节目收视率符合美国电视节目的制播需求，逐渐成为美国电视节目一个普遍遵守的规则。

窗口化策略将不同级别、不同诉求的观众分为不同的“窗口”，根据每个“窗口”的不同需求，尽可能投入资金去实现，从而满足更多“窗口”的需求，使这些“窗口”的受众成为节目的受众，实现受众最大化。例如投入某一元素（名人、歌唱、舞蹈等），是为了增大对某一“窗口”的吸引力，从而增加节目对这一部分受众的吸引力。但运用窗口化策略首先要明确节目目标受众群，而不是毫无针对性地盲目追求多开“窗口”，否则会使节目目标受众群模糊，无法达到运用“窗口化”策略的目的。

《急速前进》作为美国一档长盛不衰且收视率一直居高不下的真人秀节目，其对于“窗口化”策略的运用是很有代表性的。首先，《急速前进》定位为竞技类真人秀节目，其主要目标受众明确定位为中青年人群。而根据中青年人群不同的收看需求，又将其分为多个不同的“窗口”：对于旅游知识类诉求“窗口”，节目将竞赛范围扩大至全球，同时每去到一个地方，都会对当地的基本情况、著名的名胜古迹、特产等进行介绍并将其融入对选手的考验；对于具有冒险诉求的受众，节目将竞赛环节精心设置成不同的冒险环节，囊括了高空探险、潜水、荒岛生存、极地援救等多种项目；而在选手的选择上，也能看出其“窗口”设置的细分化。《急速前进》每季有 11 至 12 支参赛队伍，每支参赛队伍由两名有一定关系的成员组成。而纵观十八季以来每季的参赛队伍，不难发现在参赛队伍的选择上也符合窗口化策略。为了满足不同受众不同的情感诉求，每季节目将受众分为亲情、友情、爱情等不同“窗口”，并根据这些“窗口”设置选手，在竞赛过程中调整选手的极限，从而诱发选手之间的情感变化，从而吸引不同的受众。节目第五季时开始增大冒险情节的比重，首次引入荒岛生存等环节，在使参赛者心理上产生巨大波动从而增加矛盾和摩擦的同时，也吸引了更多的观众，使原本前四季多在 8 至 9 范围内徘徊的平均收视率一下子上升至 10. 73。这就说明了适当投入更多资金打开新的“窗口”会对一部分受众产生新的吸引力，从而提高节目收视率。

这种将受众“窗口化”的方式实际上是制播分离模式下不断健全电视系统的分销系统、规制独立制作的节目配额、保障节目制作人权利的必然。而通过这种“窗口化”策略，也刺激了节目制作者的创造力，使节目制作者更能考虑到受众需求，从而创造出受众喜闻乐见的电视节目。

2. 生产附加产品开发市场

在窗口化策略理论中，要实现节目价值的最大化，除了将节目尽可能多地投放到不同窗口与渠道中销售之外，还要能够开发出能产生最佳回报的销售模式。一个成功的电视节目，应当不仅能够通过向不同的发行窗口销售电视播放权获得收入，还要能够利用版权开发相关的附加商品从附属市场中赚取利润，《急速前进》就办到了这一点。

资料显示，游戏公司 Ubisoft 购买了《急速前进》的游戏制作版权，于 2010 年 11 月 2 日在美国推出以该节目为蓝本的同名游戏，运行平台为 Wii、iPhone 和 iPhone touch，售价定为 29. 99 美元。如此一来，Ubisoft 公司每成功售出一份游戏，作为版权所有者的 CBS 即可获得一定的版权收益。凭借这种“另辟蹊径”的行销方式，电视节目供应商利用自身节目版权与其他产业合作生产相关附加产品，从而开发另一附属市场，对扩大节目影响力及提高其知晓程度有显著作用。

三、规模经济效益的形成

美国的电视制作业的资金模式是“赤字财政”的模式，节目制作方分担节目制作中的一部分资金。作为回报，他们可以获取自己制作的节目的二级或者三级销售权，制作方而不是电视台可以开发那些红极一时的节目。当每多生产一个单位产品的成本随着生产规模或营运规模的扩大而降低时，即其边际成本下降时，就会形成规模经济，这是传媒产品的一大特征。在“窗口化”策略的作用下，其成功的电视节目便基本都形成了规模化经济效益模式，《急速前进》就是一个成功的例子。

1. 版权收益

《急速前进》虽不是以制播分离形式制作的，但其版权同样归节目制作方CBS所有，因此CBS拥有本节目的开发权。作为一档环球探险真人秀节目，其耗资巨大，除策划团队外，还要保证每组选手都有一组专业摄像全程跟拍、选手比赛的所有资金、竞赛项目设置所需的人力物力、选手比赛的奖励等资金运作。除第一季的节目制作完全依靠投资外，后十二季的节目制作都有其本身资金周转的成分，且占资金投入的大部分，即用前一季节目的收益投资下一季节目的制作。而其中最重要的部分便是其版权收益。2005年10月，CBS首次卖出海外版本拍摄权给海外地区，电视网络AXN亚洲于2006年11月9日推出首个海外版本《急速前进亚洲版》。随后，巴西、以色列、拉丁美洲、中国、澳大利亚等地争相购买其节目版权，截至2011年1月，不包括已中止制作的中欧版本，共有7个国家或地区制作了自己的版本。同时，除了售出拍摄版权，CBS还对外售出播映版权。目前国际上共有不同国家和地区共12个频道购买了其播映版权。这同时也是其“窗口策略”的一部分，通过不断地出售播映版权，进行二次销售，降低了其边际成本，从而形成规模经济。《急速前进》节目的规模经济的形成是其节目运作的经济保证与经济基础，同时也是CBS愿意持续推出此节目使其长盛不衰的基础。

另外，如前文所提到的，《急速前进》还与游戏公司合作，将版权售卖给游戏公司Ubisoft，制作出一款以该节目为蓝本的同名游戏*The Amazing Race*，分别在Wii、iPhone和iPhone touch平台上运行，并将售价定为29.99美元。通过生产游戏这一节目的附加产品，开发新的市场，除了能够从附属市场中赚取额外收益之外，还能依靠游戏作为载体提升节目在受众心中的知晓程度，扩大节目影响力，最大化地将节目价值“榨取”利用。

2. 广告收益

同时，《急速前进》的资金投入少不了广告的份额。不同于《美国偶像》《美国超模》等有明确广告赞助商且节目中会直接为其做宣传的真人秀节目，《急速前进》在广告回馈方面显得十分低调。其植入式广告与节目内容即竞赛项目紧密结合。如第十八季对其赞助商福特汽车公司的广告回馈就是在比赛过程中全程使用福特汽车，并设置一定的项目展现福特汽车的新性能和功能，通过选手自身的体验说明其性能与功能的特点和作用，并作为项目奖励赠予选手，这种情境式植入广告便委婉而不让观众反感地为福特汽车做了很好的宣传。《急速前进》作为全球竞赛类真人秀节目，赞助商中最为特别的应该就是比赛当地的赞助部分。节目制作团队会在节目策划阶段在比赛所在地区筹集当地赞助，而作为回馈，同样是将其作为比赛的一部分进行植入式广告，如第十八季中国桂林的茶叶店以及印度的茶叶店、书店和品牌饮料等。这样不仅避免了赞助垄断，使节目不会有过重的商业性质，同时也使节目在世界各地拍摄时更加顺利。

第六节 从节目到平台

面对互联网的冲击，电视节目单一的播出平台和运营模式已经难以招架。电视媒体当然还是“内容为王”“节目为本”，问题是我们不仅要做内容产品（电视节目），还要做服务产品；我们不仅要依托原有的播出渠道（电视频道），还要构建从线上到线下的媒介平台。互联网思维及其O2O模式给我们提供了一条值得借鉴的思路。

一、电子商务及O2O模式

电子商务是零售业互联网化的一种新业态，而O2O电商模式则是互联网给我们提供资源聚合和关系转换的一个媒介平台。2014年9月19日，电商巨头阿里巴巴在纽约交易所上市，不久市值已达2 383.32亿美元。然而，阿里巴巴并未能够独步天下，京东商城向它叫板。京东商城何以挑战阿里巴巴？O2O 是神器。

京东商城的自营模式和自建物流加上腾讯的社交平台等资源的集合，将互联网的极致思维发挥得淋漓尽致，成为投向阿里巴巴的利剑。京东商城用极致思维打造了一套"15 分钟送货到家""突破最后 100 米"的自建物流模式，实现了运营商从线上到线下的无缝对接。这是一套怎样的物流模式呢？京东商城以"两个系统 + 三大物流"的平台体系构建了这一 O2O 模式："线上"的信息系统和"线下"的物流系统。物流系统分为三级配送系统：全国网络配送、同城配送、本地实时物流点对点配送。2014 年第一季度末，京东商城召开"零售业 O2O 战略 & 万家便利店 & ERP 供应商"签约仪式，与全国十五座城市、上万家便利店及商家进行 O2O 合作。[①] 经过京东商城的改造后，线下的便利店不仅仅是线下售卖终端，而且是线下物流终端。

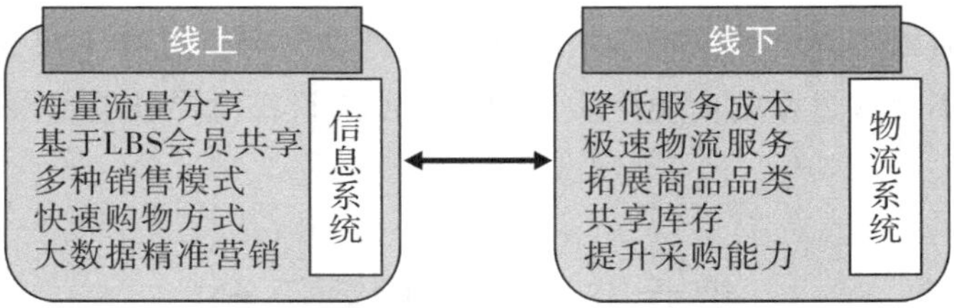

京东商城 O2O 模式

何谓 O2O？O2O 即 Online To Offline，由美国人 Alex Rampell 提出，2011 年被引入中国。概念源于电商领域，又称"线上线下电子商务"，即将线下商务的机会与互联网结合在一起，让互联网成为线下交易的前台。O2O 电子商务模式的基本商业逻辑是，用户在线上平台预先支付，然后到线下消费体验，商家实时追踪其营销效果，由此形成闭环的商业服务和体验过程。O2O 是将线下商务的机会与互联网的技术结合在一起，拓展产品销售的渠道，同时起到推广和成交的作用。O2O 电商模式的核心是搭建提供资源聚合和关系转换的平台，以实现需求和价值的创造。目前 O2O 的发展主要有四种模式：

---

① 王晔．京东的 O2O 模式玩法．销售与市场（商学院），2014（6）：38～39.

1. 先线上后线下模式

企业先搭建起一个线上平台，以这个平台为依托和入口，将线下商业流导入线上进行营销和交易，同时，用户借此又到线下享受相应的服务体验。如腾讯的 O2O 生态链条：以微信平台为大入口，后端有腾讯地图、微信支付等做支撑，中间整合本地生活服务，构建起线上线下互动的闭环。

2. 先线下后线上模式

企业先搭建起线下平台，以这个平台为依托进行线下营销，让用户享受相应的服务体验，同时将线下商业流导入线上平台，在线上进行交易，由此促使线上线下互动并形成闭环。如苏宁云商提出“电商 + 店商 + 零售服务商”运营模式。

3. 先线上后线下再线上模式

企业先搭建起线上平台进行营销，再将线上商业流导入线下让用户享受服务体验，然后再让用户到线上进行交易或消费体验。在现实中，很多团购、电商等企业都采用了这种 O2O 模式，京东商城就是采用这种模式。

4. 先线下后线上再线下模式

企业先搭建起线下平台进行营销，再将线下商业流导入或借力全国布局的第三方网上平台进行线上交易，然后再让用户到线下享受消费体验。餐饮、美容、娱乐等本地生活服务类 O2O 企业采用这种模式的居多。

O2O 的运营可以为消费者、商家、O2O 运营商、第三方服务提供商等在内的所有利益相关者创造价值，实现持续盈利。其中，O2O 运营商是重要环节和中间枢纽，起着聚合资源、转换关系、响应需求和创造价值的平台作用。它打通了线上虚拟渠道与线下实体渠道的消费环节，实现了线上服务与线下服务对接，使得线上渠道和线下渠道的关系从竞争转变为协同。①

新兴媒体基于互联网，但不止于互联网。聚合资源、响应需求、创造价值是媒介平台的三大功能，O2O 模式正是通过线上线下对接，形成商业闭环，从而实现功能利用的最大化和商业利益的最优化。电视媒体利用新媒体不一定要

① 吴芝新. 简析 O2O 电子商务模式. 重庆科技学院学报（社会科学版），2012（13）：73～74.

做电商，但可以借助互联网思维和电商模式来做内容、做服务、做运营。

二、《DV 现场》的 O2O 探索

新兴媒体其实不是“媒体”，或者说不是传统意义上的“媒体”，而是基于互联网的媒介平台。因此，新兴媒体不是“内容为王”，而是“服务为王”。相比传统媒体，媒介平台有两大特点：一是能够聚集更多的资源，不仅有线上的，还有线下的；二是关系转换，它把观众、网民及其相关参与者都转化为这个平台的用户，而且这个用户不只是信息的被动接受者，还是信息的提供者、服务的消费者以及品牌推广的参与者。因此，媒介平台不仅是一个资源的聚合器，还是一个关系的转换器。怎样使传统电视的节目、频道和媒体能够实现平台化呢？这既是媒体融合的一条新路，也是媒体转型的一个方向。近年来，不少电视台的节目和频道发展遭遇“瓶颈”。尤其是 2015 年，有的到达收视率的天花板，有的收视率虽然还好，但广告已在减少。产业结构需要优化，产品需要多元化，节目运营和电视台营收亟须开辟“第二战场”。

《DV 现场》是广东广播电视台公共频道一档电视民生新闻栏目，自 2011 年 5 月创办以来已经走过了 4 个年头。栏目紧紧把握“直击现场、关注民生”的宗旨，始终将视角聚焦于普通市民的生活，关注他们的喜怒哀乐，为他们的利益鼓与呼。同时，节目始终要求记者站在新闻事件的第一现场，力求为观众带来最直接、最原汁原味的画面和声音。2012 年，节目被中国电视艺术家协会评为全国十大创新栏目之一。2013 年，节目被中国电视艺术家协会评为全国十大名优栏目之一。

我国电视民生新闻自《南京零距离》开播算起已逾 10 年的发展历史，收视率和广告增长已接近天花板。除了继续进行内涵挖潜之外，能否在外延延伸上做文章？能否利用节目的品牌优势打造 O2O 平台，深耕范围经济呢？这些成为摆在《DV 现场》制作团队面前的一个新课题。范围经济（Economies of Scope）是一个有别于规模经济的经济学概念，它指企业生产两种或两种以上的产品而引起的单位成本的降低，或由此而产生的节约。① 范围经济强调生产不同种类

---

① 陈章武，李朝晖．范围经济：获得竞争优势的一种思路．经济管理，2002（12）：18～24．

产品获得的经济性。民生新闻能否兼顾内容和服务两个产品端，通过打造 O2O 平台，重构民生新闻价值呢?《DV 现场》的“线上”包括传统电视频道播出和互联网上的传播互动，“线下”包括《DV 现场》开展的各种活动，从而形成节目—网络—活动“三位一体”的立体式媒介平台，形成以节目品牌为核心、向线上线下延展的 O2O 运营模式。

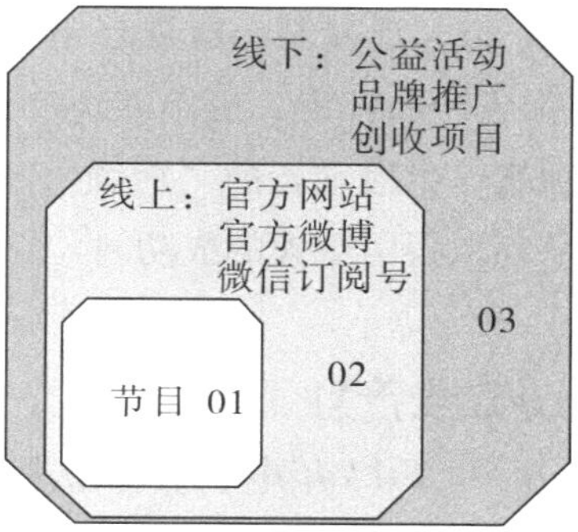

《DV 现场》的 O2O 平台

2014 年，广东广播电视台《DV 现场》与暨南大学新闻与传播学院展开“产学研一体化”合作。2014 年 6 月，暨南大学新闻传播学研究生团队开始全面运营《DV 现场》的官网、微博和微信。《DV 现场》在实现新媒体运营后，节目收视率有所提升；官方微博运营三个月，活跃粉丝数量达到 96 039 人，增加了 8 443 名活跃粉丝，互动粉丝数量翻了一倍多。“线上”传播力和影响力的增强，也促进“线下”活动的开展，变内容产品为服务产品，变民生新闻为民生服务，大大拓展了民生新闻价值的外延。《DV 现场》的“线下”活动包括品牌推广、公益活动和创收项目。线下的落地活动通过给观众更紧密的接触和给用户最直观的体验，不仅提升了节目的影响力，而且还能增加非观众和新用户的关注和参与。在收获口碑的同时也蕴藏着无限商机，可以开展各种民生服务项目，既有社会效益，也有经济效益，还可以带来一些非广告收益。

构建 O2O 平台需要实现两个转变：一是从观众到用户的转变，二是从节目到平台的转变。品牌电视民生新闻栏目具有网络媒体无可比拟的公信力，拥有在本地强大的影响力和对社会各界资源的整合能力。问题是如何把这些社会资本变现，笔者认为变现的关键在于新兴媒体与传统媒体的对接是否成功，主要看能否解决接口适配、界面重构、思维转换三大问题。接口适配是指传统媒体内容生产与新媒体技术接入要适配，要紧跟新媒体的转型发展，找到最佳接入点；新旧媒体的对接需要界面重构，调适平台内外和各个模块共存对接的规则与界限；思维转换要求我们有“颠覆性创新、开放中博弈、合作中共赢”的互联网思维。电视媒体现行的体制和机制能否支撑这样的运营模式？目前制约节目打造O2O平台的主要是传统电视体制，电视台单一而统一的广告经营管理，不能适应这种灵活多变的服务产品开发，更不能适应这种多元化的产业新业态拓展。这也是制约《DV现场》继续前行的“瓶颈”，湖北电视台的垄上传媒则完全突破这一“瓶颈”，从而取得了更大的成功。

三、垄上传媒的新业态全产业

在新兴媒体的强烈冲击下，2014年电视媒体遭遇了寒冬，据了解，不少电视台都面临广告下滑的困境，难以完成全年创收任务。即使有些节目收视率尚可，但广告在减少。对农节目按理更难经营，然而湖北的垄上传媒却一派欣欣向荣。它由湖北荆州电视台的对农节目《垄上行》发展而来。2012年，湖北广电旗下的湖北长江广电传媒集团和荆州电视台旗下的荆视传媒有限公司共同投资组建湖北长江垄上传媒集团有限公司，合力打造一个O2O平台和“传媒+农业”的新业态。

湖北长江垄上传媒集团有限公司采用“频道+公司”模式，线上线下一体化运作，开发传媒与农业融合的多种新业态。“线上”的垄上频道强调必看性，意在打造超强的“三农”综合频道，通过内容播出提升节目品牌，服务用户。节目内容定位紧密结合目标受众的需求，媒介平台嵌入社会关系中，成为受众和用户联系社会的“中转站”。“线下”的垄上渠道强调必用性，主要做农资布局、绿色农产品销售、农村信息咨询服务、农村保险等多项业务，打造传媒农业产业链。通过用户数据化，线下以媒介平台嵌入个人关系网中，收集每个农户的信息和动态，牢牢把握用户的需求逻辑。2013年，垄上传媒集团线上广告经营收入6 500万元，较2012年增长400%，线下产业经营超过4亿元，其中20%源自广告，80%源自线下产品。这80%的营收不是来自内容产品，而是来自服务产品。

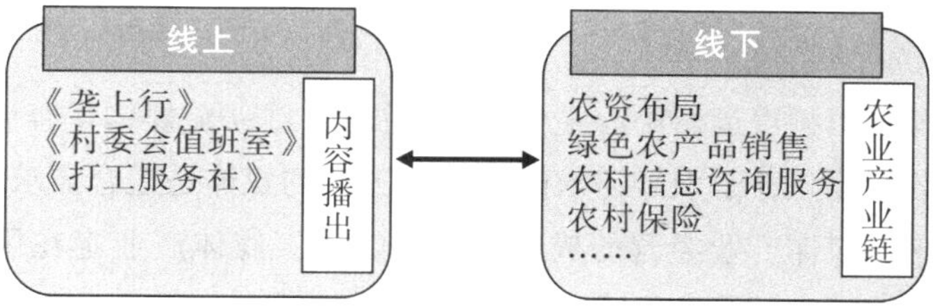

垄上模式

对于新型主流媒体而言，O2O 模式的成功运用关键在于实现用户数据化、媒介平台化和平台的需求立体化。

1. 用户数据化

有学者认为，媒体的产业一定是基于数据库的产业，离开数据库的产业都是不可持续的，也形成不了链条。媒体重要的原始数据来源于观众。用户数据化是将发生线上线下场域转变的观众视为节目的核心受众，把握其消费逻辑，实现意义消费。对于传统媒体而言，观众不仅是新闻产品的消费者，也是与广告商谈判的筹码，这两方面构成传统媒体的收入来源，并且后者成为主流。然而，新媒体的冲击使得传统媒体受众流失，也因此失去了一大批广告客源，传统媒体的生存岌岌可危，传统的“二次售卖”的盈利模式亟须调整和创新。O2O 模式将传统媒体依赖广告生存的局面打破，把观众转变为“直接售卖”和服务的对象，创造线上推动线下、线下反哺线上的局面。传统媒体的线上观众经过线下品牌推广后变为节目的粉丝，再通过线下的培育发展成为可为节目创收的用户，反推给线上媒体，实现两者关系从“弱关系”向“强关系”转变。

2. 媒介平台化

媒介平台是集聚合资源、响应需求和创造价值于一体的综合服务提供商，其本质就是为传媒经济提供意义服务，以满足传媒产业运行的基本条件。平台通过提供内容服务和多种应用开发，将围观的“粉丝”和聚集的人气转向用户的消费、广告的购买、资本的运营，媒介平台既是资源的聚合器，还是关系的转换器。平台的出入口多元、开放，可以突破节目单一的到达模式。媒介平台化是融合传统媒体的内容优势和新媒体的互动性强、多元盈利优势，形成新型媒体产业发展无可替代的地位。

3. 需求立体化

垄上传媒集团频道运营中心主任陈接峰提到："一流媒体是善于创造需求的媒体，二流的媒体是善于引导需求的媒体，三流的媒体是迎合需求的媒体。"需求是市场概念，媒体产业经营的成功在于被需求。媒体产业走在用户需求的前端，挖掘、创造更多的受众需求，开发出与节目呼应的平台应用，吸引观众和用户，创造多元价值，提供意义服务。创造多元立体化需求，建立全方位、多层次的需求平台，打造"全业态"的产业链，是构建形态多样、手段先进、具有竞争力的新型主流媒体的重要基点。

互联网思维的形式表现就是平台思维，O2O 平台不仅是一个内容集成平台、信息发布平台，更是一个开放的综合服务平台。虽然内容是传媒产业链中的核心环节，但是没有平台进行扩散和延展的内容是无法实现其价值的突破的，所以，得"内容+平台"者得天下。

从好看的内容到有用的平台路径是怎么走的？融合发展的策略选择可以概括为"一体两翼"：内容为主体，自建平台与对接平台为两翼。自建平台是从业务融合到产业融合，例如湖南电视台投资 10 亿元人民币打造"芒果 TV"，是以内容为王，自建平台生态圈；对接平台是内容生产与平台服务的对接，国内各大卫视和地面频道大多数都有不同程度的对接互联网平台。不论是对接平台还是自建平台，都有各自的优势和风险，都会触碰旧有体制的瓶颈与桎梏。因此，电视媒体需要打破原有的利益格局，加快"转企改制"的步伐，才能从根本上推动融合发展，为媒体转型提供制度保障。

电视媒体要度过寒冬迎来春天，就要实施"蓝海"战略，其要旨就是关注非观众，突破原有边界。因此，无论是《DV 现场》还是垄上传媒，都在实现电视节目和电视媒体的平台化。我们不仅要做内容产品，还要做服务产品。这就要求我们电视人不仅是制作人和制片人，还要做产品经理。这就需要产品思维、用户思维以及平台思维，这是互联网思维在媒体转型中的具体体现，这也是电视与新兴媒体及其他产业融合发展的创新之道。

附录：高仿真模拟实战考试

目前大多学校的广播电视专业都存在教学内容与实践脱节的问题，理论学习和实际操作“两张皮”，与现代传媒发展的需求严重脱轨。虽然不少高校为了改变现状，在广播电视专业教学改革方面取得了一定的成绩，但是从效果来看，对实践教学的探讨还属于初级阶段，还没有形成一套行之有效的实践教学模式。暨南大学新闻与传播学院的电视节目策划课程遵循电视节目策划的规律和方法，采用课堂理论教学和实践化教学相结合的方式，在考评方式上模拟真实的电视节目制作流程。其高仿真的考试方式既创设了一种更有成效的、相互激发智慧和创造力的学习环境，又培养了学生独立制作节目的意识和实战操作能力。

一、教改实录与反响评价

2011 年底暨南大学新闻与传播学院电视节目策划课程的期末考试与往常完全不同，考场气氛异常热烈，成效格外显著。以下是李兴丽同学的报道：

2011 年 12 月 21 日晚，暨南大学新闻与传播学院广播电视专业电视节目策划课程考试在教学楼 A603 开考。来自省市电视台的专家和我校广电系的教师共同担任考官，模拟电视台的节目策划立项评审会，学生通过方案陈述和现场答辩来完成考试。同学们直呼刺激过瘾，深感受益匪浅，高仿真的考试方式也赢得业界专家的一片叫好。

瞧这蓄势待发、有模有样的策划团队，还有这身经百战、丝毫不含糊的专家评委，说您看到的是电视台的节目策划方案竞选一点也不夸张。全班 75 人分为七个小组，分别针对电视台各类节目进行了改版或全新策划。台下坐着来自广东电视台、广东南方电视台、广州电视台的四位频道总监和节目监制以及我校广电系的三位教师，考试着重考评学生策划方案的创新性、可行性以及说服力。在现场展示中，同学们就节目的受众定位、节目形态、主持人风格及运营模式等内容进行了独具特色的阐述，专家们时而肯定同学们的策划亮点，时而毫不客气地指出方案的不足，并就策划的创意和实操与同学们进行了充分的互动，智慧的火花不时赢得在场评委和同学的阵阵掌声。其中，《全民议事听》的改版策划凭借对现有节目深入、中肯的剖析和亮点突出的改版思路，赢得了南方电视台《全民议事听》节目监制郑迎红的高度赞扬，他甚至表示要从这些学生中招人。

本次节目策划的备考期历时一个多月，参与其中的同学更是深有感触。广电系的同学告诉记者，为了更好地找准节目受众定位，他们团队进行了多次实地调研，并与节目组成员取得联系，收获非常大。毕业于暨南大学的广州电视台新闻频道总监江耘认为这是一个仿真度极高的实战考试，她十分羡慕师弟师妹有这么好的学习机会；广东电视台《新闻最前线》主编吕晴春、南方电视台新闻中心监制杨文都表示，同学们的专业素养和创意带给他们很多惊喜和启发。

任课老师谭天教授告诉记者，电视节目策划课程模拟实战考试已经走过两个年头，原来由老师和研究生组成评审团。今年他做了一个尝试，先在微博上发帖表示免费为电视台提供节目策划，由此联系了一些需要改版和策划的栏目，他还把这些传媒人请来当考官。理论结合实际，真刀真枪来练，教学效果更好。这也是他主持学校重点教改项目的一个创新实验。

模拟实战考试结束后，同学们反响强烈。有的同学说："一开始知道电视节目策划考试的内容就觉得很崩溃，不过和班上的同学一起合作，一起为一个项目努力的感觉真的很开心。今天谭老师的考试很刺激也很精彩，业界老师的到来真的让我们学到了很多东西!"有的同学说："这次对我的启示还是蛮大的，确实你没有经历的事情有些纸上谈兵的感觉，这种实践的方式很好，让我更多地学到怎么去结合。"往届的师姐也很感慨，钟心尧同学惊叹道："哇，原来还是全研究生评审团，今年又升级了!"李晓雪同学则说："前面唇枪舌剑，后面还有一排电脑开着，颇有新闻战场的感觉。"业界的评价也很高：广州电视台新闻频道总监江耘认为这是迄今为止她所见到过的仿真度最高的模拟实战考试，广东南方电视台《全民议事听》节目监制郑迎红认为学生的策划方案与他们编导团队的改版方案有90%以上的相似……获悉的电视台纷纷索取同学们的策划方案作为栏目改版的重要参考。这些都表明了教学改革得到实践检验和业界认同。

值得关注的是，电视节目策划课程模拟实战考试的视频放到微博上之后，引起新闻传播学界的极大反响和好评如潮。北京大学新闻与传播学院常务副院长徐泓教授率先做出反应："支持暨大新闻教学的改革。我们要学习。"继而，中国人民大学彭兰教授、中国传媒大学电视与新闻学院副院长何苏六教授等也表示支持这样的教学探索。武汉大学新闻与传播学院吕尚彬教授认为："这个考试改革值得推广。节目策划的课堂实战模拟，请到广州三大电视机构的频道总监和节目监制与专业老师一起担任评委，对学生提出的改版方案，从创新性、可行性、说服力等方面进行评审，以实战的要求进行测评，达到了实战演习的水准。"复旦大学新闻学院陆晔教授则表示："看来我们广电节目构成的期末考试，单是每个组的同学提交模拟竞标的新节目投标书和十分钟样片是不够的，还应该按电视台节目竞标流程来组织领导专家审片和答辩。暨大给我们很大压力啊。SMG 兄弟们啥时候来定制我们学生娃娃的节目创意呢?"

资深新闻传播学者、原暨南大学新闻系主任吴文虎教授也高兴地发表评论："一、电视节目策划仿真版很不错，这种形式建议学院推广到其他一些课程，如纪录片评讲、电视新闻评比等等。二、筹备时间能否缩短？三、仿真版录制时间应在夏天，现在寒冬腊月，播出迟了！谭天老师，加油！这种网上谈兵做法应该认真总结，是教学传播方法的一种革新！其实这和以前搞建筑、打仗的沙盘作业相近。解放军也利用网上谈兵进行各兵种练兵，否则要花多少人力物力财力。再困难也要坚持下去。"

还有不少老师表示："编导专业的学习就应该这样接地气，但是这种模式的开展必须要求教师具有丰富的媒体工作经验，否则就又会变成脱离实际。……电视节目策划是一个复杂的系统工程，要考虑的东西很多，有点难为孩子们了，这种方法很好，有那么多有实战经验的业内人士指导，对孩子们的学习和创新会有很大帮助的。"不少高校还表示了他们的羡慕："相比之下，真的感慨教育资源的差别啊，在课堂教育好的载体之上，师生都不是随意敷衍了事，大学又是另一番景象……谭老师很强大。新闻系的课程就是要这样教的。……我正在拜读谭教授的《电视节目策划实务》，有机会当去现场观摩学习。"更多的老师在微博上表示学习取经之意，有老师问道："谭老师，请教您这次考试在实行过程中有什么难点？都是如何解决的呢?"谭天教授回应将撰文介绍，下文便是答案。

二、全面推进教学改革

电视节目策划是一门应用性很强的思维科学，既要理论与实践相结合的创造，也要学界与业界的合作，但如何解决学界与业界的对接则是一项复杂的教改工程。电视节目策划模拟实战考试需要具备以下基本条件：

（1）强大的师资力量。电视节目策划课程主讲老师谭天教授曾是一位资深的电视人、高级记者，有着丰富的电视节目策划实践经验，著有我国第一部电视节目策划专业教材——《电视策划学》（2001 年）。后调入暨南大学任广播电视系主任，现为暨南大学广播影视研究中心主任、硕士研究生导师，全国“百优”广播电视理论人才，中央电视台和中央人民广播电台节目评价专家，广东电视台节目立项评审委员会成员，经常参与电视媒体的节目研究和策划；谭天教授还是内地高校中首个承担境外媒体研究课题的学者，2009 年他主持了“澳亚卫视发展战略与频道定位研究”课题。此外，暨南大学广电系也有多位教师来自业界，并聘有不少业界专家为客座教授和兼职硕导。

（2）丰富的教学经验。谭天教授从事电视节目策划教学工作多年并出版教材《电视节目策划实务》（2011 年）。电视节目策划的教学改革并非一朝一夕，而是一个循序渐进的过程，只有量的积累才能铸就质的飞跃。2009 年，谭天教授首次在考试上进行创新，采取了学生分组做策划方案、现场演示及答辩的考试方式，当时的评审团由研究生组成，此为实战模拟考试 1.0 版本；2010 年，谭天教授邀请到电视台频道总监来讲学，并由教师组成评审团检验考试成果，进一步调动了学生的积极性，但这种方式在培养学生的实践能力上依然存在局限，此为实战模拟考试 2.0 版本；2011 年，由业界精英和学界教师组成的评审团升级出炉，以直接为业界定做策划方案为考试方向，全方位考查学生理论结合实践的能力。这可谓真正实现了“产学研一体化”的实战模拟考试 3.0 版本，将高校的教研成果转化为适应业界需求的智力产品。

（3）深厚的业界关系。暨南大学新闻与传播学院在广东传媒业有着深厚的影响力，谭天教授在广东乃至国内电视界也具有较大的影响力，常年与媒体保持密切的合作关系。在推行此次教改方案之前，暨南大学广播电视研究中心提前在微博上发帖，为教改推广预热：

@谭天论道：有开办新栏目和节目改版需要的电视台，暨南大学广播电视研究中心免费为你们提供电视节目策划方案，有意者可与本人联系 tt1717@jnu.edu.cn。研究中心主任谭天教授为全国“百优”广播电视理论人才，著有《电视策划学》《电视节目策划实务》，经常参与境内外电视媒体节目策划和研发工作。

微博发帖虽然反响不小，但大多数电视媒体对此将信将疑：一是不相信有免费的午餐，二是不相信院校能做出有实用价值的方案。这样的“业界疑虑”直接导致了在微博上求方案的媒体减少。为使得教改顺利推行，丰富学生策划方案的节目类型，谭天教授动用了自己的业界关系和社会资源，联系自己的往届学生（模拟实战考试的四位业界考官中就有两位是暨大毕业生）和熟悉的业界朋友寻求合作。而时逢广电总局的“限娱令”“限广令”出台，各电视台纷纷加快栏目新办和改版的步伐，业界的需求与学界的探索一拍即合，由此联系敲定了一些需要改版和全新策划的电视栏目。

为了让同学们能够适应电视节目策划课程高难度的模拟实战考试，任课教师谭天教授还做了大量前期工作，这些工作就是贯穿整个学期的课堂教学：

电视节目策划不是凭空臆想出来的，它是建立在广泛的多学科知识基础上的新组合。因此，在学习如何做电视节目策划之前，必须先夯实理论基础。电视节目策划课程的教学首先就从理论讲授开始。在学生掌握了一定的电视节目策划理论知识之后，为了加深他们对理论知识的理解和应用，能够理论联系实际，案例分析和课堂测验成为电视节目策划课程提高学生实践能力和策划能力的“秘密武器”。而在使用“秘密武器”的时候有以下两个关键点：

一是案例教学，教师要有目的、有选择地将较典型、较系统、具有一定程度疑难性的真实案例提供给学生，让学生思考、分析、研究，提出解决问题的方法，培养学生发现问题、分析问题、解决问题的能力。根据教学安排给学生观看不同样态的节目，结合具体的节目讲解节目生产过程中呈现的特点与规律，让学生从感性上和理性上对节目有一个全面的了解，使学生具备综合分析和评价电视节目作品的能力。以此次教改课堂为例，当说到某类具体节目的策划难点时，谭天教授就会播放相关的节目视频，不仅寓教于乐，牢牢吸引了学生们的眼球，也使他们加深了对某类节目的内容特征、形式特征、传播特征的理解。谭天教授还密切关注和介绍业界最新成果，如请广东南方电视台经济频道总监黄天文介绍民生节目集群的策划，请研究生邸智泉介绍他参加湖南卫视《岳麓实践论》的策划实践。

二是过程管理，为了改变国内不少高校存在的“十六周幼儿园，两周高三”的教学现状，谭天教授认为“不积跬步，无以至千里；不积小流，无以成江海”。他上课虽不点名，但以经常性的课外作业和课堂测验来实行过程管理，学生不仅到课率高，而且学习积极性很高。电视节目策划课堂测验的内容按照教学进度展开，从易到难，循序渐进：首先让学生们了解电视节目的特征，比如观看中央电视台10个栏目；然后选择一个新闻节目和一个非新闻节目各写一篇观后感；接着加大难度，为了让学生们深入学习电视节目策划所应用的程序和方法，要求他们策划新闻的后续报道或比较广东电视台三个申报立项的策划方案等等。谭天教授通过设置虚拟情景或课程任务，指导学生在发现问题、解决问题的过程中获得经验，为下一步的模拟实战考试做好充分的理论准备。

三、实战回放与成功揭秘

电视节目策划课程模拟实战考试的具体实施分为以下五个步骤：组队、选题、策划、评审、总结。

（一）组队阶段

课程考试将学生分为7个组，每组10～11人，组成以策划总监（小组长）为核心的节目策划团队。策划总监是整个策划团队的主心骨，负责统筹、监督整个节目，协调组内成员分工与合作，并控制整个项目的总体运作实施。策划团队的其他成员则要明确各自的职责与分工，积极配合策划总监的规划和安排，为了确保每个成员确实履行工作职责，赋予策划总监决定成员工作绩效的权力。策划总监由老师根据学习成绩挑选，副总监则学生自荐自选。每项电视节目的策划周期为四周，第一周明确分工，搜集资料；第二周确定策划的主题和基本思路；第三周应当完成策划草案并不断完善；第四周进入正式的现场答辩环节。电视节目策划团队的具体工作计划应视各小组的工作进度和实际的操作情况而定。

（二）选题阶段

电视节目策划的选题很重要，前两年的教学实践就存在两大问题：一是电视节目策划课程考试没有限定选题，大部分同学都不约而同地选择了娱乐节目的策划；二是没有与业界对接，同学们的创意虽然天马行空，但是并没有达到预期的教学效果，出色的节目策划方案很少。总结了前两次教学实践中在选题阶段的不足，电视节目策划课程考试进行了一个全新的尝试——以暨南大学广播电视研究中心的名义联系了一些需要改版和全新策划的电视栏目。这样一来，节目选题一方面须符合电视台的要求，在考虑新颖性、独创性等要素的同时兼顾可操作性，另一方面又要能够结合教学内容的理论知识。经过比较研究，最终确定了7个选题：佛山电视台《六点半新闻》、广东电视台珠江频道《630新闻》（后改为《珠江新闻眼》）、“公民新闻”节目《南粤新视点》、东莞电视台《新闻午餐》、南方经视台的时事辩论节目《全民议事听》、广东南方电视台少儿节目《宝贝泡泡堂》以及综艺节目《绝代双“交”》，电视节目策划课程的7个小组将分别为以上节目制订改版策划方案。

（三）策划阶段

学生以小组方式工作，实施工作计划。第一步：策划总监组织团队成员定期召开策划专题会议。学生们开会时采用的是头脑风暴法，与会成员无限制地自由联想和讨论，其目的在于产生新观念或者激发创新设想。经过数次的思维共振和相互激发，各策划团队基本确定了节目形态、节目定位、节目风格、节目时长、节目结构、节目特色等具体问题。第二步：整理会议记录，拟订策划草案。在团队成员共同分析的基础上，讨论协商最后确定可以保留的节目构想，并用文字的方式表述出来，包括节目要表现什么、如何表现、做何工作等内容。第三步，撰写策划文案，制作演讲PPT。团队成员依据节目策划的内容制订任务计划，给出每个成员的详细工作安排。这个阶段要求团队成员积极配合，共同完成前期制订的任务计划。谭天教授认为，这种将学生分组并需要团队合作完成实验项目的安排方式，可以调动学生的积极性，并培养学生良好的团队合作意识。

（四）评审阶段

电视节目策划方案评审是整个环节中的最后一环，也是极为重要的一环。电视节目策划课程严格按照电视台节目策划方案竞选的模式，采用模拟实战的评价体系，使得小小的课堂立马变身成了电视台的“竞选现场”。评审团则由业界专家和本校广电系教师组成，阵容强大，他们将着重考评学生策划方案的创新性、可行性以及说服力。评审过程中主要有方案展示和现场答辩两个环节：

1. 方案展示环节

同学们根据排列好的顺序依次展示自己的成果，每一小组拥有7分钟的展示时间，必须在规定的时间内阐释出完整的策划思路，包括目的及意义、节目创意、节目设置、组织实施和效果预测等内容。为了取得最佳的策划效果，每个小组都在节目的内容上、形式上和制作手法上不断出奇制胜、新意迭出：他们不仅制作图文并茂的PPT，有的还制作声画俱佳的片花吸引观众。总的来说，节目有“亮点”，策划有“卖点”，展现了学生们独特的视角和新奇的创意。

2. 现场答辩环节

答辩是一种有组织、有准备、有计划、有鉴定的比较正规的审查形式。组织现场答辩简单来说是为了进一步考查和验证策划的合理性、科学性和创新性，以及策划者对专业知识掌握的深度和广度。为了做好现场答辩，各小组同学都精心准备，选派优秀代表上场陈述和回答考官提问。

在答辩会的现场，专家学者们眼光独到，言辞犀利，答辩团队才辩无双，妙语连珠；专家们时而肯定同学们的策划亮点，时而毫不客气地指出方案的不足，并就策划的创意和实操与同学们进行了充分的互动。比如在谈到新闻节目的策划时，评委团就指出了《新闻午餐》贪大求全的做法会模糊栏目的定位，加大栏目的资金投入，在实际的操作性上有待商榷；评委团同时还就《珠江新闻眼》的扩版方案提出了疑问，指出栏目内容的容量和质量如果跟不上扩版以后增加的节目时长的需求，反而会减少栏目原有的收视人群，降低新闻栏目的口碑，因此，栏目的扩版应该经过深思熟虑，而不是随意的冒险行为。在全部策划当中，《全民议事听》的改版策划凭借对现有节目深入、中肯的剖析和亮点突出的改版思路，赢得了广东南方电视台《全民议事听》节目监制郑迎红的高度赞扬。《绝代双“交”》的代际互动真人秀的策划思路也获得了评审团的一致好评，专家学者们认为如果能够将思路继续细化，深入挖掘，《绝代双“交”》的策划方案将具备登上电视荧幕的潜质。

（五）总结阶段

演示和答辩完毕，所有考官和任课老师一起进行简要的总结性讲评，这既是现场的点评环节，也是整个考试的总结阶段。考试结束后，业界专家对暨南大学广播电视专业同学在考试中展现出来的高水平、高素质十分赞赏，纷纷表示欢迎同学们到他们那里实习或者工作。电视节目策划课程获得的极大反响甚至在考试之后还余音缭绕，还有电视栏目和个人前来与谭天教授联系合作策划事宜。谭天教授认为，如果这些节目策划方案能够进入播出环节，不仅能让节目接受现实观众的考验，也对学生激发学习兴趣、树立职业理想大有裨益。此外，专家们也可以从学生们的策划方案中找到新的发现、新的启示，并将它们运用到电视台节目的进一步研发和升级改造中去。学界和业界的紧密合作，将共同缔造出更多优秀的精品，呈现给广大的电视观众更多优秀的电视节目。

后　记

1986 年我进入广播电视系统工作，2001 年我出版了我国第一部《电视策划学》（与王甫博士合作）。2004 年我从业界转入学界，在暨南大学从事广播电视教学研究工作，同时仍然保持与业界的联系和合作。2009 年我主持了“澳亚卫视发展战略与频道定位研究”课题，首次承担境外电视媒体研发工作。2011 年我出版了教材《电视节目策划实务》，与此同时我在电视节目策划课程教学中努力进行“产学研一体化”的教学改革。

《电视节目策划实务》自出版以来，深受高校广电专业师生的喜爱。但随着电视节目日新月异的发展，有必要对教材进行修订。此次修订对教材内容作了较多的补充、修改和增删，不仅对全书结构作了一些调整，而且增加了许多新的内容和案例，力图反映当下中国电视节目策划的新理念新思路。我的研究生邸智泉、马海江、赵云婕、丁卯、刘云飞、王晶晶、杨俊君、张甜甜、王颖、邱慧敏、石经纬等同学参与了部分编写和校对工作。CCTV 1 李风主任、CCTV 2 石强导演、广东电视台监制曾未（我的研究生）为我提供了案例。此外，我还得到各地方电视台的帮助和支持，在此一并表示感谢。

互联网时代，中国电视正面临更大的挑战；媒体融合中，电视节目策划理念亟待创新，我将继续进行这方面的深入研究，读者可在新浪博客“谭天论道”中看到我的最新研究成果。有关电视节目策划和视听传媒研发的交流与合作可直接与我联系（谭天邮箱：tt1717@ jnu. edu. cn）。

衷心感谢并期待每一位读者的阅读与批评。

谭　天

2015 年 3 月于暨南园